U0029535

圖1：Paul Klee，〈年老駱駝的草圖〉1914

圖2：Paul Klee，〈Kairouan城門前景〉1914

圖3：Henri Matisse，〈Tangiers的窗外〉1912-13

圖4：Henri Matisse，〈大洋洲的回憶〉1953

圖5：Henri Matisse，〈Collioure的法式窗戶〉1914

圖6：Edvard Munch，〈吶喊〉1893

學校在窗外 潮本

網路時代版

黃武雄 著

目錄

獻給──

　　於我病中關心我照顧我的

　　所有我知名與不知名的朋友們

　　以及我親愛的家人

　　尤其大姊靜及濤兄

　　以足足五年的整副心力與生命

　　為我救贖替我索回餘生

　　因這一切支持與愛

　　我得以渡過病厄完成這本書稿

封面圖說

石苔設計的封面
象徵窗外

兩側是簾幔

窗外的景色
是五歲時的阿詢畫的
中間是
磚紅色的大房子

右邊是大樹與葉子
左邊有
廣場、人與樓梯

天上是酷似人面的太陽
鳥與星星

這呼應
學校在窗外
在課堂之外的意境
如果大房子
象徵目前學校的大樓

孩子的世界有抽象
也有寫實

右上角那些像竹片的
鬼東西是
天上的鳥與星星

啊
那些是天上的鳥與星星
當時五歲的阿詢
趴在地畫著
一邊這麼說

孩子的畫從來是
佈滿想像
與符號的世界

篇0
自由之路如何可能?

之一　唐吉訶德的眼睛黑白分明

人物：蘇格拉底

　　　安底思（Antisthenes）

　　　唐吉訶德—背景人物

場景：賈巴達城邦

　　　市井的一角

蘇格拉底：親愛的安底思，這樣風和日麗的午后，看你昂
　　　首闊步的走在大街上，心中一定有些什麼得意的事使
　　　你躊躇滿志，你一定是悟出了什麼真理，突破了思維
　　　的困厄！

安底思：啊！令人崇敬的蘇格拉底，如果我看起來躊躇滿
　　　志，或許是因為我最近完成了 ΣΦ 教育學院的哲學學
　　　位，但倘若你為了這樣要恭賀我，那可不是我承受得
　　　了的，因為就是同樣這段日子裡，我的思維正陷入一
　　　片混亂。

蘇格拉底：安底思啊！是什麼事情那樣困擾著你？

安底思：敬愛的蘇格拉底，我們賈巴達城邦的教育，到底
　　　發生了什麼事？我忝為城邦 ΣΦ 學院的核心成員，對城
　　　邦十年來所進行的教育改革，卻感到一團迷霧。十年前
　　　城邦教育出了很大問題，大家怨聲載道。有人批評這些

年的改革躁進，指責改革者的圓桌會議制定改革政策，要冒然進行「理想國」的教育，才招致失敗。ΣΦ學院的長老們也出面抨擊改革者不重視教育專業，指出師資培育才是重點，應先培育好師資才能進行改革。學校教師則認為他們不受尊重，權益受損。學生的父母也迭有怨言，主要是學生的課業負擔沒有減輕，而且為了進各級學校大家都忙得團團轉。窮人要為子女的教育付出更多的學費。我正為這種亂象感到困惑。

蘇格拉底：可是安底思，那天競技場的獅子跑出牢籠，衝到大街上大家一時慌亂，四處逃竄，有人不斷喝令叫眾人冷靜下來，有人躲進家裡把門窗關得緊緊的，不敢探出頭來，更有人跑回去拿弓箭射殺獅子，聽說場面亂成一團，唯獨你一人逕自喊來馴獸師，把獅子帶回牢籠裡，因此你備受讚揚。什麼念頭讓你去喊馴獸師？

安底思：因為叫大家冷靜有什麼用，獅子才是問題的根源啊！而且馴獸師很快便知道怎麼制服獅子。拿弓箭激怒獅子，反而會傷人。

蘇格拉底：可是，安底思你說十年前城邦教育出了大問題，到底問題的根源是什麼？

安底思：啊！這可難倒我了。戴爾菲（Delphi）的神諭說蘇格拉底是整個雅典最聰明的人。放過我吧！擁有雅典最高智慧的蘇格拉底，請直接告訴我答案，為此我

會非常感激你呢！

蘇格拉底：相信我，安底思，答案早在你的心中，只要你
　　　　　回答我的一些問題。Σ Φ 教育學院的長老們說師資培
　　　　　育是學校教育最重要的事，你也同意他們的看法嗎？

安底思：當然哪！好的教育要靠好的教師去完成，不然要
　　　　由誰來取代？

蘇格拉底：告訴我，安底思，你心中擁有的知識有多少東
　　　　　西是從教師那裡學到的？

安底思：有很多哪！比如說九九乘法表是歐倫老師教給我
　　　　的，至於索菲老師則教導我世界上除了我們賈巴達城
　　　　邦之外，還有北本、印達、菲里斯許多島嶼，島嶼之
　　　　外，更有歐西、梅利、化藏這些大陸，索菲老師談了
　　　　很多這些地方發生過的故事。當然你們偉大的雅典，
　　　　更是索菲老師津津樂道的城邦。

蘇格拉底：索菲是個好教師，他不只知道一些地名，更懂
　　　　　得很多故事。故事最能夠使人溶入知識之中呢[1]。安底

1　本章借用蘇格拉底的詰問談教育問題，並不代表蘇格拉底的思想也與本文所論
　　者一致。例如蘇格拉底不贊成荷馬史詩強大的教化力量。他認為史詩中的神話
　　故事深入人心，使人不用思考去分析事理，陷入神話故事的感性世界中，無法
　　辯證的提昇到理性思辨的層次。事實上，從感性認識到理性思辨是了解世界
　　的真實過程，故事增加人的經驗材料，從這些經驗材料去進行理性思辨，最能
　　啟明人的心智，促發知性與人格的成熟，這也是本書反覆強調的教育論述（見
　　篇一的〈學校教育的本來面目是一頂小丑帽〉及篇二相關詮釋）。蘇格拉底處

思你真是幸運，能遇到像索菲[2]這樣的好老師。安底思，你再想想你還記得有誰教過你什麼？

安底思：我記得很多書籍，卻不確切記得是哪個老師教我哪些東西。事實上，蘇格拉底，我就照實說吧，希望你不要恥笑我。我在學校記了很多東西，但也忘了很多東西，而且這幾年忘得更快。很多書籍我都讀過，可是現在回想起來，除了記得一些名詞，像人名、地名或書中的一些片斷像「有朋自遠方來不亦樂乎」之類的話，那些書籍真正在講什麼，我已十分模糊。索菲老師最近來 ΣΦ 學院訪問。他描述了自己成長的經驗。他說他自己年輕時在學校，也這樣懵懵懂懂，到剛畢業還是這樣。直到回學校教書時，才驚覺原來自己一無所知，他說這個「反省／重學」的過程，使他

在只有神話故事、尚無理性分析的時代，他提倡理性辯證，故不贊同神話故事的教化，指責神話故事造成人的愚昧。本章借用「蘇格拉底」，只把他當作一位擅於思辨的智者，且多少把他現代化、世界化，這個「蘇格拉底」並非西元前399年那位因反對雅典新興工商階級所力主的民主政治，而被判處飲毒死刑的希臘聖哲。

2　如果讀者將「索菲」聯想到Sophia及Sophist，則我必須交代Sophist與蘇格拉底門派之間是有著衝突的。希臘哲學在第五世紀興起時的重要支派為Sophist，中文譯為「詭辯派」。詭辯派站在民主政治這邊，支持新興工商階級推動雅典的民主。朱光潛在《柏拉圖文藝對話集》的譯本引論中寫道：「這新興階級需要知識，尤其需要民主政治活動所必須的武器——演說和辯論。詭辯派學者就以傳授這種知能為職業，開班授徒，研究怎樣說話，才可以在法庭勝訴……所以他們的任務，無異於替貴族階級訓練政敵。」這種說法，為蘇格拉底一向鄙視Sophist的背景，提供另類的看法。對蘇格拉底門派與Sophist之間的衝突，一般都透過柏拉圖來詮釋，蘇格拉底的觀點以Sophist只重辯論技巧，不深究知識，來貶抑Sophist，甚至中譯名亦為「詭辯派」。事實上Sophist一語來自Sophia，本義是「知識」或「智慧」。一般對蘇格拉底門派與Sophist之間的爭論諸釋，輕略了當時政治背景的衝突。

知道怎麼帶年輕人開始發奮重學，許多東西都不因書
上這麼說或那麼說，而視為理所當然，他一切重來，
重新思考，重新檢視學過的東西，這樣慢慢才學到東
西。我自己差不多也是這樣。兩三年前，在教育學院
做學位論文，我才開始思考問題，從問題去學東西。
這些新學到的東西，我看一輩子是忘不了的。

蘇格拉底：啊！安底思，我說你心中早有答案，不正是這
　　　　　樣嗎？你正一步步的在挖掘你心中的答案，把它陳述
　　　　　清楚呢！事實上你在學校時也不真的懵懵懂懂，聽說
　　　　　有一段日子你常在街上閒晃，幫人解幾何難題。街上
　　　　　的人都說你們賈巴達城邦出了一個小歐幾里德呢[3]！

安底思：蘇格拉底，你這麼說，增加了我的信心，我有兩
　　　　三年的時間玩幾何玩得很開心。歐幾里德果然是偉大
　　　　的數學家，我讀了他的書，便沈迷在幾何證明之中。

蘇格拉底：你覺得你幾何證明的知識，是從學校教師那裡
　　　　　學來的嗎？

安底思：一開始也許是的，但主要還是當時一頭栽進去證
　　　　明種種幾何題目，整天泡在裡頭，才掌握箇中道理。
　　　　我現在也想不起當時數學老師的名字，他教了什麼，

3　事實上歐幾里德（Euclid）比蘇格拉底晚了一百年才出生。歐幾里德出版《幾
　　何原本》（*The Elements*）的年代約在西元前300年，而蘇格拉底服刑則在西元
　　前399年。本章以寓言寫成，未計時序年代。但與事實有出入處，將加註說
　　明。

我也記不得了，但一開始的遊戲規則，應該是他教的。

蘇格拉底：他是不是你心目中的好教師？

安底思：至少是他引我入門，還有偉大的歐幾里德所寫的《幾何原本》，更是關鍵。我研讀歐幾里德的書，自己證明了書中許多問題。至於當時在學校教我幾何課的教師，是不是好教師，就看你怎麼界定一個教師為「好教師」？

蘇格拉底：親愛的安底思，應該是我來問你「什麼是好教師？」因為剛剛不是你主張「好的教育要靠好的教師去完成」嗎？

安底思：好吧！好教師有兩種，第一種是那些可以引導學生入門，並讓他一頭栽入學問之中的教師，就像那個教我幾何證明的教師。第二種好教師，則能循循善誘，不告訴學生答案，只提出問題，一步步引導學生去解決他內心疑惑的事。代表雅典智慧的蘇格拉底，我歸納出這第二種好教師正是以你為榜樣哪！可是這第二種好教師，可遇不可求，說不定整個賈巴達都找不到這樣的一個教師。整個雅典也只有一個蘇格拉底。但如果說是第一種好教師，也許會有一些，不過恐怕也不多，這正是該大量培育出來的師資。敬愛的蘇格拉底，你正在引導我，一步步釐清我心中的迷霧啊！今天賈巴達該大量培育的教師，正是這第一種好

教師。

蘇格拉底：這個結論是你自己下的，我只負責提出問題。
但是，你也別太早下結論，問題時常比我們所想的複
雜。對於世界我常覺得自己一無所知，我唯一知道
的，是自己一無所知。有時我們自以為得了結論，但
當我們再多觀察多思想，我們會發覺裡頭還有某些漏
洞，某些我們未曾觀照的面向。比如說，安底思，先
不談賈巴達有沒有條件去大量培育你所說的第一種好
教師，假設這些好教師被培育出來了，讓他們分散進
入現有的學校，在賈巴達現實的條件下，他們能不能
用他們的方法去教導學生？他們能不能讓學生們一頭
栽入學問之中，忘情的去想，去沉迷其中，就像你玩
幾何證明那段日子所經歷的那樣？賈巴達的學校有多
如牛毛的規定，不是嗎？學生要一頭栽進學問之中，
最需要的是自由——自由的時間，自由的想像。這有
可能嗎？

安底思：蘇格拉底，你這麼說，又難倒了我。賈巴達教
育最大的問題是，大人不相信小孩，怕小孩有太多自
由會不用功，更怕小孩會學壞。像我這樣幸運的人並
不多，我的父親是木匠，他從工作中知道技術的訓練
只是做好木工的一部份，一個好木匠更重要的是：會
想，一個東西還沒成形之前，先要**抽象的**在心中勾勒
出它的樣子，甚至它每一部份的細節，把心中的樣子
畫成草圖。換句話說，一個好木匠要具備的條件是：
有想像力，有抽象力，有分析力，最後才是技術。事

實上，背後還要有**超凡的美感**，即使是做一張椅子，有沒有美感，做出來的椅子，都有雲泥之別。一個好的工匠一方面必須是個工匠，另一方面也必須是個藝術家。我的父親由於了解木匠的工作，知道教育孩子先要賦以自由，所以我在街上閒晃的那段時日，他不聞不問。但一般大人對小孩，可沒有這樣的體認，都以為孩子不能有自由，不論在家裡在學校，大人都把孩子控制得死死的，把功課排得滿滿的。

蘇格拉底：這樣的話，賈巴達的人很特別，印達、菲里斯這些島嶼，歐西、梅利這幾塊大陸的大人，給小孩的自由便大得多。賈巴達可能是當今世界各地，唯一殘存的，在學校還動用體罰打罵孩子的城邦。

安底思：因為賈巴達的大人，都受同樣的教育長大。小時候也會想反抗，但不久便被馴化。馴化來自於兩種力量：**權威**與**說教**。賈巴達學校教育的首要任務，便**在於馴化**。上一代的小孩，經過馴化長大後，變成為這一代的大人，他回想自己的過去，既然自己是這樣長大的，那麼這一代的孩子也該用同樣的方式長大。敬愛的蘇格拉底，我的學位論文探討的便是〈教育如何複製人的思想與價值〉。這部複製機器是如此強大堅固，而且深入人心。所以我對教育改革的前途，其實是悲觀的。也因此我會贊同先做好師資培育，培養出一批新的優秀的好教師，同時要不斷宣揚正確的教育理念，改變家長的觀念。令人崇敬的蘇格拉底，你注意到嗎，幾個月前那可笑的唐吉訶德，穿著他那身可

笑的打扮，騎著一匹老驢子，舉起長矛向風車挑戰，他說什麼狂言你聽說過嗎？他居然在大街上喊叫：「如果有一代的大人不來控制孩子，這個世界便會不一樣！這個世界便不會這樣醜陋！」大家都恥笑他，實則我心底是同意他，而且深深同情著他呢！

2

安底思：啊！敬愛的蘇格拉底，看到你又出現街頭，真讓我欣喜若狂，從上次與你在這裡談過話，便再也沒看到你。你知道你打開了我心中的話匣，就像打開潘朵拉的盒子一樣。我肚子裡有許多話不斷湧起，卡在喉頭上，若沒再見到你，我真會被那些不斷湧起的話脹破身體。這些日子，你去那裡雲遊了？

蘇格拉底：聽你上次無比悲觀的大談教育機器在複製人的腦袋，我也難過得很。我想弄清楚賈巴達學校在做什麼，於是鑽進一些學校去觀察。我的長相、我的穿著看來像打掃工人，所以能不聲不響的潛入學校裡看到真實的情況。安底思，你上次說要大量培育好教師，可是叫誰來培育？當然不會是你，也不會是我，要大量培育師資，一定得仰仗一個大機構，現成唯一可能的機構，還是你那 ΣΦ 教育學院，由那學院的長老們來培育吧？可是今日學校這麼多的教師，大部份不就是他們這些長老前些年培育出來的嗎？如果今後他們可以培育好教師，為什麼過去不能？再說，你期待培育出來的教師，是那種能引導學生入門，然後激發學

生一頭栽進學問之中，以致忘情投入的好教師嗎？依你所說，人會在孩子身上複製自己。假定一個教師自己**從來沒有過**忘情投入於探索學問的經驗，他可能激發學生做這樣的事嗎？你的複製理論說得很好，但你的複製理論，不就跟你先前所下的要大量培育師資的結論相互矛盾嗎？

安底思：這幾天，我混跡街巷，就像年輕時代玩幾何證明一樣，我也在這市井遇到好多年都沒接觸過，沒說過話的人們，從他們的身上，從他們的言談中，多體會出一些事情。一連有十多年，我關在學院裡做研究，把自己與外面世界隔離了。你剛剛所提到的矛盾，我也想到了，所以我又陷入困惑之中，等待你的救援呢！

蘇格拉底：安底思，你談到賈巴達學校教育的首要任務便是馴化，而馴化則依靠權威與說教，這是一針見血的觀察，可是你認為那些辦學者，那些教師們知道自己正在執行馴化的任務嗎？

安底思：不，他們**沒有意識到**這些。幾乎所有的教育者都相信他的作為純粹為了學生好。學會規矩，好為未來進社會做人做事先做好準備，因為他本身就是這樣長大的，而且他對自己目前擁有的職業，對目前擁有的社會地位，都相當滿意呢！這個論點，我在我的學位論文中，做了很多辯證。我對自己的研究還有點得意呢。

蘇格拉底：我看到有孩子的父母親，還謙卑的向孩子的老師拜託：要嚴加管教他的孩子。

安底思：這是賈巴達特有的文化，所以我認為教育者更要努力去改變家長的觀念。

蘇格拉底：但是，安底思，大部份的父母還是心疼著自家孩子的，我聽到那委託老師打孩子的父親，後來對目露驚慌的孩子說：「兒子，你必須聽老師管教，老師才會把他的學問教給你，以後你才會出人頭地。有時你不乖，爸爸雖然也打了你，但爸爸並不捨得讓老師打你。可是爸爸不能不相信老師，如果不相信老師，老師就不會好好教你學問。」我看那父親對兒子流露的是疼愛但無奈的神情哪！

安底思：可是也有家長到學校，甚至到城邦官員那裡去抗議老師體罰學生，所以有些老師都心灰意懶，說：「不能打學生，就不必那麼認真教他們了！」老師們說出這類洩氣的話，社會輿論也就反過來同情那些老師呢！

蘇格拉底：安底思，你鑽研過種種教育理論，有哪個流派的教育理論支持體罰或責罵學生嗎？

安底思：當然沒有啊！體罰孩子究竟是賈巴達特有的文化，其實所有教師都修過這些教育理論的課程，才能去學校任教，可是學校原有的文化是個大染缸，有些

貫徹絕不打罵孩子的年輕教師，反而會受到資深的同事冷嘲熱諷呢。

蘇格拉底：安底思，如果教師們並不像軍隊裡的訓練班長那樣，清楚意識到自己負有馴化孩子的任務，為什麼他們會不斷要求規矩，有些甚至動用體罰？事實上，我看賈巴達的學校教育確實負有強大而有效的馴化功能。馴化動用到體罰，已經太表面化了。安底思，學校除了體罰之外，你還看到學校施用其他馴化孩子的方法嗎？

安底思：學校依靠多如牛毛的規定，維持集體秩序，作息一致，服裝一致，像早自習，強迫午睡，從頭髮款式到襪子皮鞋，無一不加規定。維持好集體秩序，教師才可以喘息，不必一一處理學生個別差異與個別需求，背後的原因當然是學校人數多，學生動輒超過兩三千人，班級也大，一班學生經常高達四十人以上。教師雖然沒有意識到自己正在執行馴化孩子的任務，但維持好集體秩序，教師才能喘一口氣，才能騰出點時間與精力來教學生功課。可是這麼一來，剝奪了孩子的自由與時間，更壓抑了孩子的創造力與想像力。啊！蘇格拉底，我們會不會談得太細了？也好像離題越來越遠了。

蘇格拉底：不，安底思，我們絲毫沒有離題，你說過要大量培育那些能引導學生一頭栽入學問之中的好教師，但在目前這種大班大校，重視集體秩序的教育環

境中，他們可能發揮嗎？讓學生忘情的投入學問，前提必須是：先給學生自由，給學生時間與空間。你所談的反而越來越接近問題的核心呢！我踏入幾所兩、三千人的學校，從學校門禁、學校建築，到擴音器、司令台，到處都在集體管理之下籠罩著令人窒息的空氣，瀰漫著一股無可名狀的焦慮。

安底思：這樣的學校可以培養出一批優秀的操作員或技術員，但很難想像會孕育出大思想家，大學問家，大文學家或大藝術家。

蘇格拉底：賈巴達有誰像你一樣意識到這問題的嚴重性？馴化究竟是反教育的啊！

安底思：有誰？……有一些人，比如那個可笑的向風車挑戰的唐吉訶德。

蘇格拉底：親愛的安底思，馴化學生在賈巴達的學校能夠如此大行其道，依你看來，原因之一是賈巴達原有**權威與說教的文化**，原因之二是賈巴達學校有許多都是大班大校，維持集體秩序變成學校運作的前提，不得不加強**集體管理**。但你看那個心疼兒子的父親，謙卑的拜託學校老師嚴加管教兒子，只因為祈求老師教他兒子知識。安底思，那父親的動機，有更現實的理由，能用賈巴達權威與說教的文化來解釋嗎？

安底思：啊！智慧的蘇格拉底，你又看出了破綻。藉由

與你對談，我越來越清楚問題的關鍵。我做教育研究時，對問題的每一個片斷都深入分析，並自詡看穿問題表象，但你進一步讓我把每一個片斷連繫起來，像權威與說教的文化，像大班大校與集體秩序，像**知識與權力的紐帶關係**，我都有過深刻體會，但你把它們放在一起，用馴化人的腦袋，把它們貫穿起來。從這裡，更讓我弄明白教育複製價值與思想的機制，因為馴化便是複製的前提。

蘇格拉底：聰明的安底思，當真理在黑暗的海上熠熠發光時，是你自己找到舟船，找到划槳，勇敢的航渡過去。你已經來到問題的核心了，那謙卑的父親了解知識與權力，了解兒子要得到那些知識，必得讓渡權力，接受權力的支配。「管」與「教」，在現實中，是不能分割的。

安底思：可怕啊，我對教育的前途要更悲觀了。

（安底思忽然低下頭，雙手掩面。）

3

蘇格拉底：善良的安底思，抬起頭來吧，只要我們分析知識的本質，弄清楚學校該教些什麼知識，學生不必像今天這樣依賴教師，那麼知識的學習與權力的受支配，便可以脫鉤。你也不必那樣悲觀。安底思，剛剛我好像看到一個像唐吉訶德的人騎著老驢子走過那口

井邊。我很驚訝他從頭盔底下，投過來的是天使般清澈，卻帶著十分稚氣的眼神。太陽西斜，他背著日光，使我看不清楚他的面容，只感覺到那是一對黑白分明的眼睛。

安底思：真是那可笑的唐吉訶德嗎？大家都說他可笑，說不定他也以為我們可笑哪！啊！蘇格拉底，你剛剛說要分析知識的本質，那到底是什麼？

蘇格拉底：安底思，讓我先反問你，什麼時候人會發生知識？

安底思：啊！我想起了蘇格拉底的名言：「真正的知識發自內心，而非來自別人的傳授。」你這句名言傳遍全世界，卻沒幾個人懂得你的真義。我也只能揣摩你的意思。歐倫老師傳授過我九九乘法，那真有用呢，我從此學會了數的乘法，甚至學會除法。難道九九乘法表，數的乘法除法，都不是真正的知識？

蘇格拉底：告訴我，安底思，一個村莊有7戶人家，每家都養3隻羊，總共這村莊有幾隻羊？

安底思：三七二十一（ $3 \times 7 = 21$ ），總共21隻羊。這便是九九乘法表的效用啊！不過你想說的是，對於乘法我的內心先要有意義，因為九九乘法表，不過教你如何更便捷的去操作而已。我的先知蘇格拉底，讓我多用幾句話來揣摩你這句名言的內涵。你想說的是：我的

內心先要懂「乘」的意思，我才能知道村莊共有幾隻羊，而且我的內心要先知道「三乘七」的意思是七個三疊加在一起，那麼操作九九乘法表，才可能成為真正的知識了。明確的說，我必須自己先計算過幾遍：

$$3 + 3 + 3 + 3 + 3 + 3 + 3 = 21$$

把一個個的3加上去也好，或分成5個3與2個3加起來也好，用什麼方法加起來都好，總是在你內心這7個3，如何加在一起，要先有個抽象的圖象，你把那些累加的結果，歸納起來，製表記誦，便成為九九乘法表。歐倫老師能做的事，便是引導我歸納、製表與記誦。思考的主體還是我自己，這樣學九九乘法表，才可能成為真正的知識。甚至做好九九乘法表之後，還要進一步去發現 $3 \times 7 = 7 \times 3$，並解釋為什麼7個3加起來，會等於3個7。這樣乘法才能成為人真正的知識。

蘇格拉底：安底思，雖然我不十分關心自然規律[4]，而把思考的心力放在人與社會上面，但你的解釋是對的，柏拉圖會更有興趣同你討論數學與真實的概念（ideas）。人認識世界的主體，還是自己的心靈。一個不思考的心靈，並無法得到真正的知識。當然操作性的知識，或技術，可以經由別人傳授而學會，你儘管不明白 3×7 為何等於 7×3，卻可以經由別人傳授學會利用九九乘法表計算出 53×102。就因為操作性的知識或技術，可經由教師傳授……。

4　蘇格拉底並不關心自然規律，他所稱真正的知識指的是關係於人與社會的智慧。這裡只借用蘇格拉底探討知識的精神，來談人的認知與教育。

安底思：所以眾人都**誤以為**學習知識**必須依賴教師**。但操作性的知識或技術，無法轉變為人的智慧，所以偉大的先知蘇格拉底接著他名言，做這樣的註解說：「唯有發自人內心的知識，才能夠變成人的智慧。」

蘇格拉底：親愛的安底思，你已經比蘇格拉底更懂得蘇格拉底。學校教育教了很多操作性的知識，學生便必須依賴教師，相應的，教師也得以藉此支配學生的心智，支配學生的人格發展，這是學校之所以能夠順利進行馴化任務的原因之三。可是操作性的知識，只是知識的表層。知識不過是人的經驗的累積，對學習者來說，如果外來的知識，外來的、別人的客體經驗，不引起自己原有的主體經驗的共鳴，或引起自己原有主體經驗的衝突，那是得不到真實的知識的。純粹操作性的知識只能教導技術，無法化成人的智慧。

安底思：學校教操作性的知識，例如教數學只教怎麼運算加減乘除，不引導學生去發現數學的規律，去發現隱藏在自然底層的數學法則，那麼教師**便須一路主導教學**，他的角色因此變得十分重要，操作的程序必須按步就班，循序漸進，學生**只有跟著教師走**，所以馴化變成學習的要件。這是為什麼那個謙卑的父親要請老師嚴格管教的原因。啊！蘇格拉底，你聽見那可笑的唐吉訶德的狂叫聲嗎？那聲音就在不遠的地方發出來，你聽見嗎？「我不要！……我不要……」那老唐吉訶德應該同他騎的老驢子一樣老，可是那狂叫的聲音卻有點像小孩的叫聲呢！……剛剛說到哪裡

了？⋯⋯啊！說到學習操作性的知識，學生只能跟著
教師走，學生是被動的，要跟著教師學，就得接受馴
化。但如果要引導學生自己去發現數學的規律，那麼
教師只要引導學生入門，給他問題，給他資料，給他
自由與時間，讓他自己去摸索、去嘗試。這時馴化反
而不利於學習。

蘇格拉底：安底思，你這麼說，大體是對的。其實學生對
於純操作性的事，本來也不排斥，如果背後有一股像
遊戲的動力，學生很容易就弄得純熟[5]。問題出在學
校裡所教操作性知識**沒有指明方向，沒有目的**，只有
訓練。孩子對意義不清的事，是無法引起興趣的。在
沒有意義、沒有方向、沒有目的的操作訓練之中，孩
子只有被牽著鼻子走，這便是學校教育進行馴化的本
質。馴化孩子的心理基礎是矮化孩子。但安底思，學
校教的只是操作性的知識嗎？

安底思：⋯⋯我一時也答不上來。可是⋯⋯這些操作性的
知識，背後還是有什麼其他更深刻的東西吧？例如解
一元二次方程式，你可以記公式、套公式，直接解出
答案，把它當作純粹操作性的知識。但它的背後卻有
些學問：它與二次函數，與拋物線，與最大最小值問
題，與內插法等等都有密切關連，其實它的背後有一
個龐大而細膩的抽象知識體系在支撐。可是這個抽象

5　像今日電腦遊戲，孩子的操作能力遠勝於大人。但孩子學電腦卻靠嘗試錯誤，
而非按部就班的學習。電腦遊戲的目的很清楚，有了目的，便有了方向。這時
孩子靠嘗試錯誤便學到如何操作。

知識的體系，對學生來說，又深奧難懂。

蘇格拉底：沒錯啊！安底思，**正是**這套抽象知識的體系，而不是操作性知識本身，**樹立起**學校教育的權威。學生容易遇到挫折的，不真正是操作性的東西，而是它背後的**抽象知識**。抽象知識代表的是人面對世界所擷取的普遍經驗，因為它所描述的是經驗的普遍性，所以必須訴諸抽象的文字與符號，才能明白而簡潔的表達它的意義。學生在學習中常因為這些文字符號的意義不易掌握，而感到挫折、而逃避甚至放棄。學校表面上教的是操作性的知識，事實上，它的目的在於經由這些操作，逐步累積去培養抽象能力。但學校教師**不知自己在教的是底層的抽象能力**，不是表面的操作性知識，正如教師在進行馴化孩子的任務，卻以為自己在教學生做人做事的道理。告訴我，安底思，有誰離開學校之後，曾遇過與一元二次方程相關的問題？

安底思：我自己從沒遇過，我想大部份人也都沒遇過，只有少數的數學家、科學家，還有一些工程師才會用得上它吧。

蘇格拉底：那麼，為什麼所有十三、四歲的孩子，在學校都要學一元二次方程式的解法？這不是非常愚昧的事嗎？

安底思：可是抽象能力確實是人重要的能力啊！

蘇格拉底：**沒有人知道**怎麼教人的抽象能力，正如沒有人
　　知道怎麼教人的想像力一樣，這是問題所在。學校教
　　套裝知識[6]，**無意中**卻培養出一些學生的抽象能力，儘
　　管大部份學生都所得有限，甚至望而卻步。其中數學
　　一科，尤為代表。一般來說，學校套裝知識的教育，
　　如果只著重操作性訓練，未讓學生參與知識的抽象過
　　程，那麼學生學到的常只是抽象語言，而非抽象能力
　　本身。相對於其他城邦，賈巴達的教育最是這樣：
　　學生普遍擅長抽象語言，但抽象能力偏低。但無論如
　　何，是套裝知識的抽象性，樹立了學校與教師的權
　　威，並加強馴化的功能。安底思，抽象知識的權威與
　　馴化的功能，結合在一起，孩子的心智更被壓抑而不
　　得釋放。安底思，為什麼賈巴達的學校，所樹立的抽
　　象知識，比其他地方更具權威？

安底思：因為考試，因為賈巴達的一級級學校不斷做篩
　　選，篩選的憑據便是考試。但考試不易檢驗出人的深
　　度的抽象能力，卻能有效檢驗出人對操作知識是否純
　　熟演練。在考試的壓力下，孩子的抽象能力培養不起
　　來，因此對抽象知識本身也就更加畏懼。

蘇格拉底：安底思，那天獅子跑到大街傷人的景象，你一
　　定記憶猶新，你一下子就看出獅子是問題的根源，現
　　在你能看得到賈巴達教育問題的根源了嗎？為什麼賈

6　所謂「套裝知識」指的是：把人在不同時空下累積而成的經驗，經過剪裁整理
　　分類，並經過抽象化標準化之後，編輯而成的整套有系統的知識。詳見篇四之
　　一〈套裝知識與經驗知識〉。

巴達教育弄得如此撲朔迷離？什麼是那隻獅子？

安底思：敬愛的蘇格拉底，讓我多想想，我或許會有答案，但現在我看到的是城郊外矗立的風車，那黑色巨大的風車，像考試與馴化兩者合而為一的怪物，正背著陽光，座落在我的眼前。

（蘇格拉底閉起眼睛沈思。安底思望向街道，看到可笑的唐吉訶德正騎著老驢子，走過井邊。安底思注視唐吉訶德的背影，忽然他驚覺那是一個孩童的背影，那個背影騎在老驢子的身上，緩緩走向城郊的風車。）

之二　網路時代[1]

1

　　《學校在窗外》（以下簡稱《窗》書）在2003年初版。2014年因紀念教改20週年，出二版。近日左岸出版社的編輯竣宇告知，二版也已售罄。為因應時代的趨勢，三版定名為「潮本」，意指「網路時代版」。內容大幅調整，並增添許多篇章。

　　網路發展到2020年，世界出現劇烈的變動。人們的生活、興趣、語言、經濟、社會與國際政治，都出現全新的樣態。好的一面是每個人，不管身分地位，都有發表言論的可能，而且資訊流通，提供人們自主判斷的基礎（極權國家例外）；壞的一面，則是每個人都可以肆意論斷是非，可以不根據事實、不了解脈絡，就說長道短，造成真假不分，社會意見兩極化；媒體容易操弄，民粹領袖上台，呼風喚雨，顛倒是非；人心浮動，價值渙散。世界處於焦躁不安，人們看不到明天，看不到未來。

　　有趣的是1970年代，後現代主義已經融入歐美社會，到1990年代更湧入第三世界。後現代主義是二次大戰之後，一股文化解放的潮流。個人的意識、思維與創作，有更大的文化空間可以自我表現，所以迅速在各地蔚為風

1　完稿於2020年10月5日。

潮。因為後現代蘊含「反菁英化」，個人的言論及種種創造，得以遍地開花。到2000年之後，網路出現，更承載後現代的思想風潮，把世界帶到一個完全陌生、完全未知的境地。

2003年《窗》書初版，我談到維生、互動與創造，三者是人在世間活著的原始動力。其中所謂互動，並不依附於維生。不是為了汲取生活資源、為了賺錢才互動，而是純粹的渴望，渴望與世界互動，為互動而互動。這是人的天性。後來網路開始流行，很多人在臉書、推特、微信、Instagram、Line、……等網路平台暢所欲言，非關利益，只涉及觀念表達與感情抒發，我才意識到它是互動需求的真實體現。

然後互動的渴望，在網路時代忽然泛濫成一片汪洋，帶來多種災情。為什麼？因為網路發言，缺乏實質的回饋，更缺乏相應的代價。互動在虛擬世界中，人隨時可以抽身，責任可以大打折扣，自我尊嚴變形。「我」可以有多重身份，甚至躲藏起來。人內心深處與世界互動的需求，變成只對著世界不斷發話的單行道。而不是自古以來「與世界連結」雙向而真實的互動。

2

我想起米蘭昆德拉「鳥嘴一張一闔」的意象。那是他在《笑忘書》一篇小說中，所描述的場景。1980年代，我閱讀這書，鳥嘴的印象尤為深刻難忘。

——鴕鳥一共有六隻，牠們一發現塔米娜和雨果，就拔

腿飛奔過來。……鴕鳥圍在鐵網前，伸著長長的脖子盯著他們兩人看。寬寬扁扁的鳥嘴激動的一張一闔，速度相當驚人，彷彿每隻鴕鳥都有話要說，而且要說得比誰都更大聲。

小說的主角塔米娜與丈夫，在1968年蘇聯坦克駛入捷克之後，逃亡到法國。不久丈夫死了，塔米娜從悲傷中活過來，在酒店當女侍過著日子。她不斷思念丈夫。幾年之後發覺過去的記憶慢慢褪色。她想起在捷克有一疊她與丈夫之間的情書，留在布拉格的家裡，保有那些信件就保有舊日的記憶。多年來她一直沈默安靜，每天在酒店只微笑的、靜靜聆聽客人的心情，很少說話。於今為了要托人去捷克拿回那些信件，她開始接觸客人：碧碧、班納卡、雨果。

碧碧想寫小說，她在眾人面前不斷大聲的說：
－我常常覺得全身充滿表達的慾望，要讓人聽見的
　慾望……。從表面看來，我什麼也沒經歷過。不過
　我內在的經驗，很值得寫下來，大家都會有興趣讀
　的。

班納卡是三流的小說家，雨果想發表一篇政治評論。有次昆德拉搭計程車，那司機也想寫作。

昆德拉大喇喇的走進小說（這一向是他寫小說的風格），他搭計程車進入巴黎市區。「我想寫作。」司機對昆德拉說。「想寫些什麼？」「寫我經歷過的生活。」

——「你寫這些是為了給你的孩子看，就像寫家族史那
　　樣?」昆德拉問。
——司機苦笑了一下說:「孩子們才沒有興趣。這是我
　　寫的書，我想應該對不少人有幫助。」

　　昆德拉的《笑忘書》是1978年出版。三十年之後，世
界進入網路狂飆的年代，我想起鴕鳥寬寬扁扁的嘴一張一
闔不停的訴說著什麼的意象，驚訝於他的遠見，不，不是
他預知三十年後網路世界的遠見，而是一種洞見，對永恆
人性的洞見。

　　2003年我在《窗》書，提到互動作為人存在的根本動
力時，還沒有意識到網路時代，人會用這樣的方式，表達
互動的內在需求。也沒有聯想起昆德拉的小說。

　　是這些年注意到真真假假、排山倒海的網路言論時，
才把我寫的互動、昆德拉的小說與網路的特性，三者連繫
在一起。

　　我再引兩段昆德拉的話，聽聽他對人性的洞見。他說:
——塔米娜永遠也搞不懂這些鴕鳥跑來要跟她說什麼，
　　可是，我(作者昆德拉自己)知道這些鴕鳥跑來不
　　是要提醒她，也不是要勸告她，更不是要跟她預說
　　什麼危險。牠們對塔米娜一點也不感興趣。每次鴕
　　鳥跑過來只是為了要告訴塔米娜關於自己的事。每
　　隻鴕鳥在說的都是，牠吃得好不好、睡得好不好;
　　說牠為什麼跑到鐵絲網前面;說牠在鐵絲網後面看

到了什麼；說牠看見一個圍著披肩的女人在那裡散步；說牠去游泳；說牠生了病，然後又好了；還有今天牠吃了一袋草料。六隻鴕鳥擠在鐵絲網前沿，七嘴八舌地跟塔米娜說話，熱烈、急切、咄咄逼人，因為在這世界上，沒有什麼事會比牠們想要跟塔米娜說的話更重要了。

牠們對塔米娜一點也不感興趣，只不斷張嘴想說話，這是一種「話語狂」。昆德拉的鴕鳥正是在引喻人的世界。當人類社會滿足以下三條件時，話語狂必然會像流行病一樣肆虐：1. 社會豐裕；2. 人們生活相互疏離；3. 社會沒有大規模的變動。昆德拉做了這番分析之後，又繼續說：

—這是因為大家都害怕自己會隱沒在一個無足輕重的世界裡，沒人聽、沒人理，所以要趁著還來得及的時候，把自己轉換成一個世界，一個用話語堆砌而成的世界。總有一天（這一天也不遠了）每個人都會發現自己是個寫作者（話語狂）。當這一天來臨的時候，人類就會進入一個全面聾聵、全面誤解的年代。

3

全面聾聵、全面誤解的年代。昆德拉的《笑忘書》出版三十多年後，我們似乎進入了他預言的時代，雖然他並不在預言。

網路時代人們只說不聽，猶如那六隻奔向塔米娜，熱烈急切的對塔米娜說話，咄咄逼人，其實對塔米娜一點都

不感興趣的鴕鳥。

互動是為了與世界連結，但那種連結必須是雙向的，是真實的。人透過互動取得世界對自己行動的回饋，來回相互影響，往上不斷迴旋提升，形成價值共識的綠洲（雅斯培的比喻），塑造相對愉快充實的人生與社會。

真實的互動，可以使人更接近事實，不致閉門造車，但單向的、只說不聽，卻使人更自以為是，更遠離事實。因為人有一種習慣，話一旦說出口，便開始自我洗腦，相信自己的話。只有從不斷的回饋與辯證中，互動才能使人接近事實。

只說不聽，帶來的是吵雜、喧囂，沒有整合意義的噪音。如果說人類這個物種的特徵是語言，那麼形成人類社會組織的根源，便是以語言為基礎，產生的公共溝通。道德、價值的形成，先決條件是公共溝通；繼之法律政治經濟等典章制度，也是經由公共溝通，所形成的社會共識；甚至文學藝術科學哲學的發展，都無一不來自有效的公共溝通。

公共溝通越有效，社會的生命力越強壯。希臘雅典時期、18世紀初威廉三世之後的英格蘭、跨入19世紀之前創立的美國、20世紀後葉北歐的社會福利國家，都是這樣的社會。

公共溝通薄弱，通常是社會資源被少數人把持。合理的、有利於社會成員、有利於社會發展的典章制度，無

法建立。歷史上多少獨裁專制的黑暗時期,都壓制言論自由;沒有公共溝通的機制,只有獨裁集團的意志。

人的歷史是荒漠。直到良善的公共溝通形成,才出現荒漠中的綠洲。

21世紀的網路,形成人言各殊、音量龐大的噪音世界,迄無機制使它們匯聚成有效的公共溝通。網路覆蓋全球,新的綠洲沒有出現,往昔難得形成的舊綠洲卻逐一崩壞。世界漸漸倒退,變回一片荒漠。

互動,對於個人來說,必須是雙向的、多向的、有多重回饋的溝通。從這裡,人學習移位思考,取得進步,充實自己的人生,不再封閉,不再自以為是;

互動,對於社會,則必須形成有效的公共溝通,多元的聲音向上攀爬,相互辯證,尋找世界的普遍性,最後形成有利於各個成員、有利於公共性發展的社會共識。

這就是「與世界真實連結」的意義,也是原本的、真實的「互動」。

4

網路時代的發展到21世紀20年代,人類社會的前路,出現一個分岔口。

往右，現時的是非不清、價值錯亂，會繼續下去；往左，理性、多向與批判，將回頭重整這個世界，讓互動回歸「與世界真實的連結」。這原本是社會內部自我調節的機制。

與世界真實連結，融入文明的創造歷程；不能只是科技工具化，不能只是消費科技、消費人類千年累積的智慧與文明，而是重新肯定「創造」的價值。

往左或往右？此刻我們無法預言。

但我們確知維生、互動與創造三者是一個整體。

這三者將是本書的起點。前文，亦即篇○之一〈唐吉訶德的眼睛黑白分明〉的寓言對話，則是宣言，一篇從本書起點，發芽抽枝，落在教育領域的宣言[2]。

5

藉唐吉訶德一文的寓言，我點出了教育問題的癥結。孩子的心智，在學校受到壓抑，是因為抽象知識的取得不易。以往教師的職責就在於傳授知識。

同時，傳統社會不論是西方或東方，都賦予教師管理學生品格的責任，因此師生之間，長久以來，形成絕對的

2　見篇○之一。

權力關係。

教師有「帶好學生品格」的能力，這是神話，也是普遍的迷思。背景的遠因是：在傳統社會大人不相信小孩；傳統社會資源匱乏，人們充滿強烈的不安全感，為了擔心孩子長大後「變壞」或游手好閒，孩子的品格必須受到社會規範。教師便成為學生品格的規範者。但教師有沒有帶好學生品格的能力，沒有人深究。人們會如此相信，只因為教師是大人，無他。後者是近因。

事實上，多數大人的品格，並不比孩子高尚。孩子的可塑性很大，他們敏感，也比大人真誠。

品格不能教，用外在的力量規訓品格，只會造成陽奉陰違。孩子必須放回世界，與世界互動，與世界連結，從來回不斷的互動中、從日常與同儕遊嬉及對話、與周邊的大人相處、閱讀前人與歷史的經驗、深入文明創造的活動中，去形塑自己的品格。

孩子應該擁有完全的主體性，透過自己與世界真實的互動，去發展自己的人格。學校教育不需也沒有能力管理學生品格。教師只能陪伴，與學生做朋友，與學生平等相待、一起討論問題，一起思辨人生、知識與社會。

每一個孩子的潛能都是無限。解除師生之間的權力關係，是釋放孩子心智，發揮孩子潛能的第一步。

剩下的就是抽象知識的取得。

網路滋生眾多弊病，也為人類社會帶來眾多好處。除了資訊流通，人們不再被威權的謊言蒙蔽，更可以自由發表言論之外，網路時代也誤打誤撞，敲開了百年來束縛孩子心智的鎖，解除壓抑孩子成長的權力關係。

本書潮本──亦即這網路時代版，增添「篇三」，其中長達萬言的〈教育四書〉，提供當前教改的新方向。

二十多年的教改，風風雨雨，最大的障礙是台灣社會多數人缺乏想像力，菁英們思想保守，拒絕面對進步的自由教育。「教育複製」，一直是教改最大的阻力。

〈教育四書〉所述，繞過現實教育複製的阻力，鼓勵自願組成的實驗學校，給予機會，進入體制，取得應有的資源，但保有獨立空間。對於抽象知識，進行網路自學與共學，專業教師從講台上走下來，當作諮詢員。以此做為自由學校的樣本，因其績效，扭轉社會對教育的誤解（人是現實的）。 實驗學校逐步擴散。十年十五年之後，完成全面教改。

學校在窗外。這條自由之路，如何可能？

讓我們細說從頭。

* * *

尾聲
關於塔米娜的信件

雨果寫了一篇政治評論，談蘇聯坦克入侵捷克後的布拉格。

「雨果，你真的以為布拉格的人會讀到你的文章？」塔米娜的譏諷刺傷了雨果。他反駁道：「妳離開你們國家太久，妳已經忘記你們的警察有多厲害。這篇文章引起很大回響，我收到一大堆讀者的來信。如果我去布拉格取回妳要的信件，你們的警察一定認得我，我很確定。」

塔米娜不發一語，容貌卻變得愈來愈美麗。天哪，只要塔米娜輕瞥雨果的世界一眼。

「塔米娜，」雨果悲傷的說，「我知道妳因為我不能去布拉格而生我的氣……剛剛開始我也想說我可以過些時候再發表這篇文章，後來我領悟了一件事，那就是我沒有權利繼續保持沉默。妳明白我的意思嗎？」

雨果背叛了塔米娜，碧碧也是。

雨果不停的找話說，塔米娜唯一的回應就是加快腳步。沒多久雨果就詞窮了，他靜靜陪塔米娜又走了一會兒。然後停下腳步，站在那兒。塔米娜頭也不回的一直向前走去。

後來，塔米娜繼續幫客人端咖啡。

篇一
孩子為了什麼去學校？

之一　替那些死去的孩子活下去

1

小說家大江健三郎在《自己的樹下》[1]中，討論「孩子為什麼要上學？」，書中有一段對白：

—媽媽，我會死嗎？

—你不會死，我希望你不會死。

—可是我好像聽到醫生說，這孩子沒救了。我覺得我會死哪！

對白的背景是：幼年時期的大江，放棄學校的功課，拿著植物圖鑑，獨自走入山裡，去學習植物的名稱和生態。一個大雨傾盆的秋日，他迷失在山中的森林裡。隔日被發現躺在一棵七葉樹下發著高燒，村子的人把他救了回來。

—就算你真的死了，媽媽還是會再把你生下來。

—但是那個小孩和現在就要死去的我，不是同一個人吧？

—是，是同一個小孩。我再把你生下來之後，就會把你以前所看過、聽過、讀過、做過的事一一講給那個新的你聽，那個新的你也將學會現在的你所說著

1　原文名為《「自分の木」の下で》，但中譯本卻不叫《自己的樹下》，而改書名為《孩子為什麼要上學？》，時報文化出版，陳保朱譯。

的語言，所以你們是同一個小孩。

隨著秋天過去，大江逐漸復原，初冬回到了學校。

事隔半個多世紀，現今大江已步入老年，他記得：當時回到學校之後，時常陷入沉思，在心中自言自語：
──教室或運動場上的同學，是不是也都由他們的爸媽把那些沒長大的孩子所看過、聽過、讀過、做過的事反覆重述，讓他們代替那些死去的孩子繼續活下來呢？而這事的證據，就是我們都繼承了同樣的語言在說話。
──而我們每個人不就是為了把這語言變成自己的東西，所以才來到學校的嗎？我想不僅是國語、理科、算術，就連體操，也都是為了繼承死去的孩子的語言，繼承他們所看過、聽過、讀過、做過的事，才必須學習的東西！一個人獨自跑到森林中，比對眼前的樹木與植物圖鑑，並不能代替那些死去的孩子，不能與他同化而變成新的小孩，所以我們必須到學校。

2

老年的大江另一個回憶，是關於兒子光的事。光出生時腦部異常，頭看起來有雙倍大，後面多長了一個大瘤。醫生把瘤切除了。光到四、五歲還不會說話，但他對音樂非常敏感。相較於人類的語言，光更懂得野鳥的歌聲。這時的大江又問起自己：為什麼光非上學不可？光清楚鳥

聲，喜歡父母教他認識小鳥的名字，為什麼不可以搬回山谷的村子裡，住在森林邊的老家，與父母三個人一起生活呢？作為父親的大江，為光提出疑問：

─我可以讀著植物圖鑑，確認樹名和其生態，光可以聆聽野鳥的歌聲，叫牠們的名字，妻可以畫素描，煮飯做菜，為什麼不能這樣做呢？

─光進了學校的特教班，班上許多同樣有智障的同學，時常在教室裡大聲吼叫，此起彼落。上學不久，光便找到一個和自己一樣喜愛安靜，不喜歡吵鬧聲的朋友。兩個小傢伙時常窩在教室角落，手牽手忍耐教室裡的噪音。光還幫助這位行動比自己困難的朋友上廁所，並一起聽FM的音樂節目。

光長大後變成作曲家。大江在他的書中繼續說：

─現在對光來說，音樂是為了確認自己內心深處的那些寶藏，把自己與社會相連結的最有效的語言傳遞給他人。光的音樂雖然萌芽於我們的家庭生活，卻在光上學之後形成。不管是國語、理科、算術、體操、甚或音樂，**這些都是語言**，都是為了讓孩子充分**了解自己**，與他人相連結的東西，外語也是一樣。

為了學習這些東西，我想不論在什麼時代，這世界上的孩子們都應該去上學。

3

作為小說家，大江已將學校教育的目的，用他自己深

刻的生命體驗，生動而完整的呈現出來。

　　大江的第一個故事說要替死去的小孩活下去，象徵**與過去的人們相連結**。第二個故事回憶光在學校找到相知的朋友，一起聽音樂，幫忙上廁所，則表示**與同時代的人互動**，與家人之外的不同生長背景的人互動。

　　換句話說，依大江看來，人生下來要學習與不同時空下的人類經驗相連結，而相連結的信物則是語言。但這個語言不只是溝通工具，不只是我們所說的狹義的語言，像母語、中文、日文、英文等，而是知識本身，是**死去的小孩所看過、聽過、讀過、做過的事**。或更清楚的說，是經驗本身，包含人對鳥聲的感受、把種種感受轉化而寫成的音樂。

　　大江的故事也透露出另一層意義：與別人的經驗相連結，或說與世界有了真正的來自內在經驗的連結，才能了解自己。光聽野鳥的歌聲，進學校與相知的朋友手牽著手，在教室的角落，在廁所的階梯，慢慢他看到了自己，寫出令人感動的曲子。

　　人藉著與世界互動，了解了自己在世界的位置，才能反觀自己，了解自己。

　　大江從這裡找到了孩子為什麼要上學的理由。所以他說：任何時代的孩子都必須去上學。

我想藉大江令人感動的生命故事作為引線，來進一步深入孩子與學校的問題。我不能確定孩子是否一定要去學校，因為今日的學校所教給孩子的，不是連結於人的內在世界的「經驗知識」（experiential knowledge），而是一整套的經過標準化、抽象化的「套裝知識」（package knowledge）[2]。這一整套的套裝知識反而把人從真實世界中分離出來，與不同時空的人類經驗隔離開來。

　　基於這個緣故，我把大江原來的問題改成：
　　一孩子為了什麼去學校？

　　以這個問題作為主軸，在接連的幾篇文章中，我要探討學校教育的本來面目。當學校有了它應該給孩子的東西，才能討論孩子應不應該去學校。

　　要分析學校教育的本來面目，必須先談一些較根本的有關人存在的問題。

4

　　1994年我罹患重病，肝癌病發並已擴散至肺部，三家醫院都預告生命期只剩三個月至六個月，我在病床上做完當時認為是最後一篇數學研究的論文[3]，隨後病情緩和，我奇蹟似的活了下來。但我手邊不停的工作，又花了幾近兩

2　在本書篇四之一中，將較精細的討論經驗知識與套裝知識。
3　這篇論文後面與林俊吉合作發表在 *Archive for rational mechanics and analysis*, 141 (1998), 105–116，是我自己非常喜歡的一篇研究工作。

年的時間完成一篇以數學概念探討經濟哲學的長文[4]。

病中幾年，我隔離於俗事之外，在精神上度過了一段**真正自由**的時光。那段期間，我常自問：人對世界好奇的根本意義是什麼？如果我流放在孤島，與世完全隔絕，我會不會再做數學？會不會仍像現在這樣，好奇地想知道潛藏在這世界底層的理性規律，而辛勤的工作？

我向自己提這個問題，是想知道人追求知識，對世界好奇的動機是什麼？

小孩的好奇是天生的。好奇有利於認識周遭世界，認識周遭世界則有利於維生。但假定維生已不成問題，人可以衣食無虞，那麼好奇是為了什麼？

數學家、科學家做研究的內在動力是什麼？除了職業上維生的需要之外，是為了名利與地位？還是純為好奇而好奇？為研究而研究？為創造而創造？

為了要使孤島問題問得真切，我必須進一步虛擬問題的情境：如果在那孤島，有足夠的果實玉米，獸皮石屋，供我溫飽，那麼我做什麼？我還會做數學嗎？

同時我還做這樣的假定：我很確定這孤島**永遠**不可能

4　這篇長文的主要論點已分別在2004年、2009年、2013年發表於經濟學期刊 *Social Choice and Welfare,* by Wu-Hsiung Huang.

與外界溝通，即使我做出什麼有趣的、重大的研究成果，都不可能與世人分享，或說得更極端一點，人類已經毀滅了，只剩我孤伶伶的一個人活在這世界，那麼

——我還會再做數學嗎？

5

我誠實的想這個問題，讓自己完全融入那孤島的情境，慢慢的我聽到了來自內心的回聲：我不會再做數學，我會把數學相關的一切東西燒掉。然後……

我不很確定自己會不會想活下去，但我**肯定**不會再做數學。然後，我會怎樣？

也許我會天天坐在海邊發呆，最後自殺了事——請神的信徒們不要太快下結論，指責我因心中沒有神，才會如此絕望。

也許我會學著小鳥說話，誘引她們靠近我，與她們成為朋友。也許我會幾天幾夜靜靜的躺在地上，眼睛望向天空，卻傾耳諦聽草叢裡花開的聲音。也許我會在地上畫些美麗的畫，希望蝴蝶蜻蜓能飛過來看得懂我畫些什麼。如果附近有狼或野犬更好，有了這些友伴，我便會活下去，不會再想要自殺。

——但我肯定不會再做數學。

換句話說，純粹為好奇而好奇，為研究而研究，為創

造而創造，對我來說是不存在的。創造之外，我會希望與人互動，與世界互動。對於創造工作者，同行之間相互討論、相互欣賞、相互批評、相互肯定，是不能缺少的。如果人沒有互動，創造便失去動力。創造不是人**孤立**的趣向。

有個心理測驗題目是：「如果你有機會與古來先賢大哲見面，向他（她）問個問題，你會挑誰？你想問什麼？」

我不會挑愛因斯坦。但愛因斯坦很喜歡讀叔本華（Arthur Schopenhauer, 1788–1860），他說過：「我與叔本華一樣看法，認為人從事文字藝術或科學的最大動力，就是為了逃避日常生活的粗糙與單調，所以才躲入一個四周佈滿創造的世界。」

他這樣說，因為他對世俗平庸的生活瑣事或無聊言語感到厭煩。但他還沒有真心去挖掘自己從事科學創造的內在動因。依那心理測驗的問答，如果愛因斯坦出現在我面前，我會問他：

　　一如果人類已經滅絕，只有你一個人活在這世界。那
　　　　時，你正從瑞士專利局走出來，抽著煙斗步上伯恩
　　　　（Bern）空曠無人的街道，街道上的店面依舊，櫥
　　　　窗裡仍然擺著種種服飾，格架上仍然放著新鮮的麵
　　　　包。你不愁衣食，只是到處都空蕩蕩的沒有人影。
　　　　即使你從瑞士跨過邊界走到地球的另一端，都空蕩
　　　　蕩的沒有人影，親愛的愛因斯坦，請問：你還會沉

浸在四度時空之中，還會那樣充滿熱情的想找到相
對論的基本規律嗎？

　　我很想知道愛困斯坦會怎麼回答，因為對我來說，去
思考大江所提的「與世界相連結」是重要的課題：
　　─「與世界相連結」是不是人活在這世界的必要條
　　件？
　　─「與世界相連結」的真正意涵，是什麼？

之二　如果死亡只是像睡夢

1

　　有一天我十四歲大的兒子詢,從學校放假回來,對著我說:

　　—人為什麼要活著?我知道我不會自殺,因為我怕死。但如果死亡不那麼恐怖,如果死亡只是像睡夢,像上床睡覺,人一入睡便平靜的死去,那麼我會不會自殺?如果不會,我一定是為了什麼其他的東西才活下去吧?

　　—不是為了你有你愛的父母,你喜歡的朋友們,而你捨不得離開大家?

　　我這樣回答。

　　—但假如我是一個孤兒,沒有父母,也沒有人要理我呢?

　　我們沉默無語。半晌,忽然詢說:

　　—我不是要問你答案,我只是在問我自己。

　　這是歷來哲學的根本問題:

人為什麼要活著?

　　對於這個問題,每個人心中多少有一點自己的答案。但沒有人知道共通的答案,或者說,這世界不存在著一個普遍的、完整的、適合所有人的答案。

我年輕時也常問自己這個問題，幾十年過去依然沒有答案，所以在詢出生時便給他取「詢」的名字。那時為了徵得他母親同意，寫了一張便條：

一詢問是科學的起點，文學與哲學的終點。

人生的樣態豐富多變，命運詭譎不定，到最後人也只能無語問蒼天。抽象的思維無法回答人為何存在的根本問題。文學與哲學的終極問題，終究是無解的問題。

但要真正釐清「孩子為了什麼去學校？」，我不能逃避有關人存在的根本問題。

大江健三郎從他自身及兒子光的經驗提供了一個思考的面向：

為了與世界連結，進而反觀自己，了解自己。

我則換個角度，討論另一個相關的問題：

人存在的原始趣向是什麼？

對我來說，在維生之外，創造（creation）是人的原始趣向，而互動（communication）亦然。「維生」、「互動」與「創造」，三者是人存在的三個支架，也似乎是人類天生所共有的原始趣向（human interest）。

哈伯瑪斯（Jürgen Habermas）曾談論過人類的原始趣向。他從社會學批判理論的觀點，提出「技術」、「實踐」與「解放」三種趣向。我則從兒童的身上，從人文的

觀點切入這個問題——熟悉哈伯瑪斯的讀者，也許可以看出這兩種論述之間，存在若干關聯。

<h2 align="center">2</h2>

　　人都有創造的慾望。想由自己做出來一些創造性的東西，是每一個人內心都有的欲望。事實上，創造活動從人一出生下來，便時時刻刻、綿綿不斷的在進行。即使在學習大人既有語言的過程，小孩所採取的學習方式是不教自會的**創造性學習**。幼兒學習母語，並不像長大成人之後學習第二語言那樣被動與笨拙。大人學習語言的方式是：「先學習單字語彙，再學文法，然後根據文法把單字拼湊一起，組合成語句」。但幼兒學習母語，不是採取這種被動的套公式的「分析／組合」的方法。相反的，幼兒學習語言的機制是，主動的、創造式的「整體／取代」的方法：在語音串（sequence of sounds）出現耳際之時，準確抓取當時情境的整體特徵，先吸納整個語句，再用取代的方式，經嘗試錯誤，逐一檢驗句中每一詞彙的語意，這是抽象的創造性活動。

　　詢才兩三歲時，我時常帶他到山上在山頂上看星星，逛到深夜才沿山上的產業道路下來，我喜歡空寂無人的山，山腰頂多有兩三戶農舍。一夜摸黑走下山來，手電筒照到一條橫梗路上的蛇，我們蹲下來仔細瞧牠，看牠緩緩爬行直至離開山路，我們才繼續下山。那是一條龜殼花。

　　—牠有沒有毒？

—有啊。

—咬到會不會死？

—會啊。

詢的小手緊緊握住我的手。夜很黑，山影很暗。我察覺詢
有點害怕。

—爸爸，「世」（台語—指閩南語—發音同「細」）
　　間有鬼無？

—沒有。

—那麼「大」間呢？

　　我忍不住笑了出來。對詢來說，「世間」這辭模模糊
糊的意指他的小周遭。台語「世」與「細」同音，「細」
則與「小」同義。他理解下的「世間」一辭，似乎表示他
的小天地。黑夜、山與蛇讓他心中害怕，恐懼使他轉而擔
心「會不會有鬼呢？」我告訴他，「世間」沒有鬼。那麼
「大間」呢？他這麼追問，因他心中仍然放心不下，同時
也因這是孩子學習語言的方式：把「世」（對他來說，音
與義皆同「細」或「小」）用「大」來取代，嘗試錯誤，
追問「大間」有無鬼。這便是創造性的學習。詢如所有的
孩子，分辨得出我的笑聲，包含的不只是開心，更且是笑
他用錯了辭。之後沒聽他再使用「大間」一辭。孩子這種
敏感、這種能力，若加深思真讓人驚嘆。[1]

　　除學習語言之外，每一個幼兒都不時在創造：玩泥巴、

1　參見本書作者：《童年與解放衍本》（二十周年紀念版），〈序篇：林間對
　　話〉，頁59–61。

畫畫、割紙、切葉子、作歌，隨時在進行種種無需遊戲規則的遊戲。但當人漸漸長大，尤其被送進學校之後，創造活動迅速減少，創造的欲望也逐日壓抑；依大人囑咐把大部份的時間與心力，放在文字與數學的演練，放在套裝知識的學習，為步入文明社會做準備，也為日後的謀生舖路。

修柏里（Antoine de Saint-Exupéry, 1900–44）在《小王子》的書中，把小孩從創造世界步入分析世界的轉變，寫得最可愛又最傷感。他藉這本童話，自稱六歲時用彩色鉛筆完成他生平的第一張畫，他說：

―我的一號畫就像這樣：（見圖A）

圖A：一號畫

―我把我的傑作拿給大人看，並問他們覺不覺得可怕？但他們的回答是：「一頂帽子有什麼好怕的？」可是我畫的並不是一頂帽子，而是一條蟒蛇吞掉一隻大象的樣子。
―大人不懂，我只好把蟒蛇的身體內部也畫出來，讓他們瞧個清楚。大人總是需要許多解釋。我這張二號畫就像這樣：（見圖B）

圖B：二號畫

──這回大人便勸我忘掉那些看得見（或看不見）蟒蛇身體內部的畫，叫我把興趣轉移到地理、歷史、算數與文法上面，就這樣，六歲那年我放棄了當畫家的輝煌事業。

3

人長大之後，連創造活動也拿來做社會分工。大多數人，為了維生，度著日復一日，沒有創造性的生活。社會把人的創造活動，交給作家、藝術家與學術研究者這些少數的創造工作者去做，大多數人則只管「維生」。

創造原來是人的天性，人在創造活動中固然會有挫折，會有困頓，但終究會因此感到充實，感到愉快。正是創造工作的挫折與困頓，才使人真切體會到生命沉甸甸的價值。把創造活動交給別人代工，是**違反人的天性**的，也會扭曲人的價值判斷。創造的慾望被壓抑，時日一久，人自然會惶恐，會焦慮，會懷疑自己活著的意義。

沒有創造只有維生，人會變得無趣，變得教條。尤其當維生都十分艱難之時，生命將只有黑暗與苦痛。

談創造與維生，必須考慮時代背景及生活條件。在生活資源匱乏的條件下，談創造好似奢侈，好似不食人間煙火。但所謂創造，不只限於藝術家、作家等專業者的創造，生活中原本處處有創造。農家採五結芒編織掃帚，婦女縫製自己喜歡的衣裙，其他做桌做椅，弄花弄草，只要

根據心中喜歡的圖樣或款式，據以動手製作者，皆為創造。寓創造於生活之中，生活便增姿彩。印尼峇里島人，生活水準遠遠不及台灣，但生活皆創造，其創造不純為維生，只為增添生活意趣，平日所用竹椅，雕刻細緻怡美，並不純為實用。美，是一般民間生活的質素。一日，我在烏布（Ubud）北郊的梯田遊盪，遠遠望見田中有一亭子裝飾得美崙美奐，近看則皆花草編織的垂飾，掛滿庭簷。島民在那些採集來的草葉上，用刀雕刻出無數不同造型的小洞，復以莖梗穿引，又覆滿鮮花，編織成一串串美麗的花飾。鮮花一兩天即呈枯萎，草梗亦不過旬日。島民不以一再編織為苦，花草一旦枯萎便重新雕織，每次都弄出不同的花樣，編織成不同的藝術品。每次都是不同的創造。

創造能不能從維生中分離出來，成為人之生活的一部份，除了現實經濟條件的限制之外，也有文化的因素吧？

4

維生、互動與創造三者，作為人存在的基本要件，它們相互之間既非完全相屬，也非完全獨立。只有在三者相互穿引相互滲透時，他們的作用才會充分發揮。

前文談到創造與維生，在匱乏社會裡猶能共存，寓創造於維生，使生命不致乾枯。而創造的動力，更是依賴於人與世界的互動。一個創造工作者得不到同行或其他人的回饋，創造的熱情便不易持續。

在科學工作者之間，我們時常真誠的討論研究是為了名利或純為好奇。科學家正如其他人，當然不能不食人間煙火，維持生活是必需的，然而研究的動機是否純因熱中名利，多少因人而異。固然有一些創造工作者，會把追求名利當作創造的動力，但更多的創造工作者，日以繼夜，燃燒生命，卻是基於內在創造的熱情，基於內心與世界互動的期望。企求與同行切磋，並得世人肯定，這是互動的趣向，這種趣向**每被人化約為追求名利**。得世人肯定，自然有利於維生，或可免愁衣食，但**不一定**是為了虛榮的名聲與大量的財富。

5

孩子為了什麼去學校？

與世界互動，用大江健三郎的字眼，或稱為「連結」。大江認為與世界連結，是小孩為什麼要上學的理由。

「與世界互動或連結」，這個概念不能單純化約為一般通行的「人際關係」。它可以在個人層次也可以在社會層次，可以在心靈層次也可以在物質層次，可以在微觀層次也可以在宏觀層次。

一個心理諮商者、一個工匠、一個社會運動者、一個宗教家、一個政治評論家、一個藝術家、一個革命家，甚至一個推銷員、一個攤販，每個人都用不同的方式在與世界互動，只是我們更強調在維生所需之外的互動，像推銷

員或攤販，當他為了要招攬生意之時，他與顧客之間的互動，若被其交易行為所支配，這種互動則依附於維生，必須排除在獨立的趣向之外，因為一個厭倦為推銷而向顧客說盡好話的推銷員，內心可能更渴望上教會與教友談心，或上茶館酒館與毫無利害關係的朋友天南地北的閒聊，甚至加入慈善工作、社會工作，或參與政治運動。為維生而進行的互動，無法彌補人內心孤獨的空虛。

心理學家弗洛姆（Erich Fromm）描述人生下來，離開母體，發展智慧，當他（她）開始意識到自我，意識到自己已成為獨立的個體，被迫要孤獨去面對生活，心中會因疏離而產生焦慮，要返回母親的子宮已不可能，這時融入社會是他唯一的選擇。社會猶似母體，把他自己「與社會連結」變成他精神的課題，如果連結的臍帶仍然是他單向的依附於社會所提供的養分，他的人格將不能成熟。一個精神健全的人，重返社會母體的信物，是工作與關愛。人不只是接受，而且要付出，這種對社會的付出，使他形成自己獨立的人格，看到自己存在於這世界的意義。

這種意義下的與社會連結，大體是大江所說的連結，也就是我所談的互動。

6

徐四金（Patrick Süskind, 1949-）所寫《夏先生的故事》膾炙人口。夏先生是一個徹底孤獨的人，一年四季，鎮上的人都看他背著背包，拄著枴杖，獨自大步的走著，

從不停歇。他不工作，不與人交談，更不打招呼。

在故事裡，夏先生躲到林中，掏出他的麵包進食，卻羞於被人窺見。他在寒冷澈骨的冰雹中掙扎獨行，有人伸出救援之手，請他搭上便車，他的反應是無禮的、憤怒的拒絕。為什麼？

徐四金塑造夏先生這個悲劇的人物，在於抗議世界的墮落，夏先生為了要與世界徹底決裂，悲劇性地終止他一切作為人存在的條件：創造、互動與維生。夏先生為了宣示他的抗議，他日以繼夜，孤獨的、漫無目的地走著，穿過公園，深入樹林，在雪地、在雨中拄著柺杖大步的走著，但他與世界相連的臍帶，還藕斷絲連，那是他活下去的最後條件：溫飽。當他被發覺自己這條未剪斷的臍帶，被發覺他還必須借世人做成的麵包以維生，被發覺他還無法超越風寒，他必然感到羞恥與憤怒，因為他還無法與這世界徹底決裂。最後他只有選擇走入湖中，結束自己的生命。

至於徐四金作為一個作家，在他筆下的人物生命終結之時，他已透過他創作中的人物，表達了他對人世的悲憫，因悲憫才會抗議世界的墮落，才會創造出夏先生這個與世界徹底決裂的人物。許多年後，夏先生悲憤孤獨的身影，仍會活在這一代，甚至以後幾個世代的大人與孩子的心中，提醒人們不斷反思世界的墮落，並加入夏先生踽踽而行，批判媚俗的行列。這便是一個像徐四金那種離群索居、那種特立獨行的作家，藉由他的創造，與世界所進行的互動，也是一個創造工作者，本身作為一個人，存在於這世界的意義。

之三　天上還會再長出一個月亮

1

　　兒童文學作家李奧・李歐尼（Leo Lionni）在他著名的作品《菲德烈》[1]一書中，把創造與維生的分工刻劃得最為露骨。

　　—菲德烈，為什麼你不工作？

　　—我工作啊！我為黑暗的寒冬儲存陽光。

住在廢穀倉的一家田鼠正拚命為即將到來的冬天採集食物，除了菲德烈。菲德烈獨自坐在大石頭上目光凝望牧場，田鼠家人問他：

　　—你又在做什麼？

　　—我在收集彩色，因為冬天只有灰白。

菲德烈看來在瞌睡。

　　—你在做夢嗎？菲德烈？

問話帶著責備。

　　—哦不！我在收集字句，因為寒冬漫漫，到時候我們
　　　將無話好談。

　　果然寒冬漫漫，田鼠們一點一點吃盡了樫實、漿果及稻根，至於玉米，也只成為記憶，在石牆裡又飢又冷，田

1　《菲德烈》（*Frederick*, 1973）為圖畫書，為便於討論，本書將《菲德烈》的文字部分摘要翻譯，並說明大略情節。請讀者盡量參看原書（中譯本為《田鼠阿佛》，上誼出版）全文及圖畫，以忠實掌握全貌。

鼠們都無精打采。終於有隻田鼠想到菲德烈：

　　—菲德烈！你先前收集的東西呢？

　　—大家閉上眼睛，這是我收集的陽光，它正一絲絲曬

　　　在你們的身上，大家感覺到它金色溫暖的光輝了？

田鼠們真的感覺到陽光的溫暖。

　　—至於色彩呢？菲德烈？

　　—請再閉上眼睛。

　　當菲德烈告訴田鼠們，在黃色的麥田中正開滿藍色的
長春花與紅罌粟，在繁茂的漿果叢裡正搖曳著翠綠的葉
子，大家好似真的看到了七彩繽紛的顏色。

　　—那麼那些你收集的字句呢？菲德烈？

菲德烈清了清喉嚨，隔了片刻，他吟出詩句，聲音彷彿來
自舞台：

　　—誰把雪花拋撒？誰把冰岩融化？

　　　誰把天氣寵壞？誰把季節安排？

　　　誰在六月叫苜蓿滿地遍生？

　　　誰將日光捻熄？誰替月亮點燈？

　　—四隻小田鼠住在天之國

　　　四隻小田鼠就像你和我

　　　一隻春鼠為雷雨打開水龍頭

　　　跟隨著那隻夏鼠拿花瓣把色彩一一塗抹

　　　秋鼠來了推著滿車的麥實與胡桃

　　　最後是那隻冬鼠踩著冰冷的小腳

　　—莫非是我們四隻田鼠讓四季豐饒？

　　　一年恰恰四季，一季不多一隻不少

當菲德烈唸完詩，田鼠們都拍手說：

　　—但是啊……菲德烈，你是個詩人哪！

　　—我知道。

菲德烈紅著臉，鞠個躬，害臊的回答。

2

　　李奧・李歐尼的圖畫獨樹一格，故事也頗受小孩喜歡。這故事要強調創造的價值，要打破傳統，使創造活動從維生的現實中解放出來。就這層意義來說，李歐尼是進步的。但他同時也提倡創造與維生的社會分工：有些人（像菲德烈）從事創造活動，另一些人（其他田鼠）則為維生辛苦工作；而非讓每一個人除維生之外，也從事創造。

　　較重要的問題是：這樣的故事忽視了創造與維生的共生關係。精神文明與物質文明並非對立。相反的，精神文明必須建立在物質文明之上。當人處於飢寒交迫的時候，詩句無法讓人溫飽。當人陷於生存邊緣，他天賦的權利便是活下去。對於一個又飢又冷的人，不能伸手幫他，使他溫飽，卻要用善與美去提昇他的心靈，而且對他宣稱善與美的心境，可以超越物質，可以去除飢寒，這是粗魯而錯誤的。

　　許多年前，我在一列擁擠的火車上，讓座給一位老婦人，我同時想起齊瓦哥醫生的影片裡，有一幕逃難的場景，眾人爭著搶搭最後一班離開聖彼得堡的火車。我問自

己，如果戰亂發生，我與我的家人必須逃難，我們搶搭的是最後一班火車，搭不上車我便會被抓被殺，我的妻女也會生死不明，那時我會不會因為同情老婦人，同情別的小孩或女人，同情他人與我一樣危險的遭遇，而禮讓他（她）們上車，而不去搶搭這逃難的最後一班火車？

不，我不會那麼仁慈，我會像其他人一樣拚命的去搶搭那班火車。在生死邊緣，還能成全別人不顧自己（及家人）的安危，甚至犧牲自己的生命，這種人是應受世人崇敬的聖人。但世間**只有極少數**的聖人，我們每一個人可以自我砥礪，提昇自己變成聖人，但**不能要求別人**成為聖人。我不想去分析「衣食足而後知榮辱」這句話背後的意識形態。對我來說，誠實的問自己，恐怕比從經典的教誨，更能了解世界。

創造雖非依附於維生，卻建立在維生的基礎之上。創造只有在足以維持生存的條件下，才得以獨立發展。在生存線下的創造，究竟可遇不可求。

因為人類社會長期處於匱乏，創造與維生才會以分工方式來進行，多數人辛苦維生，以成就有閒階級的創造。但每一個人內心都有創造的慾望，創造的慾望屈從於維生，長期被壓抑，不得實現，人存在的意義便會模糊，「人為什麼要這麼辛苦的活著？」便成為人心中一問再問的問題。

3

進入豐裕社會，弔詭的是物質的豐裕，並未減輕多數人用在維生方面的心力，反而誘引人們大量消費的慾望。消費文明支配了人的一切原始趣向，維生的比重加速膨脹。人此時必須回來清理自己內心創造的慾望，讓它得以伸展。這正是李奧‧李歐尼畫《菲德烈》的論點。只是李歐尼未曾意識到他的故事忽略創造與維生的一體性，忽略了精神文明與物質文明的辯證關係。

詹姆斯‧塞柏（James Thurber）所寫的童話《好多月亮》（*Many Moons*）也很值得一談。與李歐尼一樣，塞柏的故事亦在強調想像世界的價值，主張創造力應從維生的壓抑中解放出來，但他並未誤解精神文明與物質文明的依存關係。事實上塞柏比李歐尼更為激進，他用虛構的創造性觀點，直接挑戰物質世界的既定法則，企圖顛覆純粹以維生為基礎的現實規律。他的筆法知性而幽默，初版的插畫為Louis Slobodkin的素描，線條簡潔流暢，格調甚高，畫面較為抽象，卻因而留下較大的想像空間。初版，遠比再版改由Marc Simont所重畫的好。

塞柏的故事犀利而風趣，對白句句詼諧，我只能摘錄末尾幾段對白，作為下文要拿來討論的材料。

—沒有人能幫我。

悲傷的國王，繼續對彈琴的小丑訴說著：

—月亮馬上要升上來了。它將照進公主蓮娜的臥室。

公主馬上就會發現月亮還掛在天上，並沒有被摘下

來掛在她的脖子的項鍊上。彈點曲子吧！彈點悲傷的，當公主看到月亮的時候，她又會生病。

小公主蓮娜剛剛病癒，因為國王送了月亮給她。當她還在病床上時，國王問她喜歡什麼。她說：給了她月亮，她的病便會好起來。國王找宮廷的大臣、巫師與數學家去想辦法去摘下月亮，但每個人都搖頭說月亮太大太遠。倒是那個在宮廷裡彈琴以娛國王的小丑直直走進小公主的臥室去問小公主：

—你覺得月亮有多大？

—比我的姆指甲還小一點，因為我伸出手對著月亮比對，它就那麼個大小。

—那麼它有多遠？

—不會比窗口的大樹還高，因為有時候它被樹鉤在那樹梢。

—那很容易，我會爬到樹上把月亮摘下來給妳。

彈琴的小丑想了想，又問：

—月亮用什麼做的哪？

—用金子啊！真傻。

小丑請鐵匠依樣做了月亮，穿成項鍊，讓小公主掛在脖子上，隔天小公主的病便好了起來。

但國王仍很憂慮：到晚上月亮升了上來，小公主將會發現她脖子上的月亮不是真正的月亮，小公主又會生病。國王又找了宮廷的大臣、巫師與數學家想點辦法。最後悲傷的國王才召來彈琴的小丑，要他彈奏悲傷的曲調，幫他解憂。

彈琴的小丑問：

—你的那些博學的人都怎麼說？

—他們都想不出有什麼辦法可以把月亮藏起來，好讓
小公主不再生病。

小丑彈了輕柔的曲調說：

—你的那些博學的人知道所有的事。如果他們都說不
能把月亮藏起來，那月亮便不能被藏起來。

國王唷嘆著把臉埋在手裡。小丑的手指停止了撥琴說：

—當你的那些博學的人說月亮太大太遠的時候，是誰
告訴我們怎麼去摘下它的？是小公主蓮娜。所以小
公主蓮娜比你的那些博學的人還聰明，她比他們更
懂得月亮。所以我要去問她。

小公主正躺在床上看著窗外天上的月亮，手中拿著小丑摘
下來送給她的月亮。小丑非常難過，眼裡飽含淚水。

—告訴我，公主蓮娜。

他悲傷的說：

—月亮怎麼還會在天上發光？它不是已經被摘下來放
在妳的手中？

公主看看他，笑出聲來：

—這還不簡單嗎？當我掉了一顆牙齒，一顆新的牙齒
不又長在他原來的地方嗎？

—啊！對啊！當森林中的獨角獸，頭上的角折斷，一
支新的角又會長在他的頭上。

—是的，當庭院裡的園丁剪下花朵，新的花朵又
會長在原來的枝梗上。……我想每一件事情都這
樣。……

公主的聲音漸漸變得細弱，小丑發現她已睡著，輕輕地，

他替睡夢中的公主蓋好棉被，走向窗外的月。

<h1 style="text-align:center">4</h1>

人在成長中發展了理性。幼年時期以為世間萬物都與自己一樣，會冷會餓，會喜會悲；自己會傷心，萬物也會傷心；自己會長大，萬物也會長大。幼兒無法分辨自我與他者的差別，這是認知上的自我中心。人在成長的過程中，慢慢釐清事物的分界，發現不同類型的事物，有它自身不同的規律。就這樣，人從想像的、整體的世界，逐步進入理性的、分析的世界。

認知上的自我中心，表現於同情（sympathy），是感覺的、直接的，而非思考的、推理的。幼兒自己寒冷時也以為狗一樣寒冷，要拿被子去蓋牠，因為他自己與狗是一體的，他覺得寒冷，狗當然也覺得寒冷。但當他搶了別的小孩的玩具時，他無法感知對方被搶的痛苦，因為要如此感知他必須先轉換角度；把自己換成對方，又把對方換成自己，這件事對幼兒來說，非常困難。基於天生的感覺上的同情，幼兒很容易將自己投射在童話故事的主人翁身上，去感受主人翁的感受。這有助於幼兒學習轉換角度。轉換角度，在人格成長上，幫助幼兒發展同情心，例如了解別人被自己搶玩具的痛苦，而能不再搶別人玩具，學得待人處世。在智力發展上，則開始看到事物的不變性，而逐漸形成理性。

換句話說，轉換角度，逐步脫離認知上的自我中心；

是兒童心智成長的門戶。

理性的發展，使人逐漸能分辨不同事物的特徵，並接受各類事物既有的規律。發展理性，使人擁有能力去開拓生活資源。在近代社會裡，那些擅於理性思考的科學家，深入物質的內部去找尋物質的基本規律，從而發展科學技術，全面提高人類物質生活的水平。（例如了解電子在金屬線中的流動會產生電能。於是將水的位能轉換成動能，再經由轉動的馬達產生電流；把動能轉換成電能，送到每一個家庭。最後電能又轉換成光能，照亮漆黑的夜晚；轉換成熱能，溫暖寒冬的家居。）

那些善於理性思考的法律專家、經濟專家與政治家，觀察社會發展的規律，去建立社會組織的秩序；利用科學技術，設定開發自然的經濟計劃，去促動商品與貨幣的流通；並依社會各股利益團體的勢力去決定資源與權力的分配，使社會在既定的秩序下，順暢運作。

那些善於理性思考的資本家、商人，則觀察物品市場的需求，計算成本，考慮自己經營上具有的優缺點，投入商場製造或促銷商品，以賺取利潤，累積財富。

理性的發展原來是人認識世界重要而且必要的過程，透過理性人可以認識世界的普遍性，可以更清楚知道自己如何與世界互動，知道自己在世界中的位置，從而更認識自己。透過理性，人的原創力，可以與抽象力結合，使其創造活動更犀利而深入。

但在現實社會裡，理性卻只被用來為維生服務，從而與創造對立，理性思考被當作維生的工具，致使理性變質，流為「工具理性」，這時理性便只會反過來壓抑創造，壓抑想像。

在這個關鍵點上，大人世界與兒童世界便出現矛盾，大人世界被喻為理性世界，兒童世界則為想像世界，理性壓抑想像，是塞柏與無數童話作家寫作時的社會現實，也是他們的作品所控訴的主題。

理性所標榜的是每一類事物都有他自身遵循的規律。月亮太大太遠，如何摘得下來？無機的事物，像天上的月亮只有一個，一旦摘下來天上便不會再有月亮。這些理性的規律綁住了所有大人的思維，使國王因問題無解而萬分憂傷。

但國王的問題，並不是要摘下月亮，而是**要滿足公主摘下月亮的願望，讓公主病癒**。兩個問題被混淆了。公主與小丑也知道理性的規律：長出花朵的枝梗是有機的生物體，花朵剪下來還會再長出新的花朵；同樣牙齒掉了會長出新牙，獸角斷了會長出茸角，是這另類的理性規律符合公主心中的願望。

理性思考者**常犯這樣的錯誤**，他掌握了事物發展的規律，但忘掉了原來要解決的問題。讓我再重覆一遍：

他掌握了事物的規律

卻忘掉原來的問題

5

這是今日人類思想混淆，價值錯亂的原因。成千上萬的知識菁英，被訓練成**看守事物規律的守衛，卻忘了問題的來源**。這些知識的守衛，在學習知識的過程中，並非為了解決或思考某些重要的根本問題，才去汲取前人已建立的知識以尋求答案，或重構前人所創造的知識，加以修正、另闢蹊徑，以創造新的知識，解決原來的根本問題；相反的，他們只學習知識，把知識當作事物的規律去學習，學習這些事物的規律，不為了解決或思考問題，而是為了要維生，藉看守這些事物的規律，**謀求好的職業**。

所以宮廷大臣、巫師與數學家這些有知識的聰明人，這些有好職業的博學之士，只知道月亮摘不下來，只知道公主項鍊上的月亮如果是真的，天上便不會再掛著月亮，因此他們絞盡腦汁要用墨鏡、用黑帳幕、用滿天煙火去遮住天上那個真正的月亮。他們知道的是事物的規律，而忘卻了原來的問題。只有那彈琴的小丑，一方面崇敬那些有知識的聰明人的智慧，另一方面相信每個人對事物，除了共通的規律之外，還有每個人不同的解讀，所以他彈著憂傷的曲調去問公主，由公主自己說出她如何看待月亮，因而解決了困擾國王、使國王萬分憂傷的問題。

與李歐尼不同的是：塞柏並不貶低維生的必要工作：採集食物，以求溫飽。塞柏所企圖顛覆的是：純為維生服務，不再思考意義，不再思考價值的「工具理性」本身。

之四　我要到那不知名的地方

1

1971年吳豐山在自立晚報以「台灣農村的黃昏」為題寫了一系列的文章，指出農村的年輕人口大量外移到都市，農業人力成本提高，經營艱難，可是政府政策的方針為扶植工業犧牲農業，農村日趨凋敝，猶步入黃昏。那些年台灣民間歌謠甚為流行，詞曲無甚創意，大多直譯自日本歌曲，但反映了當時農村年輕人口湧入都會，賣力艱苦、迷惘感傷的心境，流浪悲情、聲聲血淚，這種來自底層的歌聲，吟詠於街巷，聽來卻感人肺腑。

隔年我在中研院申請了一個農業經濟的研究計劃，用統計抽樣的方法調查當時農村的生活。為了做成問卷，我經常深入各地農村，甚至遠訪東南岸實地了解情境，以抓出調查的核心問題。我會申請那項計劃，是想了解台灣社會的變遷，也藉此讓一些關心社會的知識青年以調查名義進入農村，了解自己所處的時代。

當時交通極為不便。一方面城鄉人口在大量流動，另一方面，那是1970年代初期，台灣的鐵路為了電氣化全面動工，高速公路也尚未舖設完成，公共運輸供不應求，交通非常混亂，西岸南北交通陷入一片混亂。尤其搭乘夜車，就像在逃難。火車進站之前，無數乘客便擠在月台邊

蓄勢待發，火車未停，有人便從車窗拋行李佔座位，甚至從車窗爬入車廂。爭吵對罵此起彼落。有個冬天的夜晚，我好不容易擠到車廂門口，車內一個文質彬彬穿西裝打領帶的中年人，正使力把一個老人拖離他的座位，老人也反手抗拒。

這段時日，我反覆在思考知識分子與其他人的差別。由於深入各地調查，經常借宿農家或廟宇，遊走於茶肆酒樓，或獨行鄉野，或星夜趕路，我真切撫觸到社會底層的聲音，看到不同面向的生活。另一方面，我回到大學校園，又與各種專業各種年紀的知識分子近身相處，有時與學生至農村或山地，更清楚觀察到知識分子與庶民兩種階級的文化差異。

即以歌謠來說，流傳於底層的歌謠，與當時流行於知識分子中的校園民歌，兩相比較，誰都會立即感受到兩種文化明顯的差異。

同樣帶著悲傷，但校園民歌虛飄飄的游離於真實世界之上，與基層歌謠的辛酸沉重，大相逕庭。校園民歌即使描述的是知識分子的生活故事，亦只有想像沒有實體。

日本60年代風靡青少年的樂團かぐや姬的歌，大多描述一點一滴的生活瑣事，卻能進入真實世界。像談一對兄妹幼年父母雙亡，兩人相依為命，長大後仍住在一起直至妹妹結婚前夕，歌詞是哥哥寫給妹妹的信，敘述自己難捨之情，曲為南こうせつ所編，詞則為喜多条忠所寫：

—妹子／隔一扇紙門妳正好沈睡呼吸聲均勻細微／妹子
／等天一亮妳將穿上新娘的衣裳如雪一樣／妹子妳一
向不精打細算令我擔憂但那傢伙是我的朋友／想到老
哥請回家來再三人一伙飲酒暢懷／妹子／爸媽死了妳
我二十年飄零相依為命／妹子／明早妳就要出嫁不要
忘記寫下味噌湯的煮法／妹子／那傢伙心地善良妳無
論如何都要忍讓／但如果再怎樣再怎樣再怎樣都不行
的話／那麼就回來吧妹子。

字句之間只談細膩的真實生活，並無抽象性的詞語，用特
殊的生活經驗，表達兄妹之間令人感傷的親暱與離情。

相對於かぐや姫的歌謠，台灣當時的校園民歌的感傷
卻是虛飄飄的無一點重量。這種虛飄飄的感傷，並非真實
的抽象，而是長年封閉於學校的苦悶累積成難以名狀的情
緒，藉由套公式的方式，散落為感傷的字句，或轉化成憧
憬遠方的歌詞。

2

這種憧憬中的遠方，是虛擬的遠方。真實的遠方蘊涵
在當時像Joan Baez的反戰民歌〈百花今何在？〉的旋律
中：男人的行列步向戰場，走入墳墓，墳上長出了花朵，
花朵落入少女的懷裡，少女奔向男人，男人則排隊步向戰
場走入墳墓。這是血淚交織的詠嘆，人跨越自己所處的時
空，與遠方的人們連結，把人類荒謬重複殺戮戰爭的歷史
宿命，譜入花朵與墳墓的場景，這是真實世界的抽象，真
實得令人掩面而泣的遠方。

當男人揮別女人與花朵，列隊步向戰場走進墳墓的同時，一種虛擬的遠方正飛掠過70年代台灣校園每一個知識青年的心田。與Joan Baez一樣，彈著吉他，唱著感傷的曲調，洪小喬如此憧憬遠方：

> 一風吹著我像流雲一般／孤單的我也只好去流浪／帶著我心愛的吉他／和一朵黃色的野菊花／我要到那很遠的地方／一個不知名的地方／我要走那很遠的路程／尋回我往日的夢。

虛擬的遠方並非越過自己的時空走向遠處的他方，而是被封閉的自我在斗室之中無助的心理投射。這反映的正是當時台灣校園無數被禁錮的年輕心靈，無法與真實世界相連結的苦悶。

對於自農村流入都市底層的人們來說，遠方則在**黃昏的故鄉**。生活的流離、母親的等待、現實金錢的壓力、迫使他（她）們**向前走／什麼都不驚**。遠方**原本**在**來時的路上**，那是真實的黃昏下的故鄉。

就詠嘆的內容來說，底層歌謠與校園民歌無一絲關連，傳唱的族群也幾無交集，這正好反映了學校與真實世界的疏離。

校園民歌浮離於真實生活上，陷入徒具抽象形式的感傷與憧憬，底層歌謠雖有血有淚，但也受限於直接印證生活的重擔，流離的苦悶。

作為文化的一面櫥窗，歌謠還是透露了知識菁英階級

與庶民階級涇渭分明的文化差異。

這差異背後的原因是什麼？

星夜趕路，在70年代南北流竄的野雞車中，我常思索著這個問題。車中的音響播放〈望你早歸〉、〈孤女的願望〉、〈黑暗的人生〉、〈離別的月台票〉，從車窗望向暗夜的曠野，點點燈火正向後奔馳。

之五　學校教育的本來面目是一頂小丑帽

1

到底人受學校教育與不受學校教育，關鍵性的差異是什麼？

我要問的差異不限於台灣一地，只是這差異在台灣尤為明顯。我要問的差異，也不是表面現象，而是其本質。

從前國民義務教育尚未普及，對於進學校與不進學校的差異，有人會說是識字或不識字，但識字顯然不是關鍵性的差別。

處在今日，義務教育已實施半個世紀，問題應該換個方式來問：

　　─學校教育對人的關鍵性影響是什麼？一個只接受義務
　　　教育的人與一個大學畢業生，最大的差別是什麼？

有人會說是氣質，但氣質更是空泛。那麼是技能？但是什麼技能？哪種技能？

或有人繞個圈子回到原點，說差別在於知識，但什麼知識？哪種知識？物理化學的知識？生物的知識？還是文哲歷史的知識？

如果說差別在於物理化學的知識，那麼許多學文哲的大學畢業生對物理化學皆一知半解（反之亦然）。因此差別顯然不是某種專業知識。

　　農人觀察四時變化耕種作物，木工認識木材特性量算製作，這些無一不是知識技能，與知識分子所熟習的，一樣都是知識技能，只是術業有專攻，領域各有不同而已。

　　難道追問到最後，我們只能說差別在於學歷？

　　學歷不過是**外加的**文憑，如果學校教育沒什麼實質的功能，那麼少受學校教育與多受學校教育的差別，便只好是學歷，這真是對學校教育的諷刺。

　　到底多受學校教育與少受學校教育有無差異？尤其今日在學校教育已純為維生服務的現實情況下，這個差異是什麼？

　　從1970年代初期我深入農村開始思索這個話題，便不斷在修正自己的觀察。到1990年寫《童年與解放》一書時，我還不能掌握到這個問題的關鍵。1995年我讀到伊凡・伊里奇（Ivan Illich）[1]《非學校化社會》（*Deschoolizing Society*）的書，其中一句話[2]引我深省：

1　1994年，410教改運動中我提出廣設高中大學，杜文仁希望我多了解其他觀點，對學校教育的必要性深一層考慮，送給我伊里奇的書。

2　伊里奇，《非學校化社會》，桂冠出版，頁33。

——涂爾幹[3]清楚認識到，正規宗教的本質在於把社會現實分為兩個世界——神聖的與世俗的兩個對立的部份。涂爾幹的見解可以運用到教育社會學，因為……學校教育（如同正規宗教）也具有分割社會現實的無窮力量：學校成為非世俗領域，而世俗世界則成為非教育領域。

雖然是簡短的一句話，卻讓我深一層去思考：學校教育的結果是不是使人更了解真實世界？或是反而把人從真實世界隔離開來？這是為什麼？學校傳授的知識，是不是真實的知識？

1999年，我寫〈套裝知識與經驗知識〉[4]便是那段時期思考的產物。同年辦社區大學，直接觀察一般成人的學習過程，慢慢的我看到了端倪。

另一方面，這些年我對抽象的手法在人類創造活動中所扮演的角色感到十分有趣，抽象的形式在電影、文學、繪畫及數學各個領域中，都有不同的面貌。我很想好好寫一本《抽象與文明》的書，闡明抽象的本質。

兩條思考的脈絡交會在一起。這個交會點便是**抽象能力**。但什麼是抽象能力？抽象的本質是什麼？抽象在人類的文明中，在人的思想中如何運作？它的功能是什麼？

個人的抽象能力只有放回人類文明的脈絡裡，才能突顯

3　涂爾幹（Émile Durkheim, 1858–1917），法國社會學家，與馬克思（Karl Marx, 1818–1883）、韋伯（Max Weber, 1864–1920）三人，常一起被視為近代社會學的奠基者。

4　參見本書篇四之一。

出它的意義，也才能從學校教育的叢林中過濾出來。我仔細分析文明中的抽象能力本質，與抽象能力的發展，在2001年撰寫〈獨立思考與主體經驗〉[5]一文時，做了一些探討。

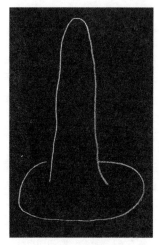

圖C：一號畫

在這個交會點，我清楚看到了學校教育對人所造成的關鍵性的影響，由此還原，揭開了學校教育的本來面目。於是我模仿修柏里在《小王子》書中詼諧的筆調，把學校的本來面目畫成我的一號畫（見圖C）：

這是什麼？有人說它看起來像是一頂小丑帽？當我畫下了這張一號畫，我一邊在想著塞柏的故事，那個彈琴的小丑戴著一頂小丑帽，撥著悲傷的曲調，問床上的小公主：「月亮已經摘下來，怎麼還在天上發亮？」他的眼裡飽含淚水。

那個彈琴的小丑，那個另類的智者，與那些博學的宮廷大臣、巫師、數學家之間主要差別是什麼？

2

孩子到學校，最主要的事便是學會與世界真正連結。

5　見本書篇四之二。

所謂「真正連結」，不是浮淺的人際關係，而是要把孩子的主體經驗與不同時空下的人們探索世界所留下來的創造經驗相連結，但連結的方式不是不經整理的拼湊接合，而是讓孩子透過生活與思維使他原有的經驗網絡不斷往外延伸。這就是我在《童年與解放》一書中所談的**打開經驗世界**。

但打開經驗世界的同時，必須發展人的抽象能力。抽象是人類文明的主要特徵，文明藉由抽象，從特殊經驗去尋找經驗的普遍性，再從普遍性回來深入刻劃經驗的特殊性。經驗世界的內容無比紛雜，必須藉由抽象把它們整合、整理出種種經驗背後的「意義」，這時才產生了真正的知識，真正對攝取經驗的人有意義的知識。

在學校，孩子必須慢慢**發展出抽象能力**。發展抽象能力是為了在連結別人的創造經驗之時，能洞悉並掌握這些經驗的**普遍性**，從而回歸特殊世界。這才稱得上**與世界真正連結**。

換句話說，孩子在學校要學到的是「與世界真正連結」，而連結的方法便是這兩件事：

打開經驗世界
發展抽象能力

前文我們談過創造、互動與維生三者，是人存在的原始趨向。孩子在學校開始去體會與世界連結，正為了進一步發展他互動的趨向。至於其他的兩個原始趨向：創造與

維生，學校則不必刻意去經營。孩子天生就有豐沛的創造力，況且人的創造力是不能教的；只要不壓抑孩子，讓孩子天生的創造力自由發展，同時協助孩子與世界真正連結，孩子的創造力就會隨著他經驗世界的拓廣，源源不絕的湧現，並且變得更生動活潑，創造力也會與抽象能力相互攀結，兩相纏繞而往高處提昇。

　　創造活動的技巧或許可以教，例如繪畫的技巧、寫作的技巧，但這些技巧是別人的創造經驗，在協助孩子打開他的經驗世界，使他與外在世界連結之時，必須融入孩子的主體經驗。

　　創造活動的技巧不是創造力本身，我不相信有誰能教別人創造力。外來的教導，最多只能間接地幫助人拿掉壓抑，以釋放原有的創造力，而非教人以創造力本身。

　　維生的知識也不必大費周章，去列為學校教育的目的。在打開經驗世界與發展抽象能力的同時，人自然具備用以維生的知識，或至少於需用時知道如何攝取並消化有關維生知識的方法。

　　所以關鍵還是在於與世界真正連結，在於打開經驗世界與發展抽象能力這兩件事。現在我已準備好回答這個問題：

孩子為了什麼去學校？

我的看法是：為了打開經驗世界與發展抽象能力，以便**與世界真正連結**。

之六 一個不存在的女人名叫麗娜

1

藉文學作品，讓我舉個例子把上文關於抽象與普遍性的文字做點說明。

雅歌塔・克里斯多夫（Ágota Christóff, 1935–2011）是匈牙利的女性作家，她的筆法簡潔，觀察犀利，我用她寫的《昨日》（*Hier*）[1]一書來談文學作品的抽象。

> 一我走進臥室。他們已經睡著了。他趴在母親身上，月光照映他們倆人。是滿月，好大的月亮。我將刀子插進男人的背部，用盡全身的力氣往下刺，試圖讓刀子也深入到穿透母親的身體。
>
> 然後我離開了。
>
> 我走在玉米田和麥田的野地，走在森林裡，朝太陽下山的方向前進，我知道西方還有另一個國家，和我們國家截然不同的地方。
>
> 我一邊行乞一邊偷摘田園裡的蔬菜和水果，穿過一村又一村。我藏身在火車貨廂內，也隨卡車司機上路。
>
> 不知不覺我來到另一個國家，一座很大的城市，我繼續行乞和偷竊，那只為了活下去。我睡在馬路邊。

1　《昨日》中譯本，小知堂文化。

——有一天警察逮捕我，把我送到「少年之家」，裡面
有輕罪犯、孤兒和像我一樣離鄉背井的流浪者。

我不再是多比亞·奧瓦。我抽取父母親之名，給了
自己一個新名字：桑德·雷斯德，而將自己視為戰
火下的孤兒。

桑德與無數從匈牙利越過邊界逃往奧地利與瑞士的難
民一樣，在西方國家的城市中討取生活。十幾年過去，桑
德在鐘錶工廠工作。

——今天，我又開始愚蠢的生活步調。早上五點鐘起
床，洗澡，刮鬍子，泡咖啡，然後出門，跑到中央
廣場，搭上巴士，閉上雙眼，⋯⋯巴士一共停了五
站。第一站在城市邊界，接著每經過一座村莊就有
一個站牌，第四座村莊是我工作十年之久的工廠的
地點。

鐘錶工廠。

——在巴士上，我把臉埋在手中，假裝在睡覺，其實是
為了掩藏淚水。我哭了，不想再穿灰色工作服，不
想再打卡，更不想再操作機器。我再也不想工作。

我穿上灰色工作服，打卡進入工廠。

——一堆機器在運作，我的那台也是。我只是坐在機器
前，拿起零件，放進機器裡，然後踩踏板。

在這本書裡，克里斯多夫寫難民生活的黯淡、憂傷和絕
望，像桑德那樣能在鐘錶廠有個固定職業的人已經十分幸
運。至於眾多難民的命運：

——屍體解剖顯示：薇拉是服了安眠藥中毒身亡。

她是我們之中第一個死去的。

其他人不久之後也陸續死亡。

羅勃在浴缸裡割斷靜脈。

亞伯上吊自殺，在桌上用我們國家的語言寫下一句
話：「你們去吃屎吧！」

瑪達先是削馬鈴薯與胡蘿蔔皮，然後坐在地板上打
開瓦斯，把頭伸進烤箱。

當我們第四次去酒吧為死者募款時，服務生對我
說：

「我看你們這些外國人老是在湊錢買花圈，老是在
舉行喪禮。」

我告訴他：

「我們盡可能在娛樂自己。」

那天晚上，我寫作。

在這種因戰火、因生存而絕望的背景下，桑德在找尋一個
不存在的女人名叫麗娜。

—沒多久，麗娜來到我身旁。她的頭髮裹著頭巾，就
像我們國家的女人，除了我母親。母親不包頭巾，
也不戴帽子，她有一頭美麗的頭髮，即使在雨中。

麗娜投入我的懷抱，我親吻她的臉頰、額頭、眼
睛、脖子及嘴唇。我的吻因雨水和淚水而濕潤，我
也感覺到麗娜的臉頰正淌著淚水，因為淚水的味道
比雨水鹹。

「哭了？」我說。

「我對你這麼壞……。」

「我想過，但是，麗娜，我沒有辦法，如果我不再
見妳，我會死去。」

「可是，幾個月後，我就會回去。」

「如果真的發生，我便無法再活下去，麗娜！」

　　這個女人並不叫麗娜，她叫卡洛琳，是桑德要稱她為麗娜。桑德一生沒有再遇到第二個麗娜，直到最後，離開那個他稱之為麗娜的女人之後，他與另一個約會多年的女人結婚，生了一個女兒，他把女兒取名為麗娜。

　　桑德小時企圖殺了那個常來他家與他母親睡覺的男人，甚至企圖殺他的母親。流浪多年，遇到這個他替她取名麗娜的女人，為了擁有「麗娜」，為了替「麗娜」忿憤不平，又企圖殺害他的丈夫。

　　克里斯多夫這本書，故事低沉悲戚，卻佈滿張力。透過故事，她從戰爭難民的身上，抽出人性的普遍質素，那是無數人在絕境下扭曲而不自知的普遍人性。桑德認為自己極愛「麗娜」遠甚於「麗娜」愛他，桑德為她捨棄了自己一切，等著警察來抓他送進監獄。可是這個「麗娜」說：

　　─我不想讓你進監獄，因為我愛你，桑德，更勝於你
　　　愛我。
　　─我不會忘記妳，麗娜，我永遠無法忘記妳。
　　─你會遇見其他女人。
　　─其他女人並不是妳，她們不叫麗娜。
　　─我叫卡洛琳，麗娜不過是你的幻象。

2

事實上，這種意義下的幻象無所不在。許多人一輩子都是在這種幻象裡渡過。他先設定一個心中鍾愛的對象，這個對象並非真實的人，而是由一系列他心中設定的理想條件構成的幻象，然後他尋尋覓覓，最後找到一個近似那幻象的人，把她等同於這預設的幻象，他以為他愛她，其實他愛的是他自己，因為他愛的是那個幻象，而那個幻象不過是他的傀儡，他自己所設定的條件系列。

可是他愛的也不是他自己，因為那些設定的條件系列（例如美貌、善良、溫柔、高大〔姚〕、「氣質」好……）不過是社會價值的反映。在這裡人格出現斷裂。到底他是什麼？他是他自己嗎？

克里斯多夫處理的是文學作品，她把人性中關於「幻象／斷裂」的普遍質素，從無數人的身上抽煉出來，這是由特殊進入普遍的第一旅程，但是她是個作家，不是心理學家，她**不能停留**在概念構成的普遍世界裡，用像我前段的文字去談這個普遍質素，這種談法會把豐富的、活生生的東西**化約成貧瘠的概念**。她把普遍質素用文學的手法，用桑德與麗娜的際遇生動地呈現出來，這時她走了由普遍返回特殊的第二旅程。

這便是文學中的抽象形式。

文學不能像日記似的記些流水帳。好的文學作品必須

是用虛構去呈現真實的人性，而這裡所謂「虛構」，便是用這種抽象的手法去探討人性中的普遍質素，再將這普遍質素還原於有血有肉的故事裡。

　　相對於直接寫實的作品，虛構反而可以更真實的呈現人性中的普遍質素，這是因為虛構本身便是文學的抽象形式，抽象的過程是從實際現象中抽離出企圖描繪的普遍質素，例如克里斯多夫在《昨日》一書想描繪的「幻象／斷裂」，然後再虛構成故事，改造實際發生過的事加以修裁編織，而成為一個有血有肉的故事。這手法的意義便是把普遍質素又放回現象世界，用特殊現象來描繪人性的真實。當然雅歌塔‧克里斯多夫這本小書，寫的不只是人這種幻象。她簡潔哀愁的筆調更深入戰亂、荒謬、人的無助、失去尊嚴、工作中的異化、抹不掉的悲傷記憶，……這些跨越時空的普遍質素。

　　文學的意義便在這裡。人浸淫於文學作品，把自己的特殊經驗溶於作品中的人物身上，藉之印證人性中的普遍質素，在印證中產生批判與整合，重構人作為人的價值。

　　文學使人重構價值，藝術使人了解自由，數學使人回歸根本。這些都須透過各個領域不同的抽象形式去達成。

　　人也只能透過抽象才能把世界繽紛凌亂的各種現象、各種經驗，加以耙梳，從中洞悉世界的普遍性，而與世界真正連結。

篇二
通往普遍世界的雲梯

之一　學校該做而且只做這兩件事

1

一般教育工作者用「德智體群美」五育拿來作為學校教育的目的，尤其人格教育更時常被當作學校教育的重要目標，不斷被提醒要努力加強。

我所以會從人存在於這世界的原始趣向：「維生、互動（或稱連結）與創造」出發，來探討學校教育的本來面目，是因教育應以個人內在的發展，作為唯一的目的，而不能以這一代人的價值觀為標準，去複製下一代人的思想行為。

像五育的教育觀點，看起來是中立的，但本質上還是外加的標準。例如德育，當教育者把人格教育當作教育工作的重要目的，那麼他便必須去尋找一套「好」的人格標準，複製在孩子身上。

如果要以孩子作為主體，讓他獲取最大的內在發展，我們只能回到他活在這世界的原始趣向，去探討如何讓他沿著天生的趣向，充分發展，例如每一個人天生都有創造的趣向，教育者的工作便在於如何讓他擁有不斷創造的環境，讓他融入人類的創造文明，從這裡去發展他獨特的創造活動。而非反過來壓抑他的創造欲望。

同樣，因為每一個人天生都有與世界互動、與世界連結的趣向，例如每一個人都天生好奇，都天生想要找尋朋友，這便是要與世界連結的原始趣向。教育者的工作也在於協助孩子拓展經驗，讓孩子看到自己在世界所處的位置，從而了解自己。毫無疑問，一個了解自己在世界所處位置的人，便擁有成熟的知性與人格。

　　當然，**維生也同等重要**，一個人如果無法維生，他的日子會過得非常辛苦，他的生命會被生活折磨殆盡。有時他的創造活動或反而旺盛，但更多時候他的創造活動會因三餐不繼而被迫停頓，他與世界的連結也會被扭曲。

　　教育者固然要協助孩子培養維生的能力，但前文已談過，一個透過與世界密集互動，與世界真正連結，主體經驗廣大厚實，善於思辨，善於與人、與社會、與自然相處的人，維生對他不致構成困難。事實上，對於這樣的人，只須在他接受學校教育的後期，提供學習專業技能的機會，他便得以掌握維生的能力。

　　我要說的是，學校教育**不應像**今日學校的現狀一樣，純為加強孩子的競爭力，為他們未來的出路服務，**以致扭曲了孩子的價值觀**，背叛了學校教育的宗旨。

　　在「維生、互動、創造」三項關於人的原始趣向中，維生不必教，創造不能教，留下來的便只有互動一項。所以上文（篇一）我主張學校教育應做，而且只做這兩件事：

打開人的經驗
發展抽象能力

　　而做這兩件事，是基於每一個孩子天生都有與世界連結的原始趣向，藉這兩件事充分發展孩子與世界真正連結的能力。從這種與世界互動的能力出發，孩子自然會發展出他的維生能力，也會延伸出豐沛的創造能力。

2

　　為什麼我會挑這兩件事：打開人的經驗世界與發展人的抽象能力，作為學校教育該做而且只該做的工作？

　　未受教育的人，雖然對周邊的生活或許有深刻的體驗。但他的經驗世界狹小，沒有太多機會把自己的生活經驗，拿來與別人在不同時空下的經驗，相互印證，因而看待事情只陷入自己的特殊經驗。這使得他的內在發展受到很大的局限。

　　知識不過是人的經驗，並非顛撲不破的絕對真理。如果把知識大體分成三個主要領域：人文學、社會科學與自然科學。人文學是作者對人世所深刻體會的經驗與其相關的研究，唯每個作者所採的形式不同，所用的手法獨特。社會科學是人組織社會、經營社會所累積的經驗。自然科學則為人面對自然，與自然對話所留下的經驗。

　　一個人必須把自己的經驗，拿來不斷與他人的經驗相互印證，視野才能廣闊，判斷才能周延，思路才會清晰，

人的內在世界才能充分發展。

可是絕大多數長年受過學校教育的人，心智並不見得成熟，為什麼？從眾多知識分子身上，我們看到兩個通病：

一套公式與浮離於真實世界之上

病因如下：學校裡教的知識，是將人類千萬年累積下來繽紛龐雜的經驗，經過篩選編裁整理，而加以抽象化、普遍化、分類化、標準化的所謂人類經驗精華。這套經驗精華是一整套有系統的套裝知識。由於經過抽象化、普遍化的處理，套裝知識的內容，看不到個人特殊經驗的痕跡，看不到眾多的例子與故事。

沒有個人的特殊經驗，沒有眾多的例子與故事，學習者**不易**拿自己的生活經驗，拿自己的思維經驗，與所學習的內容相互印證，學習者**不易**融入套裝知識底層的那些真實的人類經驗。

原來，套裝知識是要經由抽象，去擷取世界的普遍性，讓人掌握世界的普遍性，並以此放回真實世界，去印證真實的特殊經驗，去了解真實的、看得到、摸得到的具體現象。

但由於學習者沒有機會參與套裝知識的編輯過程，由於他只被迫學習套裝知識中那些看不到、摸不到的抽象內容，被迫操作套裝知識中那些代表普遍經驗的文字符號，

因此他也失去機會去了解，那些抽象內容與具體現象之間，那些普遍經驗與特殊經驗之間，緊密無間的關連。

　　所謂公式，便是套裝知識中那些抽象內容的普遍法則。由於學習者已把絕大部份的心力，放在學習套裝知識中的抽象內容，他無暇去摸索、去累積豐富而具體的，屬於他自己的特殊經驗，以此印證套裝知識中那些抽象內容所代表的普遍經驗。如果學校又不能協助他去連結這兩種經驗，讓他意識到他所學的知識只不過是無數人特殊經驗的抽象，那麼他只好一知半解的留連於文字符號的公式堆裡，當他回來看待真實世界時，繽紛多變的特殊現象使他迷惘，他只有回去抽象內容中，搜尋現成的普遍法則，企圖用套公式的辦法，生搬硬套去處理實際世界的問題。也因為這樣，他的思維始終是浮離於真實世界之上。

　　這是學校教育**最大的失誤**，也是百餘年來，知識與真實世界，發生嚴重斷裂的主因。

3

　　如果學校教育能協助人重新對待知識，把知識當作不同世代、不同地域的人們所累積的經驗，並隨時與人的生活經驗、思維經驗，不斷印證、不斷修正；幫助人發展抽象能力，幫助人意識到抽象是為了從特殊經驗擷取普遍經驗，再放回特殊現象，意識到抽象是為了把紛雜的特殊經驗整理，去尋找「意義」（meaning），那麼學校教育便完成了它的功業，因為無數經過學校教育陶冶的人，都將會

進行獨立思考，做價值判斷，對種種公式教條知所批判，對世界的普遍性能拿捏分寸，也隨時能切換角度，了解他人的感受，他人的觀點。

如果學校教育做而且只做這兩件事：打開人的經驗及發展人的抽象能力，那麼無數經過學校教育陶冶的人，將會比今天的人具有更豐沛的創造力，因為他們天生的創造力未如今天受到套裝知識的壓抑，也未如今天受到集體管理的馴化；他們會做出更好的創造工作，因為當他們打開自己經驗的同時，不斷融入他人的創造經驗，融入人類的創造文明。

無數經由學校教育陶冶的人，將會比今天的人更知道如何恰如其分的擷取自然資源，發展更佳的維生方式，經營較充實而愉快的生活。不致像今天的人類這樣貪婪又無知的踐踏我們賴以維生的蓋婭——大地之母，因為在他們打開自己經驗的同時，他們曾不斷的思索自己在真實世界中的位置，並隨時修正他們思索的結論。他們將比今天的人類更了解世界，了解自己。

如果說學校教育還有第三件事該做，那麼這第三件事便是*留白*；留更多的時間與空間，讓學生去創造、去互動、去冥思、去幻想、去嘗試錯誤、去表達自己、去做各種創作：編舞、搞劇場、玩樂園、打球、辦社團，讓他們自由的運用時間與空間。

4

今日多數人對學校教育的了解，不外是：

—教歷史、地理，以打開人對世界的認知，使人**知道**過去曾發生些什麼重要的事，**知道**遠方大概是個什麼樣子，有哪些物產，哪些城市，哪些河流。教科學以使人深入大自然，**知道**物質內部、**知道**地球之外的宇宙、**知道**生命演化與機轉的層層祕密。教語文，以促進不同民族之間相互溝通。

至於教數學，除了使人學會加減乘除以敷日常生活需用之外，教數學做什麼？

有人會說，學習數學是有用的，至少對未來以理工為專業的人而言，是有用的，因為數學是科學之母。但學生在兒童或少年時期誰也分不清他未來是否要學理工，所以每一個人都應該學數學，所以學校也應該教數學。例如教每一個人二次方程式如何求解。

此外，學校還應該教一點做人處事的道理。教一點音樂美術。德育與美育必須加強。這些就是一般人對學校教育的了解。

許多年前對於學校教育該做什麼，我也是這樣想。60年代我剛從大學畢業，我還沒把自己成長的經驗與學校教育的角色，連結起來思考。我經歷過的學校教育，讓我對學校教育的了解停留在套裝知識的傳授，停留在上述歷史、地理、語文、數學的思維。當然當時台灣的學校教育已不再這麼單純，它還教你兩樣東西：競爭與規矩。

競爭在於替未來謀生舖路，規矩則為了馴化（並效忠當時的統治者）。這是大人主流價值的兩條主軸。

可是年輕時，我對這些都不很清楚，只是不喜歡學校，不喜歡考試，厭惡體罰，厭惡口哨的號令聲及擴音器的吼叫聲。

我以為學校本來就是那個樣子。

5

到1974年，參加教育部委託台大編寫的高中數學實驗教材計劃，經台大借調深入各地中學去試教，我才有系統的重新思索學校教育的角色。

前文提過伊凡・伊里奇的一段話[1]。他在同書中又指出「教」與「學」經常被混淆在一起，一般人常誤以為有教就有學，誤以為教師教某些知識，學生就可以學到那些知識。固然技能方面的培養或許能因教而學，換句話說，學習者可能因技能課程的教導而有效學得那些技能，但其他方面像文化性的、感知性的、思考性的、探索性的、批判性的知識，有教無學，反而是常態。他說：

> 一大部份我們所認知的東西都是在學校之外學會的，大多數（有效）的學習都是學生自己進行的。我們在沒有教師的指導下學習說話、學習思考、學習

1　見篇一之五〈學校教育的本來面目是一頂小丑帽〉。

愛、學習感知、學習遊戲、學習詛咒、學習政治與
學習幹活。連教師日夜照料的兒童也不例外。孤兒
也好、智障兒也好、甚至教師自己家的子女也好，
都在專為他們設計的教育課程之外，學到他們後來
學會的大部份東西。

伊里奇的看法基本上是對的，因為學校的制度化教
育，主要在教導套裝知識，並未著重經驗的印證，但人真
正學得知識一定要有經驗的印證，要經過經驗的同化與順
應[2]。所謂「**知道**某個國家有哪些物產、有哪些城市、哪
些河流」，對學習者來說，還不成其為知識，因為「**知道**
這些東西」並無法轉化成人的經驗，隔幾天幾月便可能忘
掉，便可能由「**知道**」變成「**不知道**」。除非這些物產、
這些城市、這些河流與歷史某個事件連結，而這個歷史事
件又有些能讓學習者融入的故事，因而與學習者的經驗相
連結。

我所強調的經驗印證，可以說是「知識經驗化」，但
不能浮淺的化約為時下流行的「知識生活化」。人內心的
經驗網絡，以人周邊的生活感知，作為網絡的核心，透過
思維與感知的辯證發展，織成細密的經驗網絡。人學習知
識，必須以自身的經驗網絡作為主體，去汲取新的經驗，
予以同化，或調適自己的經驗網絡去順應新的經驗。這裡
所謂經驗，包含感知與思維，而非單純的生活經驗。把

2　在《童年與解放》（1993年初版）一書中，我提出「經驗網絡」的概念，並對
　　經驗網絡的發展做結構性的描述，參見該書頁246–247。

「知識經驗化」當作「知識生活化」，這種庸俗的教育觀點，會扭曲經驗知識的意涵。

經驗印證的過程，必須伴隨**批判**。所謂「批判」不是一味要「批判別人的錯誤」，而是要隨時警覺經驗的衝突。人的**主體經驗**，隨時可能與外在的**客體經驗**衝突，在經驗網絡的發展過程中，人的主體經驗不只限於吸納或屈從客體經驗，有時還須修正經驗，但修正是雙向的，修正客體經驗以同化於主體經驗中，或修正主體經驗去調適客體經驗，這便是經驗批判。人從不斷的經驗批判中，建立獨立思考、獨立判斷的能力。

皮亞傑談同化與順應是針對於認知圖式的發展，我則將之放在經驗網絡上。對認知圖式的發展而言，人的認知圖式所面對的客體世界，是相對中立的，例如容積不因容器的形狀而變。但我談經驗網絡的發展之時，因客體經驗並非中立，例如「世界的本質是恆久不變的」或「人性是掠奪的，因而戰爭不可避免」這是主流價值下的客體經驗，當人接觸到這些論述時，必須自覺主體經驗的存在，去檢證客體經驗，以批判的態度去接受或貶斥客體經驗中的論述。不然，便只在「套公式」。

6

依我看來，只有**發生**知識，沒有**學習**知識。因為經驗不經過印證，不經過批判，對學習者而言，便產生不了新的知識，因為那個新的知識沒有溶入主體經驗，它依然是

別人的客體經驗。知識不過是不同時空下的人的經驗，這些經驗，無法依靠單向的輸入而學習得來，只有學習者充分意識到自己主體經驗的存在，以自己主體經驗去印證、去批判客體經驗，才能發生新的知識，所以說知識只有發生，無法只憑學習得來。

但依循通用的語辭，我仍然沿用學習（learning）這個字眼。只是當我使用「學習知識」之時，指的是「發生知識」。

伊里奇認為只有技能可以透過教導而做有效的學習。事實上任何操作性的知識，形式化的知識，都可以因教導而做有效的學習，這是造成一般人誤解的原因：使人誤以為**所有的**知識都可以因教導而發生。也因為這樣，一般人**會仰賴教師，仰賴學校**來教導人所有的知識。

7

我了解伊里奇非學校化（deschooling）的激進訴求，並認同他對當前學校教育的觀察，他主張廢除學校，因為學校制度使人失去了認識世界、了解世界的能力。學校教育，由於大量灌輸套裝知識，確實忽略與人的主體經驗相互連結，造成多數受過學校教育的人，都浮離於真實世界上，只知道一些普遍法則，而習於以套公式的方式，對待世界與自己的人生。

但伊里奇**忽略了抽象能力的培養**，也忽略了抽象能力

的重要。人若不做系統性的學習，抽象能力便不易深入發展，而抽象卻是人類文明的重要特徵。固然人的創造力、人的想像力是生來俱有的，抽象能力卻不是天生的。

抽象的方法深耕人類的文明，提煉世界的普遍性，使人可以脫離具體情境，在看不見摸不到的抽象世界裡探索與思考，尋找文明的精神。峇里島的繪畫藝術色彩艷麗，樣態豐盈，描繪民間生活維妙維肖，但那些繪畫一般是描繪性，缺乏抽象的手痕，因而局限了人的想像空間，也框定了創作者的生命力。

系統的、符號的、累積性的學習，可以發展人一般程度的抽象能力。非學校化的，分散式的主動學習，固然可以緊密的與人的主體經驗相連結，但不易訓練出人的抽象能力。

學校教育的套裝知識可以培養人的抽象能力至初級水平。但如果要深化抽象能力的發展，套裝知識必須經驗化，結合抽象與想像，分析與直覺。只有這樣才能深化人的抽象能力，同時深化人的想像與創造。

目前學校教育只著重套裝知識。但無心插柳確實也培養了少數知識分子的抽象能力；多數的知識分子則一定程度學會了運用抽象語言。這個是目前學校教育唯一有益的功能。

幾年前，我在社區大學，把一些通俗的社會學、教育哲

學的書籍拿給學員閱讀,他們閱讀時的困難不在於內容本身,比起一般大學在校生,他們更能領會那些內容,因為他們已有的生活經驗相對豐富。他們中間許多人學歷較低,閱讀的困難不在內容,卻在抽象語言本身。但一般學歷高的人,閱讀的困難則恰好相反:不在抽象語言,而在內容。

主張解放教育的著名學者弗雷里(Paulo Freire)觀察到一些巴西村莊裡的農民,雖然不善於抽象語言,但如果所閱讀的抽象詞彙與他們的現實生活直接相關,例如「水井使用權」或「向債主借款」這種對他們來說具有關鍵性影響的字眼,他們很快便能學會。

這正好說明少受學校教育的人,所面對的困難不是那些文字符號本身,而是在文字符號背後所帶來的抽象的普遍概念,當這普遍概念直接指涉具體的事務,如「水井租用權」等,那麼相應的文字符號對他立即產生意義。

伊里奇主張廢除學校,改用主題學習、讀友選配及小組討論來進行人的主動學習。這是進步的觀點。他所以如此主張,是因學校把教育制度化,從而掏空人的智能,並使學校教育與真實世界分離。

但在人的成長歷程中不能忽略抽象能力的發展,而抽象能力的發展必須經由累積式的學習。我的看法是如果存在一種學習系統,能一方面打開人的經驗,另一方面又能發展人的抽象能力,使人在打開經驗的同時,能夠真切掌握特殊經驗與普遍經驗之間的辯證關係,從而使人真正與

世界連結，那麼具有這種功能的學習系統，**不論是學校或非學校**，都是好的教育系統。

　　目前的學校教育，採用套裝知識的學習，雖然可以讓多數人無意中學會抽象語言，但抽象語言只是抽象能力的起點。多數受過長期學校教育的人，雖因抽象語言而跨過抽象世界的門檻，但他們**並未進入**抽象世界。主要原因是：學習套裝知識時，他們只學得抽象的形式，並沒有學習抽象的過程，因為編製套裝知識之時，特殊經驗已被刪除，只留下普遍經驗的空殼——普遍法則。學習者沒有學習如何從特殊經驗抽離出普遍法則的過程，也沒有熟稔如何從普遍法則放回特殊經驗，藉以檢驗並修正普遍法則的過程。學習者在抽象形式中只學習普遍法則的操作，學習公式的套用，因此學習者學會抽象語言，卻未發展出真正的抽象能力。

之二　貓在畫廊裡看畫

1

　　我已提過人的抽象經驗與其抽象能力,在人成長歷程,在學校教育中的重要性。篇一之六〈一個不存在的女人名叫麗娜〉那一章中,我也多少說明了文學的抽象形式與人性中普遍質素的關係。抽象的目的,在於穿透特殊事物的表象,去掌握世界的普遍性。現在我應該再回來進一步談談「什麼是抽象?」

　　假設眼前出現這樣的場景:在一個偌大的畫廊,空無人影,只有一隻貓爬到一張高腳凳上,瞪著牆上的一幅畫,專注的凝視。鏡頭一開始很遠,貓很小,畫廊很空曠,安靜無聲。然後鏡頭拉近,那隻貓毫無所覺。牠仍在專心盯著那幅畫。

　　也許你不會認為怪異,只覺得好玩,甚至口中叫著「喵喵」的聲音,想走近引牠注意。但如果是那個雁鵝的母親,那個偉大的動物行為學家勞倫茲(Konrad Lorenz, 1903-98),那個寫《所羅門王的指環》的作者,來到畫廊,來到這幅場景的鏡頭後面。他會先揉揉眼睛,以為自己眼睛有了什麼毛病,若確定視力正常後,他會再拉近鏡頭,端視那隻貓。「那是真貓或假貓?」他喃喃自語:「這年頭到處是虛擬的東西。」他說。

等他確定那是一隻真正的，有生命的貓之後——因為那隻貓突然打了呵欠，隨後又擺回原來的姿勢繼續盯著那幅畫——勞倫茲自己開始迷亂了：「那隻貓瘋了嗎？……」接著他氣憤的說：「啊！去他的！真慘！一定是那搞AI（人工智慧）的人在貓的大腦裡植入人類大腦的晶片！」

貓盯著的那幅油畫，畫面是一個戴寬邊草帽的瘦瘦的女人，帶著一隻小灰鼠在午后的林蔭道下散步。這是一張幾近**寫實的**畫，黃色與紅色摻雜的光點鋪成秋日的色調。楓樹的葉縫透著天光，在街道邊散落暖暖的清香，柔和得讓人心醉。

你會以為貓的兩眼正盯看那隻小灰鼠，不斷吞口水。可是那只是你隨電視卡通看來的情節。勞倫茲並不以為然：不是因為他太喜歡貓，硬把貓當作優雅的動物——優雅的動物不致一天到晚都嘴饞，只想看牠的獵物，畢竟牠也懂得一些藝術——而是因為他相信[1]：

──貓看不出那幅畫裡畫的是一隻秀色可餐的小灰鼠。

1　沒有任何文獻記載勞倫茲如此相信，這裡我只借用他的名字來寫這故事。但勞倫茲在 *Here am I: Where are you?*（中譯本書名為《雁鵝與勞倫茲》，楊玉齡譯，頁21）書中談到雁鵝的抽象思考時寫道：「瑪汀娜（小雁鵝名）擺擺身體，看來十分快樂而平靜地爬上樓梯。對於一個完全缺乏抽象思考及理性能力的生物來說，像奴隸一般，按照已知是安全且成功的程序去做，無疑是最佳的行為策略。」又勞倫茲確實認為馬不可能懂加法，請參見《所羅門王的指環》（*King Solomon's Ring*, 1949）。依我看來，馬不懂加法，與貓不懂畫裡畫的是老鼠，理由都一樣：「動物沒有抽象能力。」

勞倫茲的氣憤，是因為貓不可能沈迷於畫中的美麗的東西：秋陽、林蔭、女人或小灰鼠，因為貓看不懂這些，牠的眼睛所以會那樣專注的凝視畫面，不是精神崩潰，便是大腦被人類植入晶片。

2

我寫這麼一段貓的故事，其實只想傳達這麼一句話：

——貓不懂得抽象，抽象是人類文明的特徵，如果地球上有一種動物，具有抽象能力，那麼那種動物便會發展出語言，人類便不能像今日這樣一枝獨秀，佔有並壟斷地球上的一切。

可是什麼是抽象？

所謂抽象指的是把事物的部份性質抽離出來，賦予這性質以一種「概念」[2]。然後在概念與概念之間，找尋關連（例如其間的因果關係），並發展較高層次的「新概念」。進一步，在新概念與新概念（或與舊概念）之間，找尋新關連，並繼續往上發展出更高層次的「新新概念」……

讓我先用一張草圖來描述抽象的流程。這張簡圖看來

2　柏拉圖認為這種抽象的概念才是世界的真實，概念是永恆的。反過來，具體的事物卻是不真實的東西，瞬眼便將消失，例如「圓形」是抽象的概念，但一個圓形的車輪卻易於毀壞解體，即使世上所有圓形的東西都消失，圓形的概念依然存在。

十分僵硬醜陋，但它明白表示人類抽象文明的運作：

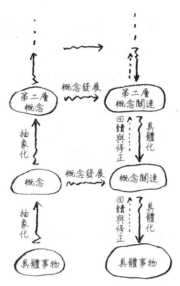

圖D：抽象流程草圖

　　像「綠色」便是一個概念。概念是摸不到、看不到的
東西。當你抓到一片（綠色的）葉子，你抓到的不是「綠
色」，而是葉子本身。「綠色」只是葉子的**一個屬性**。一
片葉子有形狀、大小、厚薄、氣味、溫度、質感……。當
你看到一片葉子，你看到的不是「綠色」，而是葉子所具
有的許多複雜的面向。你同時看到是它的形狀、大小、厚
薄、質地，甚至還有上面的葉脈、紋路……

　　貓無法把「綠色」這個概念從葉子分離出來，但人類的
大腦能辦得到。而且人類在看到石上的青苔，看到群山環
繞的潭水，看到戒子上的翠玉，能夠指出那是「綠色」。
然後用語辭「綠色」、「Green」、「Grün」、或「緑」，
去指涉葉子、青苔、潭水與翠玉所共有的這個屬性。

這便是抽象的第一步。

葉子是具體事物，「綠色」是抽象概念。但抽象概念可以再一層層發展上去。「綠色」、「紅色」、「黃色」、「藍色」、「橙色」……的共通性，是「顏色」。「顏色」比「綠色」更抽象，「綠色」比「顏色」更具體。事實上，不同的概念，有些比較具體，有些比較抽象。抽象與具體，其實是相對的。

把「顏色」、「形狀」、「大小」、「厚薄」……再往上抽象，也許又出現了一個更抽象，但也更模糊的概念：「性質」。

抽象的第二步便是尋找概念與概念之間的關連，例如畫家找到紅、藍、黃三種顏色為三原色，除了白色之外，任何顏色都可以用這三原色去調配出來，像綠色便由藍色與黃色調配而成。又例如物理學家更探討光，將陽光經三稜鏡分成不同顏色的光譜，了解就色光而言，三原色卻是紅、藍、綠，將紅藍綠三原色的光混合便得無色的光（或稱白光），對這些可見光，物理學家更發現它們之所以呈現不同顏色，是因它們的波動「頻率」不同，例如藍色光振動得比黃色光快，黃色光又振動得比紅光快，用頻率去說明自然現象，可以明白為什麼晴天的天空是藍色，為什麼被氮化物、硫化物污染的空氣會呈顯刺目的灰色。

這些抽象概念如「綠色」、「原色」、「色光」、「光波」、「頻率」彼此之間的關連，逐步被人發現，而

形成一層層，有普遍性的抽象知識，抽象層次越高，文明越發達，像發現「光是一種波動（也是粒子流）」，把「光」與「波動」關連起來，產生「光波」的概念，而光的「頻率」又與光的「顏色」連起來，我們可以看到抽象的層次越高，人們的想像力也越豐富。

3

我再舉一個多數人熟知的例子，說明上述抽象流程的意涵。18世紀末，人類初步發現分子，起源於探討氣體的「溫度」、「體積」與「壓力」三重概念之間的關連。

1808年給呂薩克（J. L. Gay-Lussac）觀察到一個有趣的現象，在同溫度同壓力之下，讓一個單位體積的氫氣[3]與一個單位體積的氯氣產生化學反應，得到的恰好是兩個體積的氯化氫。又讓兩個單位體積的氫氣與一個單位體積的氧氣產生反應，得到的恰好是兩個體積的水蒸氣。他觀察許多不同的化學反應，都發現類似的現象，因此建立了一個普遍規律：氣體之間進行化學反應，若控制在同溫同壓的情況，各個反應物與各個生成物的氣體體積，其比例都構成簡單的整數比，就像上述兩個實例中，前者為1：1：2，後者為2：1：2。給呂薩克發現這個有趣的關連。到1811年亞佛加德羅（Avogadro）便從分子觀點去解釋給呂薩克所發現的現象，建立一個更高層次的普遍規律：在同溫同壓

3　氣體為什麼會有體積呢？這裡講「氣體的體積」，指的是在給定的溫度下，把氣體裝在一個方盒子中，盒子的某一面可以因氣體的氣壓大小而滑動，當氣壓亦給定時，盒子的體積便可以確定。

之下，同體積的氣體含有一樣多的分子。

　　從這個例子我們又可以看到抽象概念如何一步步形成，比如說從控制氣體的「溫度」、「壓力」引出氣體「體積」的概念，再從氣體之間的某些化學反應，經抽象得到在反應前後各氣體體積之間的關連，最後從這關連又去**猜想**「分子」的存在，並建立起各氣體所含的「分子數」與其「壓力」、「溫度」、「體積」之間的新關連。另一方面，這抽象的過程，便也是人找尋世界普遍法則的過程。給呂薩克定律、亞佛加德羅定律，都在描述物質世界的普遍性。

　　人的抽象思考，通常會根據人的興趣，根據人設定的目的去進行，而非漫無目的。如果人抽象的目的不是找尋物性變化的法則，而是藉由顏色（與線條）的變化去勾繪季節、風情或捕捉人內心的精神樣態，抽象的工作便落在畫家的刀筆與畫布之上。像秀拉（George Seurat）〈星期天的午后〉將光線打散，變成色粒去呈顯畫家在午後河邊捕捉的光影。像馬蒂斯的〈大洋洲的回憶〉用鮮艷的色塊加上簡單的線條，去描寫畫家的記憶（見圖4），像克利（Paul Klee）用水彩，畫他突尼西亞之行的印象，畫面中的沙漠、曠野與駱駝不是實景，但水彩輕淡的筆痕卻掌握了沙漠的風情（見圖1及圖2）。像孟克[4]的〈吶喊〉，以流動詭譎的晚霞與曠野為背景，站在橋上的「人」變形的臉用力的嘶喊，傳來現代主義的迷惘（見圖6）。

4　孟克（Edvard Munch, 1863–1944），挪威表現主義畫家。

詹明信（Fredric Jameson）[5]認為孟克的〈吶喊〉最富有抽象的象徵意義，並且是「迷惘」這個內在精神經典性的藝術表現。「迷惘」（anomie）是涂爾幹所發明的概念，這個概念在描寫現代城市生活的疏離所引起的個人的焦慮。詹明信如此解讀孟克的〈吶喊〉：

　　—畫面上的這個人幾乎不是完整的人，沒有耳朵、沒有鼻子、也沒有性別，可以說是還未完全進化為人的胎兒。這就是人的意識和思維，但剝除了一切與社會連結的東西，而退化為最恐怖、最不可名狀卻封閉孤獨的自我，而這個人（如果可以稱它為人的話）唯一的表情，就是呼叫。……背景上的另外兩個人影，看來也有點模糊不清，隱約是兩個穿呢大衣戴禮帽的男人，很明顯是躊躇滿志的實業家，他們代表社會的存在，而與那叫喊的人形，形成鮮明的對比。……畫面的右上角有兩三隻船，還隱約可見教堂的塔頂。……因為船和商業聯繫在一起，而教堂則代表壓抑與權威。……最後還有一道很奇怪的橋。

　　詹明信繼續說明橋的抽象意義：

　　—在現代主義文學中，橋有典型的意義。因為橋本身不是一個「地方」，也沒有「方向」，它只是連結了兩個不同的「地方」。……這座模糊的橋，唯一的意義是懸空感。……橋下的曠野和河流都似乎

5　詹明信，《後現代主義與文化理論》（*Postmodernism and Cultural Theories,* 1987），當代學叢，唐小兵譯，頁202–204。

在旋轉，這種旋轉的感覺傳達出失足跌進深淵的恐懼……。

　　這段話精彩的解讀了孟克的畫，使畫的抽象意義浮出畫面。孟克本人在一封信中說他正在晚霞中散步，落日帶點血紅。

　　一突然間，我感到某種震撼，一聲嘶喊穿過了眼前大
　　自然的場景。

　　孟克的〈吶喊〉以抽象的手法，把現代城市生活的焦慮，或詹明信所解讀的「迷惘」，用那聲嘶喊所代表的場景，淋漓盡致的表現在畫裡。你靜靜看他的畫，便會感到一種難以自抑的孤獨襲來，滲入你心的深處，會有這種感動是因藝術家用抽象的手法，提煉出那人性中普遍的質素。純然寫實的畫無法引起這種深層的感動。這便是繪畫的抽象形式，也是抽象在藝術文明的深層意義。

　　但抽象是人類文明的特徵，這種種不同的抽象形式交織成人類的文明。貓無法了解畫布上抽象化的小灰鼠，即使那是一幅完全寫實的畫。牠對小灰鼠的認知是小灰鼠的整體：小灰鼠的神情、樣態、動作、氣味甚至牠身上的體溫及小灰鼠的一切，畫面抽取出來的或許是小灰鼠的某種神情樣態，但不是小灰鼠的整體，不是小灰鼠的全部。畫面上沒有小灰鼠的動作、氣味與體溫，沒有小灰鼠作為一隻獵物的實體。貓看不懂畫裡「畫」的是隻小灰鼠，因為牠不會抽象。

之三　在看不見摸不到的世界裡思考

　　關於抽象與學校教育，讓我再簡短的談幾個比較深層的看法。

1

　　語言與抽象有緊密的關係。人一生下來，在人類社會的文化環境中長大，便受到抽象的薰陶，例如人類所使用的語言，蘊涵有不同層次的抽象概念，即使像「叔叔」看起來這麼具體的語辭，都有抽象的成分。「叔叔」是什麼？最早小孩叫叔叔，可能針對某個特定的人，不久他就開始發覺只有男人，而且不太老的男人才叫叔叔，這時「男人」、「不太老」，便成為叔叔抽象的特徵條件。就這樣當小孩使用「叔叔」這個稱呼時，他的抽象能力正開始在萌芽。其他語彙如「睡覺」、「很快」、「好壯」、「忙碌」、「美麗」、「厲害」、「努力」、「上面」、「裡頭」、「環境」、「條件」等無一不是摸不到、看不到的抽象概念，相對於幼童生活周遭所接觸的事物，語言是唯一抽象的東西。事實上，人類的語言正是小孩生下來之後所接受的最早、最有規模、最具系統的抽象訓練。

2

　　抽象能力是人類有別於其他動物的特徵。與其說人類

這一物種的特徵是「能夠運用語言」，不如說是「能夠發展抽象能力」，因為抽象能力比語言更為根本。相應的，人類文明的特徵也就是抽象。我在《童年與解放》一書中曾區分人的自然能力與文明能力。在認知上，人的自然能力主要是辨認整體特徵的能力，這是人類與動物所共有的能力，至於代表文明能力的抽象能力，則為人類所獨有。辨認整體特徵的能力與抽象能力兩相結合，才使人能運用語言。但人一生下來並無抽象能力。人的抽象能力是在文明的環境中，在語言的薰陶中，逐步發展出來的。人天生具有**發展**抽象能力的**潛在**本能。

3

在《童年與解放》一書中，我試圖解釋幼兒學習語言的機制，指出幼兒經由辨認整體特徵的能力，採用「整體／取代」的方法學習語言，而非採用「分析／組合」。但當他在語音串出現時抓取情境的整體特徵，這時他需要有初步的抽象能力，去分離出情境的特徵，比如說：當他來到田野，聽到：「啊！這一大片**綠色**，真舒服。」他能夠把田野那令人清新的感覺抽離出來，那感覺來自綠色，或來自涼爽的空氣……他一時無法決定。等到他再聽到有人指著蚱蜢說：「牠身上的綠色，好青翠喔！」這時他便排除涼爽的空氣，抓取兩句話情境的**共通處**：青綠的顏色。這時他須具有將「綠色」自其具體情境（田野與蚱蜢）抽離出來的抽象能力。在寫《童年與解放》一書時，我的思慮尚不夠細緻，未考量到抽象能力亦為幼兒學習語言的必要條件。不過幼兒的抽象能力剛剛萌芽，隨著語言學習的

純熟，他的抽象能力才會逐漸發展起來。這是抽象能力不同於整體特徵辨認能力的地方，隨著兒童成長，一般來說代表文明能力的抽象能力也跟著成長，但代表自然能力的整體特徵辨認能力，卻逐步退化。

4

近年我做了一個未經證實的猜想（conjecture），這個猜想來自於觀察、思考、分析，也有一些特例的佐證。

一般人心目中的「聰明」，其實就是抽象能力好，請注意我所說的「抽象能力」，並不指「抽象語言」的能力，而是真正的抽象能力，真正擅於抽取事物特徵的能力。「抽象語言」只是抽象能力的門檻。

一個人會被認為「聰明」，通常是因為他能在紛雜的現象中，一眼看到那關鍵性的東西。這正是抽象能力的表現，因為所謂「抽象能力」，指的便是根據某一目的，抽離出事物的某些屬性，以迎合該目的的需要，並且進一步，脫離具體情境，在心中思考這些屬性之間的關連。

當然，能不能一眼看到那關鍵性的東西，與人是否熟悉那些紛雜的現象有關。但當我們比較誰聰明時，通常假定被拿來評量者，對所討論的領域有相同的熟悉度。內行人與外行人，不能混在一起來比較誰聰明。

我並不認為「比較誰聰明」有什麼意義，我甚至不贊成

沒事在比較誰聰明，但社會現實是這件事處處在進行，這裡我只在分析人心智的成長，而不在強調人際之間的比較。

我的猜想，關係於童年的祕密：孩子生下來到三歲之間，若能有大人隨時與他（她）互動，尤其通過良好而細緻的**語言互動**，**配合生活與遊戲**，這孩子的抽象能力，會比較發達，也會比較聰明而靈活。

關鍵在於語言，當然周遭的大人必須能夠運用一套良好而細緻的語言，幼兒所感知的世界，皆為具體而非抽象。

5

幼兒在學會說話時，發展了初級的抽象能力。他開始知道具體事物的屬性，可以從具體事物本身分離出來，並用語辭描述，例如前述「綠色」、「厲害」、「應該」、「好爛」、「上面」、「左右」等。語言越細緻，抽象概念越深化。

但這只是抽象能力的萌芽，抽象的階梯可以爬到雲深不知處。隨著幼兒的成長，數學、語文、繪畫、音樂、彼此思辨討論都不斷在發展孩子的抽象能力。其中數學最有系統，也最細緻。例如「3」看來這麼具體的東西，其實也是抽象的概念。3隻羊、3個蘋果、3張椅子、3位老師，這些都還具體，但「3」卻是看不到摸不到的抽象概念。幼兒要掌握「3」的不變性，知道「3」可以從3隻羊，3個蘋果，3張椅子……，分離出來，成為一個獨立的概念，不因所指的對象是羊，是蘋果……而受影響，這並不是容易的

事，困難在於他的抽象能力才剛剛萌芽。另一方面，人的學習並非線性式的。幼兒學到「3」是個獨立概念，反而是做加法之後才慢慢形成的。換句話說，當他算了3隻羊加上2隻羊等於5隻羊，3個蘋果加上2個蘋果等於5個蘋果……之後，才慢慢意識到「3」、「2」、「5」可以獨立出來考慮，反而方便得多，不必每次回到羊，回到蘋果的問題上去計算。這種說法看起來有點奇怪，卻是**本來**人認識世界的方式，套裝知識的長年教導，使我們常誤以為人的學習是一步一步，按部就班，由簡至繁，由淺入深。學校教育無形中影響我們對世界的了解至深且鉅。

6

抽象的思考有幾個要件：

一要能**遺忘**不相干的因素，分離出關鍵性的概念。

一要能**脫離具體情境**。

一要能在腦中，在看不到摸不到的世界裡進行**抽象概念的操作**與思考。

一抽象出來的概念或關連，要具**普遍性**。

一要從抽象中發展新的**想像**，並不斷從想像世界吸取靈感去深化抽象。到一定階段之後，抽象能力與想像力是要一起發展的。

一要不時回到具體世界中去驗證

7

雖然抽象的形式在每個領域如文學、繪畫、音樂、數

學都各有不同，沒有一個領域的抽象形式能涵蓋其他領域，但數學自始便以抽象為支架，去建立起它的知識內容。在數學中運用符號與式子是不得已的，這是因為要搭配數學內容的抽象本質。讓我先舉個比較容易明白的，有關排列組合的例子，說明人學習數學，所面對的抽象問題。

一街上有部電車，有3節車廂，要在3個車廂分別塗上黑、白、黃3個顏色，共有幾種塗法？

若以阿拉伯數字1、2、3分別表示黑、白、黃，則容易列舉出6種塗法如下：

```
1  2  3
2  1  3
3  2  1
3  1  2
2  3  1
1  3  2
```

這很簡單。又如果電車有4節車廂，4種顏色時，有幾種塗法？你當然也可以像上述，列舉出24種塗法。但這時你會弄得有點亂，也會擔心有沒有漏掉某幾種塗法，除非你看出某種規則。

現在要談較複雜的情況：

一如果一部火車有13節車廂，13種顏色，怎麼辦？

請不要援引任何公式，直接想這個問題。

由於要一一列舉所有的塗法會太繁瑣，你必得要去尋找某種**普遍規則**來處理這問題。（請先想這問題，解決它，在你繼續往下閱讀之前。）而要尋找出某種普遍規

則，便需具備相應的抽象能力。在十二歲以前，兒童**可以聽得懂**你的答案，但**很難自己去找出**那答案，這是因為人的抽象能力隨年歲增長，累積文化經驗才逐步成長，而數學思考最能刺激抽象能力的發展。

先考慮只塗第1節車廂，有13種可能的塗法。這時再考慮塗第2節車廂，因為第1節車廂已塗上1種顏色了，第2節車廂只有12種塗法，如此推論下去，得

$13 \times 12 \times 11 \times 10 \times 9 \times 8 \times 7 \times 6 \times 5 \times 4 \times 3 \times 2 \times 1$ 這麼多種塗法。

這時你已進入普遍世界，找到的是普遍規則。你的做法不再只針對某個特例。你可以用這個普遍規則，回來解決前面4個車廂，甚至5個車廂的問題，方法反而明白易懂，又不會陷於繁瑣。這個方法脫離了特例中**列舉式的限制**，而形成**普遍性的推論**。

你看到一個有趣的現象，有許多時候普遍世界比特殊世界**乾淨而簡潔**，這就是為什麼柏拉圖那麼偏好觀念世界，而輕忽具體世界的理由。

現在你可以考慮任何一種類似情況的問題，例如考慮 n 個人排成一列隊伍有幾種可能？

你得到：

$$n \times (n-1) \times (n-2) \times \cdots\cdots \times 4 \times 3 \times 2 \times 1 \equiv n!$$

這麼多種可能。（「$n!$」的符號一般叫做 n 階乘）如果把你的做法稍做一點調整，你甚至可以計算出中彩券的機率。

於是你可以考慮：n 種顏色塗在 k 節車箱，n 大於 k，而不同車廂不得有同種顏色，共有幾種塗法？

然後你考慮更多不同的情況，循此可以建立起一套排列組合的理論，同時也容易計算出二項式展開：

$$(a+b)^n = a^n + C_1^n a^{n-1}b + C_2^n a^{n-2}b^2 + \cdots\cdots + C_k^n a^{n-k}b^k + \cdots\cdots + b^n$$

其中你算得組合係數：

$$C_k^n = \frac{n!}{k!(n-k)!}$$

你忽然想起什麼地方看過美麗的巴斯卡三角塔：

```
                    1
                1       1
            1       2       1
        1       3       3       1
    1       4       6       4       1
1       5      10      10       5       1
1   6      15      20      15       6       1
                    ⋮
                    ⋮
```

（請注意塔中美麗的關連：如 $1+3=4, 4+6=10, \cdots\cdots$ ）

三角塔從0層算起，由上往下計算：第0層是 1，第1層是 $(1,1)$，第2層是 $(1,2,1)$，第3層是 $(1,3,3,1)$，第4層是 $(1,4,6,4,1)$，$\cdots\cdots$第 n 層是 $(1,n,\cdots,n,1)$，$\cdots\cdots$。同層那些數的序位，我們也一樣從0算起，由左往右計算，那麼第 n 層第 k 序位的數，便是 C_k^n。例如第4層第2序位的數是 $C_2^4=6$。[1]

就這樣，你越走越深，你走進三角塔中，你深入抽象

---

[1]　說得更明白一點：又例如 $C_4^5 = \frac{5 \times 4 \times 3 \times 2}{1 \times 2 \times 3 \times 4} = 5$，$C_2^6 = \frac{6 \times 5}{1 \times 2} = 15$。

思維的世界，一個層次的概念，接另一層次的概念，越爬越高，越高越抽象，越抽象也越普遍，卻越須運用人的想像力。

　　在數學的抽象世界中，這類例子俯拾即是。我舉這個中學教科書上的例子，較為淺顯易懂，又多少能看出特殊性與普遍性、抽象能力與想像力之間的辯證關係。另一方面讓自己試圖去做抽象思考，尋找普遍規則的經驗是重要的。學校傳授這些東西時，皆略掉讓學生自己去找「n 節車廂，n 個顏色共有 $n!$ 種塗法」的抽象經驗，而把它**當作排列的公式**直接教導這個解法，教師最多也只有解釋公式的道理而已，很少提供機會讓學生更進一步去找尋組合係數，去發現組合係數與巴斯卡三角之間美麗的巧合。

　　這便是我上文不斷批評學校教育**未好好培養**學生抽象能力的理由。學校教育提供的套裝知識訓練，對多數學生只教給他們一套抽象語言，並未讓他們親身參與抽象的過程，培養起抽象能力。

　　人的抽象能力的成長，非常遲緩，而且需一點一滴的累積抽象經驗，才能往高層次發展。學生學習數學的困難，常因他的抽象能力尚未達到他要學的數學知識所相應的抽象水平。給學生多點時間與自由，給學生多點問題去思考，重視每個孩子的**個別差異**，慢慢累積他的抽象經驗，數學對每個孩子都將變得簡單而有趣，數學對每個孩子抽象能力的培養，也都將扮演難以替代的角色。

在學校經過長年套裝知識的訓練,多數學生雖未能良好的掌握抽象能力,但久而久之,也學得抽象語言。在數學,抽象語言是那些抽象符號與抽象式子的操作,在文史方面則為一些抽象辭彙與其專門性的涵義。我舉歷史教科書上的一、兩段為例[2]來說明它的抽象性:

> 一周初行**封建制**,是以姬姓宗親為主幹,並以健全的**宗法制度為其社會基礎**。但是宗法制度隨著**社會變遷**發生了**本質上的變化**,故到了漢朝施行時,便有了「後屬疏遠」、「強者必反」的問題,無法再行封建制。封建制度既然已經失去了相應的宗法制度為其社會基礎,自然它就不再是一個有良好效果的政治制度。但儘管如此,中國政治卻也一直沒發展另一套制度來代替依賴**血緣關係**的封建制度,以建立良好的**政治互信**。

整段話,都由抽象名詞如「封建制」、「宗法制度」、「血緣關係」等堆疊而成。這些文史方面的抽象名詞,正如數學的符號一樣,提供具有普遍意義的指謂。另外像「社會基礎」、「社會變遷」、「本質上的變化」、「政治互信」等,則比前述抽象名詞「封建制」、「宗法制度」等更為抽象,因為它們具有另一層專門性的涵義。例如「本質上的變化」一辭,便須耗費相當力氣才能說明清楚。但人對這些抽象語詞的了解,可透過長時期持續但

2　摘自高中歷史教科書(上),王仲孚主編,頁79。

直接的閱讀或接觸，揣摩領會。不過這些結論性的抽象論述，若沒有具體生動的故事或專題討論作為背景，去歸結出來，學習者只有接受而無思辨，更無法參與其抽象過程的經驗，所學得的東西，便只成為記誦的片斷，無助於發展真正的抽象能力——在複雜的具體現象中，**看到**關鍵性的東西——亦無助於其經驗的連結。同時更使人的知識與實際世界疏離。這是用套裝知識進行抽象訓練的局限。

勞倫茲做動物行為研究，對於套裝知識，他也觀察到類似的問題[3]：

—所有教科書一開始都是概論，其後才會談到特殊情況。但科學研究的程序正好相反，他們多半先觀察到一些特別的現象，再從這些現象中歸納出法則。因此，現今教科書的編排，使學生習慣於與研究者所採「觀察／歸納」的程序相衝突的思考方式，他們先要求有明確定義的假設，然後再去實地尋找符合該假說的例證。然而生物世界非常多變複雜，只要你願意賣力去尋找，不論理論**如何離譜**，都可以找到一些似是而非的例證。

這段話一針見血，道出套裝知識的困境：若不讓學生參與抽象過程，直接學習抽象後的結論，生搬硬套的現象會層出不窮。這也解釋了伊里奇所說「學校教育把人與真實世界隔離開來」的事實。在《童年與解放》一書中，我談「普遍世界的陷阱」，也直指學校教育採用套裝知識的

3　勞倫茲，《雁鵝與勞倫茲》，頁23-24。

抽象訓練會造成生搬硬套的流弊，使知識分子因輕忽實際世界的特殊性，企圖用教科書中的知識直接套用在具體事物上。這種套公式的弊病影響所及，知識分子無法培養起知識（或經驗）批判的能力，不能獨立思考，不去觀察事實以作獨立判斷，卻套取現成通行的觀點，人云亦云，受制於權威，或為媚俗教條所左右。

9

抽象世界處處佈滿陷阱，知識分子隨時會犯套公式的毛病，像「人性是無限貪婪的」、「群眾是盲目的」、「人天生有上智下愚之分」、「戰爭無可避免，因為人有攻擊的本性」、「母愛是女人的天性」……等這些概括性的公式，許多人常不經小心驗證，便全盤接受。這是直接套公式，人云亦云。

又有許多人做企劃，腦中便興起企劃的一般格式：由大而小，由遠而近，由理念而實踐，由概論而專題，只有少數人能從問題出發，像塞柏故事裡那彈琴的小丑。這種習於擺好架構，再去處理問題的態度，就是間接的套公式。

由於在抽象概念之間的關連，經常借助於抽象推理，推理也成為人昧於事實，只執迷於套公式的另一種形式。其中「平行類推」尤其常被誤用。

小說家史坦貝克（John Steinbeck, 1902-68）是美國20世紀寫實主義的大家，他的作品深入人性，對社會底層深

刻的同情尤其照映出他心中的悲憫。即使是這樣一位細膩刻畫人性的寫實主義者，在他的鉅著《伊甸園東》都不免犯了平行類推的謬誤。《伊》書中，他塑造了一個美貌機伶但天生邪惡的女人凱塞。

凱塞是皮革廠老闆的獨生女，不愁衣食，在學校功課傑出，在家裡父母疼愛。但她善於說謊，十歲時引誘兩個十四歲的男童猥褻她，卻用繩子反綁自己，做出被強暴的樣子，兩個男孩因而被鞭打得血肉模糊送去感化院。十四歲時教拉丁文的教師為她自殺，原因不明。十六歲時，她縱火燒掉自己的家，燒死自己的父母，卻故佈疑陣，使鎮人以為她被劫持而失蹤。二十歲去當妓女。後來遇難，誠實正直又富有的亞當救了她，與她結婚。亞當極愛凱塞，願意為她付出一切，未料凱塞又開槍打傷亞當，拋棄生下不久的雙胞胎，離家混入鎮上的妓院裡當妓女，繼續謀財害命。

史坦貝克如此解釋凱塞這個角色：
—世界上有些父母會生下畸形的孩子，……既然人的軀體天生會有殘缺，那麼人的精神或心理，是否也可能天生殘缺？這種心理的畸人臉容和軀體是完好的，但假使一個歪扭的基因，或者變形的卵子會生出軀體的畸人，同樣的過程，是否也可能生出一個畸形的心靈？

根據這段平行類推，史坦貝克塑造了凱塞這個心理的畸人，使他這部鉅著裡摻雜了凱塞這個突兀的角色，背離了西方人文主義的傳統，也無法回歸真實世界裡，去尋得它的落點。

　　這幾年台灣出現了民間自主發起的社會學習運動,其中社區大學到處林立尤其令人矚目。1999年我在永和社區大學任課,其後亦斷斷續續與社區大學的學員做閱讀討論。

　　對比於一般體制學校教育下的學生,或已畢業於各大學的知識分子,社區大學因學員入學時未設學歷門檻,許多學員所受套裝知識的抽象訓練相對較少,不易掌握抽象語言。例如在社區大學有不少學員閱讀Allan G. Johnson所寫《見樹又見林》一書的中譯本[4],譯文雖然流暢,但在閱讀一些較抽象的段落,仍遇到不同程度的困難,我試摘一段文字如下:[5]

> ——雖然社會學相當忽略**物質文化**的重要性,但是物質文化卻在社會生活中扮演複雜而**自相矛盾**的角色。我們創造了物質文化,使它們成為我們**身分認同**的一部份,然而在經驗上,我們卻經常把它們當成與我們分開、**外在於**我們。物質文化有其自主性,而且又對我們有影響力。我們對物質文化的認同,展現在我們對它們的**依賴**,嚴重到沒有它們我們就很難想像日子怎麼過的地步。同時,我們忘記了它們是人們創造出來的。

4　原書名*The Forest and the Trees: Sociology as Life, Practice, and Promise*,中譯本由群學出版,成令方／林鶴玲／吳嘉苓合譯。

5　《見樹又見林》,頁73。

閱讀這段文字，使我們想起先前提到的歷史教科書的那段文字。兩段文字處處都用抽象名詞，例如在這段文字中，我們也看到「物質文化」、「自相矛盾」、「身分認同」、「外在」、「依賴」等，這些抽象名詞造成了學員閱讀上的困難。但使用抽象名詞，目的在做普遍的論述，這是不得已的，例如用「物質文化」便涵蓋享用汽車、電腦、洗衣機、冰箱……等不勝枚舉的生活物品所引發的偏好、行為與價值，不論在私人或公共的層面，所造成的一切影響。當我要用較具體的文字來界定「物質文化」一辭，我立即遇到界定上的困難：冗長又不周延，而且就精確度來說，用這麼多的文字解釋，與「物質文化」四個字一樣模糊。所以抽象名詞是無可避免的。更重要的是閱讀這樣的抽象文字，我們可以進行普遍性的內省，並以此為基礎，開始對自己所處的社會生活引發批判性的覺醒。這種個人的內省與社會覺醒，只有**在看到普遍事實，才可能發生**。知識之所以必須內蘊普遍性，也是這個道理。

　　但抽象的過程也同樣不能避免，人不先從具體特殊的經驗出發去尋求普遍性，則不會走到內省與覺醒的階段。約翰遜的書並非概論，也不只充斥抽象文字，他用盡心力從周邊看得到的社會生活出發與人的經驗接軌，提醒讀者多看多想，就像勞倫茲做動物行為研究一樣先觀察，而後歸納。上面這段引文，在約翰遜的書來說，已經是進入歸納，經整理而成的抽象論述。

　　把套裝知識經驗化，正是這個意思。在社區大學運動中，出現一種庸俗的觀點，把經驗知識與套裝知識對立，

而排斥抽象性的知識。這種觀點會使學習者無法打開視野，無法挑高遠眺，因為抽象的目的，在尋求世界的普遍性。社區大學應鼓勵學員多閱讀多討論像約翰遜這類兼含抽象過程與抽象語言的書，經由大量閱讀與討論，人會熟習抽象語言，發展抽象能力。同時，一般學校教育也要努力把套裝知識經驗化，例如給學生時間與自由，讓學生多讀雜書像約翰遜、勞倫茲的書，在打開學生經驗世界的同時，發展學生抽象能力，讓抽象的概念配合想像力的釋放，一層層往上發展，像沿抽象流程草圖一步步爬上雲梯的頂端，才能鳥瞰世界，才能將遍地花草的瑰麗當作五顏六色的顏料，爬到天際去塗繪彩虹。

你記得我提過那張像小丑帽的一號畫嗎？現在我可以畫下我的二號畫，掀開那頂小丑帽你會看到學校教育的本來面目。就像這張二號畫：

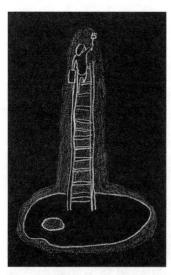

圖E：二號畫

原來帽沿的地方是代表人經驗世界的大調色盤，上面沾滿五花八門的調色顏料，學校教育要讓那調色盤像長滿花草的大地，廣闊而豐富。長長的帽筒下則為代表抽象能力的雲梯。抽象能力一層層往上發展使人一步步掌握世界的普遍性。畫中人物手提的那桶顏料是人的想像力，孕育於自然，孕育於大地的花草。

篇三
學校在窗外

之一 自由的禁果[1]

　　看見自己，是一生永遠的課題。有友人說他下了很多功夫，為了清楚認識自己。其實自己沒什麼神秘，也沒有某個「神秘的自己」躲在內心深處，需要努力去挖掘、去認識。認識自己，本來不難。主要的困難是：

　　人在長大的過程中，不斷把現成的社會規範、與空泛的理想，輸入給自己，遮蔽了自己的本來面目。

　　但為什麼要輸入？為什麼絕大部分人都在輸入？
　　一是外來的教育與馴化，成長期間小孩無法抗拒；
　　二是人自己向社會輸誠，向主流價值靠攏，取得安全感；
　　三是尋求「昇華」的心理需求。
　　這一層層輸入的遮蔽物，如果能一樣樣拿出來檢視，就能夠認識自己。要去尋找假想的、藏在神秘世界的自己，不如一一掀開那些遮蔽物。
　　後者有跡可尋；前者天馬行空。
　　這也是我在《童年與解放》一書中所說的解構與建構。

　　為什麼二十多年來，我一直支持苗栗山中的全人學校？理由是：

1　為若凡的書《成為他自己：全人，給未來世代的教育烏托邦》（衛城出版，2015）所寫序，寫於2015年9月2日。

在全人，孩子有充分的自由。思辨、探索、勇敢面對世界，是全人辦學的特徵。

在全人這樣的環境，人比較容易回到自己。

自由、思辨能力與勇氣，是「本來面目」不易被遮蔽的關鍵。

雖然套裝知識的訓練，在全人稍嫌不足，我還是選擇支持全人這樣的自由學校，因為認識自己，是人能否對生命真誠的關鍵，是人立足世界的基礎，更是創造力的源泉。

今晚，山上氣溫徘徊在8度上下，我還是摸黑走入後山。

在黑暗中，人的眼睛始終是亮的，心也隨著清明，雖然語辭有點跳針。

黃武雄 2018年1月13日按

1

全人是個另類學校，1995年秋創辦，在苗栗內灣。

若凡一度是全人學校的學生，那一年她還是十一、二歲，跟在父親興樑身邊，一個可愛的小女孩。沒想到一下子長大了，碩士論文寫的是全人，她永難忘懷的少女經驗。興樑是全人的創辦人之一，與創校校長老鬍子程延平、同事許敏瑋共同開闢了這塊桃花源。無論這塊地方發生過什麼紛擾，孕育過多少夢想，它是幾百個曾在那裡探索、迷惘、爭吵、思辨，度過年少歲月的孩子們永遠的鄉愁。

若凡再度出現在我面前時，已是二十多歲的青年女性，思考縝密、真誠熱情，又工作勤奮。地球轉得真快，十幾年忽焉而過。上大學不久，她曾與全人孩子們來看過我。後來聽說她在做全人與自由學校的研究，採訪過許多還在、或已不在全人的學生與教師。然後寫成碩士論文，還找到衛城出版。見面時我只讀了前面幾章，陪她來訪的，是衛城的瑞琳與晏甄。此前我沒答應要替這本書寫點什麼，但聊過之後我變得猶豫不定。

　　書的起頭，若凡就以現代作家擅長的舖陳，揭開了她尋訪青春的序幕，穿插在不同的時空，小女孩的若凡與青年若凡交迭出現，場景切換、節奏分明，字裡行間流露出她對童年歲月深深的懷念。好的文學手法瞬間吸引我，讓我一口氣讀了好幾章。

　　但帶著動感與韻律的故事，一邊也鍵入書中嚴肅的教育主題：完全自由的青少年教育如何可能？亦即，學校教育有無辦法落實青少年完全的自由？

　　若凡把全人作為她觀察的場域，去尋找這個謎題的答案，尋找她的往昔。她以驚人的毅力，蒐集了豐富的第一手的資料，並用犀利的洞察力，抽絲剝繭，一層層切入這世外桃源內部的矛盾與紛擾。

　　她寫下這樣的字句，開始她的剖析：
　　─另類是全人的主流。
　　─我一邊尋訪全人校友們的自由青春，一邊在他們

身上找尋自己的影子。自青春期起始，到成年的重逢。我一遍又一遍地問著不同校友，想知道我們是如何長大成人的？又成為怎樣的大人？逐一拼湊這些零散的資訊，我驚訝的發現，我們身上共同顯現一種面對規範的姿態，一種看待知識的態度，一種對權力關係的判斷，以及一種生涯規畫的價值觀。而所有的對話，都將這種姿態的成因，指向我們共同的成長環境——全人中學。

－全人中學給了我們肆無忌憚的自由青春。

那夜送走三人，我一次次翻開書稿，走入若凡的世界。終於在蘇迪勒颱風來襲的清晨，讀完書稿與「後記」，並決定寫下這篇回應。

2

當若凡試圖以她局內／局外兩種身份的研究者，去剖析全人近二十年跌跌撞撞的經驗，我們首先遇到了一個根本的哲學問題：

歷史的重構，如何呈現真實？

什麼是歷史的真實？每一個認真誠實的人，所看到、所經歷、所主張的，都是真實。我們絲毫不會懷疑他敘述的真實性。但那真實只是「相對於敘述者的真實」，只是真實的片斷，不是真實的全部。沒有一片這樣的真實，是全部的真實。

舉個例子說，一位學生或一位教師，曾經在全人待過五年八年，他根據自己經驗，所重述的全人就是真實的全

人？不，因為你會遇到另一位同樣在全人待過五年八年的學生或教師，聽他重述全人，你驚訝的發現，這兩片關於真實的敍述，不只有落差，有些追憶甚至南轅北轍，可是他們都同樣認真而誠實。

像若凡這樣透過大量的採訪與資料蒐集分析，加上她童年在全人當過幾年學生的經驗，無疑的，她的描述與分析，也許會指出五年八年身歷其境的人所看不到的盲點。尤其每個人自己的某些價值或立場，會使他看不到對立的事實。

但即使若凡這樣努力在尋找真實、重構真實，她的書與真實的全部仍有一段距離。

更一般的說，人不能是全觀點的 —— 即使他身歷其境，因為每個人時時刻刻，都有他**不在場的角落**，有形或無形的不在場的角落。對於要擁有全觀點，不在場的限制是致命的。更何況每個人都帶著他的信念與經驗在看待世界。

沒有人是上帝。這正是人本主義的起點，至少是我個人試圖建立的人本主義的起點。

當然，我們不致因此落入俗套，變成庸俗的「相對主義者」，不致因此斷定世間沒有客觀真實，而只承認各自表述的假多元論斷。

但全部的真實不易追尋，必須在開放的、自由論述的公共領域中，不斷相互論證、相互聆聽，這一片片真實才能一步步整合，編織成更大範圍的真實[2]。

　　若凡這本書是一部很好的文本，用來編織更大的真實。我強調這樣的論點，無非是希望所有曾經與全人近身接觸、甚至身歷其境的大人小孩，能以開放的態度，以廣闊的心智（broad mind），細細讀完若凡這本書，再注入自己的觀點，去拼湊出更大範圍的真實。同時希望一般讀者把這本書視為一個好的文本，從中得到啟發，卻不必把它當作完全客觀的真實，對它說長道短。不論有無可能，客觀的真實還在發掘、在整合中。

　　不只是歷史的重構太難，即使在當時，全部的真實也不容易發現。

3

　　1995年春，全人籌設時期，創校校長老鬍子程延平來找我，興奮的提起，他已經找到卓蘭內灣山上的一塊地，即將開始他偉大的辦學計畫。那幾年我在台中城郊大肚山邊養病。老鬍子陸續帶了敏瑋、興樑、瑤華、大雄、及幾位早期的創校教師來訪。

2　大雄（黃政雄）在〈全人實驗教育計畫2.0版〉一文中提到，德國哲學家雅斯培把理性定義為一種追求一致性（unity）的意志，與無限溝通的意願，……。這段話值得再三咀嚼。

我們坐在家前庭園的草地，天南地北無所不聊。對全人來說，那是做夢的年代，未來是理想與瑰麗的彩虹。每一個人都在訴說夢想，打造他心中的桃花源。

　　1995年秋，全人開辦，老鬍子請我當學校的教育委員。教育委員會是早期董事會的雛形，只提供諮詢，沒有監督的權責。那段日子我還在大病，死神不時在窗下徘徊。我只能偶而造訪內灣，旁觀他們從闢路整地、一區區蓋起校舍、密集討論課程、招生開學，到原始的夢想終於進入實踐、迎接一波波現實的挑戰。

　　1999年老鬍子因養病淡出，大雄接任校長。為了幫學校立案，我才找了幾位教育學者，併入原來的教育委員，一起成立董事會[3]。我還請了律師詹文凱加入。他是卓蘭在地人，熱心為全人提供免費的法律服務。我認識他，是因1990年前後的野百合學運。

　　由於全人學校屬於理想教育，不是一般公私立學校，辦學者有強烈的理想色彩，董事會需多加尊重，不宜直接介入學校辦學，只延續原來教育委員會提供諮詢的功能，不做實質監督，對外則扛起責任。唯有重大爭議，有仲裁權，校內師生可向董事會申訴。

3　幾位教育學者盡皆一時之選：謝小芩、馮朝霖、陳佩英、鄭同僚、孟子青……。成虹飛則是原來全人教育委員會召集人。他們對教育不只熱誠公正，並經常參與教育改革的實務，累積很多珍貴的經驗。2009年全人立案之後，大雄邀邱守榕任董事長。十多年間董事人選迭有更替。

十多年來，我在全人學校的身份是多重的，從教育委員、駐校觀察、學生的父親[4]、董事會負責人、最後變成全人大大小小的老朋友。某種意義下，我也看到了全人真實的片斷，看到它美好的年代，看到叢林法則、夢想的困頓，看到它再起、浮浮沉沉，紛紛擾擾，到今日逐漸穩定，尋找到它的身份認同：堅持完全自由的民主學校（大雄的豪語[5]）。

若凡說得沒錯，全人不只孩子在探索在成長，大人也在探索在成長。

4

若凡這本書太好看了，雖然我不盡然同意她的詮釋，有些地方的分析，也稍嫌冗長。但你要度過那些地方，尤其不要因為她描述那段長長的、黑暗混亂的失序時期，感到不耐、感到離譜，便把書丟到一旁。作為一個社會學研究者，若凡始終堅持把她所看所想，所感所悟，忠實誠摯而不憚其煩的記錄下來。只有度過這段長長的甬道，你才會恍悟曾在那裡發生過的一切如何超現實，又如何可貴。

一直看下去，若凡會帶你進入一頁頁新的風景，像走

4　「家長」是個奇怪的字眼，恕我不用。1999年春，年詢十一歲，進全人讀小六，創校期全人招收的學生是十到十八歲的孩子。

5　全人這幾年開始加入國際民主學校的活動，在歐洲與各國另類的民主學校交流。2016年在內灣承辦世界民主學校年會。我一直認為全人往下走入草根，往外走向國際是好的。理想教育的學校最忌封閉。這些年匯入國際進步學校的潮流，對全人無疑是正面的。

入山裡層巒起伏，最後走進「彎彎的婚禮」。二十年過去，那些偷吃自由禁果的孩子們長大了，進入社會，每一個人都揹著新的閱歷，也帶著舊的印記。若凡如此描述：

就這樣，全人中學所打造的那個自由年代，留在我們個人生命故事中的印記從來不曾消逝。它總是一而再，再而三地掠過腦海，在回憶中去而復返，然後盤旋、離去，接著又再度回來。

如今我們齊聚一堂，在彎彎的婚禮上。

近二十年這塊桃花源裡的夢想與實踐，路線與人事，自由與秩序，知識與非知識，理性與感性，……再加上時空在變，人在變，……若凡把這麼複雜的概念與現象，條理分明的編織成一節節好看的故事，每一節故事又處理一項引人深究的爭議。不論她的言說是不是全部的真實，細細讀完這本書，確是一種知性與感性的享受與衝激，也會領悟生命中一些重要的啟示。

雖然她把更多的心力用在描寫理想與實踐的矛盾，描寫一層層高峰迭起的發展，描寫那些場景的細節，而未突出劇中人物的寫照，但讀完書，你還是會因桃花源裡那些傻子瘋子而心弦悸動。

在書的「後記」，若凡第一句話說：

我一直覺得成長是辛苦的，一直都是。

然後用沈重的字句，寫下她的質疑：

我一遍又一遍看著校友們的近況。看著他們付出自由的代價，看著他們拿不到好學歷，看著他們在現實和理想間泅泳。我憤怒的問我父親：「你們要

給他們自由，他們得到自由了，結果呢？你有沒有問過他們，問過你的孩子說，他們到底想不想要自由？他們為你們所給的自由付出多少代價，你們有想過嗎？」

蘇迪勒颱風那天，家居農舍的左側，山邊崩塌，濁水滾滾。我讀到若凡這段沈痛的質疑。就是這段話，讓我改變主意，決定寫些字句。淚眼凝望窗外風掃雨飛，山崩水急，我陷入沈思久久，終於動起筆寫下這篇序，試圖回應若凡這本書所談的核心問題：

完全自由的青少年教育，如何可能？

當你要往下閱讀之前，最好先翻開這書本文，走入若凡的世界，因為我的回應是針對若凡的故事與分析。

讓我撰寫一篇寓言故事，藉這篇寓言故事來回應若凡所提的核心問題。

5

尼爾·耶立希校長看著岑岑的背影走出辦公室，他坐回桌邊把剛剛的談話，扼要的登錄在岑岑的個人資料，就像醫生登錄病人的病情一樣。他站起來走到櫃子前把資料歸檔。

創辦這所自由學校已將近三十年，耶立希相信每個孩子都有無限的可能，相信一個受到肯定、尊重又擁有充分自由的孩子，長大後自然會找到自己的出路，做自己喜歡的事，過愉快正面的生活，也自然會承擔起該承擔的社會責任。當然，有些必備的基礎知識，學校必須替孩子打好

基礎。

　　耶立希是社會心理學家，童年在貧民窟長大。他非常
了解人在世間生存不易，也長年在思索人存在的意義。人
要擁有自由，必須具備足夠的能力與知識視野，這點無庸
置疑。沒有能力就沒有選擇的自由，沒有選擇的自由，就
不能「做自己」。

　　從創辦這所住宿學校，耶立希便讓孩子們擁有充分的
自由，慢慢孕育自由的精神，以了解自由。他讓孩子們擁
有自己的時間空間，做自己的事，管理自己的生活。六十
多個從十二到十八歲的孩子，自己組織自治會，討論群
體的生活規範，履行他們的決議，處理他們自己違規的問
題。當然十一、二個教師也參加自治會，發言討論，但一
人一票，教師是相對少數。

　　青少年精力無窮，而且充滿熱情，一心想參與並挑戰
世界。他們每一個人來自不同的成長背景，不同的家庭，
爭吵胡鬧調皮搗蛋的事，層出不窮，偶而也會發生欺凌與
偷竊。但這些行為在聆聽、了解、自由與寬容的環境中，
過了半年一年都會慢慢消失，頂多兩年就會融入學校的環
境。出狀況的，經常只是那些新來的，因為被過度管教還
在「放毒」的孩子。

　　耶立希相信自由與知性的發展是不可分割的，知性激
發深刻的創造，而創造是人類天賦的趣向。每一個人天生
都會喜歡自己的雙手做出一些有趣或有用的東西，從中取

得愉悅和滿足。少了知性的創造，不容易深刻。**少了創造，自由會變得無所事事，生命會停頓。**

他也深深認同Catalonia那位人道主義的大提琴家Pablo Casals所說：「自由是一切創造的根本。」**知性、創造與自由，是生命的循環三角。**他認為一旦孩子開始嚮往，並一步步溶入人類的創造文明，就不再令人擔心，他把「溶入人類的創造文明」當作孩子通往自由與美麗世界的一把鑰匙。

因此他找來的教師，總有幾位是對知識充滿熱情，或投身於某些創造工作的人。天天生活在一起，這些教師的知性熱情與創造工作，自然會感染學生，為孩子打開視野，並激發孩子學習與創造的熱情。這種傳承並不只在課堂，更在生活之中。

6

耶立希很清楚，知道他聘不到那麼多具備這種特殊條件的教師。現實的各級教育培養出來的多數教師，都只懂一定程度的專業。他對那些教師沒有太多期待，只安排他們在課堂教他們本身的專業，或對孩子做個別學科指導。其中包含培養孩子「讀寫算」的能力。

讀寫算是孩子長大，進入文明社會最基本的能力。換句話說，孩子進入文明社會必須懂得兩種語言：一為人文語言（中文、英文），另一為自然語言（數學）。耶立希

領悟到數學不只是人想了解自然必要的語言，同時也孕育人的抽象能力。數學教育這個主要功能經常被人們忽略。

抽象能力是人尋找普遍性的能力，用來整合紛雜的特殊經驗，使這些分殊的經驗對自己產生意義，從而促發心智的成熟。可是誰也不知道抽象能力怎麼教。**人類文明的特徵是抽象**，抽象能力是切入文明社會最關鍵的能力。耶立希知道人浸淫於數學，而非只學習解題技巧，有助於發展抽象能力。這是做為心理學家的耶立希很清楚知道的事實。

當然，學習各民族的語文、學習哲學歷史、物理化學、甚至藝術音樂，也都有助於發展抽象能力。但數學本身抽象度高[6]，語言清晰，系統嚴謹，若浸淫其中最容易培養抽象能力。

無論如何，中英文與數學，可用來訓練讀寫算的能力，同時培養抽象能力。這是自由學校不能輕忽的事。沒有這種基本能力，自由會流於空談，孩子長大進不了文明社會，更遑論溶入人類的創造文明。當然也做不了自己。

學校成立初期，耶立希就與教師們編製一套「讀寫算12階能力表」及相應的教材。學生只要通過其中8到12階的評鑑，不論是修課或自主學習都可以畢業，例如，就完成的階次來說，人文語言：自然語言 = 12:8或8:12，依學生

6　數學之外，其他知識領域的語言，每一個字眼都牽連太多複雜的意義，不易精鍊出準確的概念。抽象能力包含遺忘，遺忘不相關的枝節。這點數學忘得最乾淨，最不拖泥帶水。

的興趣與性向而定，二選一由學生自由選擇。其他學科、社團或藝能課程完全自由選修或自主學習。學校不做任何限制。

7

岑岑是單親爸爸帶大的孩子，爸爸酗酒，媽媽改嫁，富裕的外婆送他來耶立希的學校住宿。初來一兩年，時常鬧事。現在不鬧了，被選為自治會幹部，變得積極開朗，可是他還不想進課堂，每天在校園或附近自由晃盪，偶爾拿著畫本在樹底下或水塘邊畫畫。學校沒有人會管他。

上個月耶立希與岑岑談話，他把「讀寫算12階能力表」向岑岑說明，告訴岑岑：他的語文能力，依學校的評鑑，中文第5階，英文與數學都才第2階。岑岑距離畢業前還有七個學期去完成12階的要求，他可以進課堂修課，也可以自學。萬一沒完成12階的水準會畢不了業。耶立希這樣清楚的提醒岑岑。

即使沒完成12階的要求，學校還是會發給他一張結業證書。日後隨時可以回來補修或補鑑定，取得畢業證書。岑岑有什麼打算呢？耶立希問岑岑，同時向岑岑說明讀寫算對岑岑未來的重要。

——不過，我們會等待。路你選，由你自己做決定，我們幫助你，這是我們的工作。說不定有一天你長大，也會想回來這所學校，做我與你的教師們現在正在做的工作，那時候你會覺得幫助孩子們很酷，

可是你要先儲備你的能力，就像我們年輕時要儲備我們的能力一樣。

今早郵差送過信，岑岑從洗手間出來，手上拿著剛拆開的信，眼睛紅腫。耶立希正在花園澆水，放下灑水器，邀岑岑進來辦公室聊天。外婆於幾天前過世，已辦完喪事，媽媽來信這樣告訴岑岑。

耶立希在學校主要的工作，就是每天與孩子單獨聊天，有時在辦公室，有時在校園，偶而約孩子到附近的山路散步。他是每個孩子的朋友，孩子們都很喜歡他、相信他。

今天耶立希靜靜聽著這個孤單的孩子談些外婆與媽媽的事。他不多說什麼，只拍拍這個孩子的肩膀，抱抱他，送他走出辦公室。

平常他會多問孩子的種種想法，包括學習的興趣與困難。孩子也會主動告訴他在學校遇到的大小事。然後他把孩子的學習情況記錄下來，一一告知孩子的教師，也請教師針對孩子的學習，向他回報如何做特別處理。比如說，要為那孩子做些什麼樣的工作：啟發、引導或補救？教師在學校擁有完全的教學自主權，但用這樣的方式，教師向耶立希負責。

學校除了自治會，沒有多少正式會議要開，平日教師們有個舒適的空間叫做「老鳥沙龍」，大家沒事在那裡喝

茶聊天，許多共識自然形成，事情誰負責誰就去做，但負責的人在行動之前，有義務細聽別人的意見與背後的想法。這樣學校很多事情在進行，不必事事開會解決。老鳥們在學校一樣在享受知性與思考的生活，不會為大小事疲於奔命。

8

耶立希在與孩子單獨聊天時，會提醒孩子，讓每個孩子清楚知道：自己現在處於讀寫算12階的什麼位置，也問問孩子有什麼規劃或想法。但他不會讓孩子感到囉嗦，甚至感到壓力，因為他的自在樸素，與他天生的幽默感，再嚴肅的事也不會讓孩子感到神經緊繃。

六十多個孩子，每個孩子幾乎每個月會有一次與耶立希聊天。聊天的時間與順序很有彈性，原則上由孩子自己填選，但偶而孩子會提前來串門，耶立希也會臨時邀請。與孩子例行談話，然後轉知教師，這幾乎是耶立希在學校最主要的工作。以這樣的互動方式，耶立希變成校內師生的軸心，他是大家的朋友，三十年來都這樣。當然有時副校長默默也會接手協助耶立希。

人格教育由自治會處理，知識教育除了讀寫算的要求之外，學校完全放任孩子自由學習。

但知性的熱情，隨時在空氣中飄盪。有時會聚集一群人在黑板上討論潮汐的原理、天文或粒子世界。最近的一

次颱風過後，他們談了很多關於天氣與氣候變遷的問題，隨後還開了一門氣候的課。

另一群人在草地上討論杜思妥耶夫斯基的《卡拉瑪佐夫兄弟們》與卡繆的《瘟疫》。偶而還會看到樹下有幾個人為了討論基督教史與東西文化的差異，而爭得面紅耳赤。

某些角落有人全神貫注在做木工、繪畫或雕刻。舞蹈、戲劇、練團練琴的聲響也此起彼落。學校東側的一塊空地，有學生在拔草種菜。孩子們在學校一點都不會無聊。

學校會出現小波折，但沒有什麼大紛擾。

9

耶立希的自由學校標榜全人精神（whole man）。他不贊同資本主義社會製造出大批大批「片面的人」（one-sided man）。但這不意味著他反對專業訓練，或反對孩子後來變成「專家」。正好相反，他認為全人加上專家最為理想，因為既廣又深。他自己是社會心理學家，但他認為一個好的社會學家必須先是一個人。

某些倡導自由教育者，反對升學，認為知識學習若為了升學，為了特定的「功利」目的學習，會使人失去自由。但耶立希從不懷疑升學，他鼓勵學生深造，去取得縈

實的專業訓練，當然升不升學由學生自己決定。他說：

　　一為了升學才學習知識當然不好。但在這裡，升學
　　　不是因，升學是眾多的果之一，由孩子自由選擇。
　　　到快畢業或甚至畢業之後，也就是升學前一兩年，
　　　自己努力去自學，去熟悉知識的操作，同時去整理
　　　學過的知識，把它們整合起來，發覺它們深一層的
　　　意義。這樣就不會造成孩子的束縛，反而因升學之
　　　前有自學與專注操作的經驗，有整合所學知識的經
　　　驗，升學之後又有了專業訓練，人可以自由無礙的
　　　投身於他的興趣，參與文明的創造工作。人要有選
　　　擇一生志業的自由，而不是被選擇。

　　耶立希說，不是當了專家就不是全人。一個全人可以
同時也是專家。但比起一般學校來說，這所自由學校的學
生，知識方面的操作訓練較弱，因為學生花費更多的時間
在探索、討論、做夢與吵架，學校賦予學生充分的時間去
發展種種興趣。但作為一個「全人」，耶立希說：

　　一他不必具備太多現成的知識，可是他需要具備「自
　　　學的能力」。有一天當他想去學什麼，他便有能力
　　　去學會什麼。

　　這一點耶立希的學生做到了，他們若想升學，只要在
畢業前後，多用一年的時間發奮自學也多半如願以償。這
些學生成年之後，仍時常透過自學進入他們感到興趣的領
域。相對於眾多「片面的人」與無數知識倦怠的人，這才
是真正的「全人」。

這些曾在自由學校長大的孩子們，有的後來平凡知足但樸實真誠，認真生活。有的成為有影響力的人物。還有為數不少的人，在平凡中呈現偉大。很多年後，岑岑成了重要的繪本作家，他流浪世界各地，當工人、貨車司機……，最後回到他的家鄉定居。那時耶立希已經過世。他沒有如耶立希所說回到那所自由學校，去帶像他過去一樣的孩子，但他的作品遍佈世界各地，激發了無數小孩自由的夢想。

10

　　我虛構耶立希自由學校的故事，回應若凡書上的核心問題。虛構的故事，有些時候比個人現身說法呈現更多的真實。好的小說是這樣，我也期望耶立希的故事帶來更多的真實。這樣我避開了自己的主觀評斷，也避免介入過去全人學校的紛擾，讓全人的讀者可以跳脫具體經驗的牽絆，讓一般讀者可以回到原點：以若凡的書作為很好的文本，加上我的虛構的寓言故事，重新思考：「完全自由的學校有否可能，又如何可能？」

　　我替故事主角取名為尼爾・耶立希（Neill Erich），是有一些背景的。1920年代，A.S. Neill創辦著名的夏山學校，他主張快樂、自由與尊重。在A.S. Neill的書《夏山學校》（*Summerhill: A Radical Approach to Child Rearing*）中，出版家Harold Hart，邀請社會心理學家Erich Fromm為那本書寫一篇長序。Fromm在書中試圖為A.S. Neill 的教育理論補足知性教育，並指出夏山承繼西方人文傳統中的「理

性、愛、正直與勇氣」。「尼爾・耶立希」這個名稱，正好是他們兩人教育理論的合體。

　　若凡的書中談起1995年全人成立之初，老鬍子如此詮釋全人：

　　─全人就是全方位發展的人，要從不同學科來看待內外在世界。對我來說，全人和專家是一組相對的概念，「專家」專精於單一學科，「全人」則應跨越學科的藩籬，全人教育不同於拼裝出來的分科教育，而是一種通識教育，將學生當成整體來教育。

　　三位創辦者老鬍子、興樑與敏瑋都相信孩子的潛能。潛能是學生先驗的稟賦，無法先被預設。所以，教育者不能用任何強制手段來壓迫學生，只有學生自我覺察，才能決定自己的成長。

　　關於潛能，老鬍子他們與故事中耶立希的觀點一致。但對老鬍子來說，全人與專家不只概念上是對立，在實踐面也是。例如對於升學，老鬍子及早期部分教師相當抗拒。全人創辦期間，作為教育委員，我有幾次與老鬍子及全人教師談到全人，曾明確提起耶立希的看法：學校必須養成孩子的「自學能力」，畢業之後，孩子才能擁有選擇的自由，擁有選擇志業與人生的自由，包括進大學，而不是被選擇。

11

1999年大雄接任全人第二任校長，在教育委員會上，他表明對於那些已經畢了業的校友，因為基本學科的能力不足，無法選擇自己想走的路，他有強烈的愧疚。他上任後不斷尋求與校內師生達成共識，企圖規定學生修習基本學科，以儲備日後進入社會的能力。

大雄的不安，我當然認同。我一直主張孩子們不能輕忽基本知識，但我不贊成統一規定修課。這期間我多次建議大雄採用耶立希的做法，經常與孩子個別聊天。對於抽象知識的學習，學生應該以個人分殊的立場，與學校商量他自己的意願與進度，而非以學生群體的立場，開會決定是否統一修課。

個體與群體是不一樣的，必須細膩的區分。當阿努（若凡書中的人物）無奈的說出：「可是學校是我們的。」我也深有同感。但這句話**不表示學生作為一個群體，應該主宰學校教育的方向**，只是表示學生**可以主宰自己個人要走哪一條路**。

耶立希的精神是把學生看成個體，由學生自覺本身的處境去調整自己知識學習的步調。他把每一個孩子的處境充分告知孩子：「路你選，我們來幫忙。」這是耶立希對於自由的立場。自由與知識沒有道理相互拉扯。

創辦期間，先出現的是自由與秩序相互拉扯，隨後便

是自由與知識的對抗。老鬍子最早只立「三大天條」：一、不可使用暴力，二、不打電動，三、不發生性行為。除此之外，完全自由。關鍵在於「除此之外完全自由」這句話。

　　為了堅持這樣的完全自由，創校之後第二、三年，學校進入叢林法則的失序狀態，老鬍子還堅持所承諾的完全自由，不干涉孩子們的行為，他、大雄與教師們在耐心等待。不論這樣做有無爭議，要堅持這樣的完全自由，他們需要高度的勇氣，與對自由強烈的信念。

　　另一個矛盾，是自由與知識的拉扯。老鬍子本人是優秀的藝術教育家，在他任內，他的藝術教育是成功的[7]。早期的全人畢業生多半走上與藝術相關的路途，一方面是受惠於老鬍子藝術課的影響，另一方面則因孩子沒有其他選擇。做為藝術創作者，老鬍子關於自由的想像是浪漫的。但把這樣浪漫的想像，放在辦學，會簡化自由與知識的辯證關係。

　　大雄則傾向知性，他也認為知性與自由密不可分，而知識的基本能力是知性的基礎，一如耶立希的信念。可是全人學校一代代的教師並不這樣認為，很快知識變成自由的對立面，這不同的認知是全人多年紛擾的源頭。

7　1999年全人教育委員成虹飛教授，在新竹教育學院申請國科會計畫，做過老鬍子藝術課的研究，我深受感動。

我藉由耶立希的故事，試圖在實踐面上把知性、知識與自由整合起來，並多次以此提醒大雄，學生修課的事，應改用個別聊天由孩子自己決定，代替由學校正式規定。這樣也可以避免自由與知識對立的誤解[8]。

夏山學校的樣本被西方自由教育學者認為無法複製，最關鍵的原因可能是A.S. Neill的人格特質。我勾繪了耶立希學校，但同樣的，耶立希有獨特的人格，他對孩子有深刻的認識，來自貧民窟，深諳人性與實際，而天性自然樸實、寬厚成熟，又有一般人難以企及的幽默感。每一個自由學校都需要這樣的靈魂人物，如果自由學校無法複製，那不是因為孩子，而是因為大人。

12

手邊一本數學書稿，探討「彎曲的空間」。這是一本約七、八百頁的大書，我已經寫了幾年，近月接近完工。這些年幾乎每天都在想、在寫、在校對編排，朋友笑問：這書出版會轟動嗎？我說：「不會。」

「每年大概會有幾個人讀你這本書？」

「三到五個吧！」

「什麼？！」朋友瞪大眼。

「三到五個研究生；也許數學家或物理學家之中，會有人跨行過來認真的讀，說不定一個暑假他就有機會進入

---

8 第三任校長志誠上任之後，我便很少去全人，無法深入觀察學校的做法。期間也沒機會與志誠相處。但第四任仍由大雄擔任，大雄經常半夜來串門，深談西方思想與經典，偶而涉及學校的事，但從不涉及人事與八卦。

這個研究領域。」

「三到五個！那你幹嘛拚著老命在寫？」朋友腦筋還在那微小的數字打轉，無暇多聽我的解釋。

前天清晨張開眼，我湧起一個念頭，想在自己這本數學書稿的前言放進去這樣的字眼：「詩一樣的數學」，解釋我如何把複雜艱難的內容變得有感覺，這過程是美，其美如詩。

「原來你是菁英主義者。」朋友如此喟嘆。

不，我不是菁英主義者[9]。所謂菁英主義是有排斥性的，只重視培育菁英，不重視一般孩子。我重視每一個孩子，也重視菁英。任何一個時代都有孩子慢慢長大，變成菁英，他們之中，有些人是踩過別人的身上，踏著軍樂的步伐前進。但另一些人，是菁英中的菁英，他們投身人類文明的創造，為這世界留下美好的東西。我必須為這些孩子鋪路。

每一個孩子都有無限可能。他有可能變成「菁英中的菁英」，為人類的文明做出創造性的重要貢獻。當然，每一個孩子都有權利選擇他的人生，他可以選擇平凡或平庸，快樂知足的過日子，他也可以選擇偉大。莎士比亞選擇了偉大，杜思妥耶夫斯基選擇了偉大，梵谷、蕭邦、瑪麗亞‧居禮、甘地、愛因斯坦……選擇了偉大。但他們選

9　我寫過普通層級的數學書：為一般大學生寫過白話數學系列的《微分幾何講稿》（人間出版）；為高中生寫過數學實驗教材的幾何兩書（教育部出版）；也為國中生寫過《木匠的兒子》（民生報／聯經出版），後改版為《小樹的冬天》（新迪出版）。

擇了偉大，並不是因為選擇偉大而變得偉大；是因為他們投身人類的創造文明，使文明富麗風華，並滋潤後來無數孩子的心靈，而自然變成偉大。

賦以孩子們種種可能，不只讓他們有權選擇平凡或平庸，而安心的生活，也讓他們有能力有機會選擇偉大，投身於人類的創造文明。

當我們陪伴孩子長大，我們不能因自己喜歡平凡知足而限制他們，讓他們失去「變成偉大」的能力。我們也不能因自己期望他們變得偉大，而用力揠苗助長，不讓他們選擇「平凡知足」。我們希望孩子們比我們過得快樂，也鼓勵他們步入文明創造的行列，遠遠超越我們。

每一位教育者都要這樣真誠的告訴自己。

13

不僅每個孩子都有無限的可能，自由學校也有無限的可能。對於未來，我始終相信存在不同的可能。耶立希學校是一種可能，而歷經滄桑正日趨成熟，且呼應國際民主學校風潮的全人學校，也是一種新的可能。

若凡針對全人學校向他父親提出的質疑，來自她對人的同情，正如當年大雄的愧疚，並非斷言自由學校不可能。她的書，可貴的正是勇於面對全人曾發生過的負面經驗：失序與某種意義的反智。但她也指出正面的事實：全

人培養出來一批批不人云亦云、能獨立思考、獨立判斷的人。

這與我長年的觀察不謀而合：由於全人的孩子能獨立思考，所以他們不媚俗，更對自己誠實。在漢文化，這尤其難得。

雖說全人孩子在學校不太上課，不太做功課，但他們每天在進行思辨。學校沒有不能挑戰的權威。孩子對教師校長直呼其名。你要孩子做什麼或相信什麼，一定要好好講道理，接受孩子的質疑。

孩子們日夜相處，他們之間也天天在相互辯詰，相互吐嘈，對於一般人慣性的掩飾與虛偽十分敏感。因為那樣自由的環境，無需謊言，無需掩飾，孩子們不用像現實社會的人那樣，一層層把自己包裝起來。於是他們很容易看到原來的自己，看到原來的同伴，知道自己是什麼，不是什麼。尤其那樣的環境沒有太多的競爭，唯一的壓力來自自己：如何自我肯定。

文學藝術的創作，最需要的是這種「看到自己」的特質。漢文化的文學藝術經常陷入純技巧的表現，缺乏深刻的內涵，就因創作者自己的面目被自己、被他所屬的文化一層層掩蓋，而看不到自己。我們在生活其中的漢文化也許有反省，但無真實的反思。

「反省」是省察自己言行有無違反社會規範，從前人

講「吾日三省吾身」指的只是：自省有無違反儒家教義。「反思」則是考察自己在世界中的位置，我是誰？我真正要的是什麼？我願意做什麼，有無能力做什麼？我的限制是什麼？考察自己與人、與社會、與自然的關係，從而變得真誠成熟。「看到自己」是一種能力，最後變成一種自然樸實的品德。

當然人要「看到自己」很不容易，它是每個人一生永遠的功課。人只要活著，隨時還會有新的東西、新的顧慮在蒙蔽我們。但全人的孩子在成年之前，跨出去的這一步，是很大的一步。他們遠遠走在我們前面，因為他們曾經擁有完全的自由。

自由是艱辛的，經常會頭破血流，必須有足夠的勇氣去面對。自由不是一般人空想中的純粹享受。現實社會的人大半在逃避自由。

海禮[10]兩三年前寫了一篇文章〈看見自己，全人〉。他的觀察與我相近。獨立思考、不媚俗與看見自己，這些特質在全人孩子的身上是一體的。

如果海禮與我的觀察具有普遍性，那麼這項成就是全人學校那些曾經堅持自由的瘋子傻子們，重要卻被忽略的貢獻，也是那些嚐過自由禁果的孩子們，經過長時間摸

10　余海禮係中研院物理所研究員，全人家長，後期董事。在全人義務講物理課多年，深入觀察全人學校及學生。

索、嬉鬧、迷惘、歡笑、哭泣與困頓，最後為這世間帶來的珍貴禮物。

我希望若凡的書對嚮往自由的教育者來說，只是一個驛站，打點行裝重新上路。她的書標誌著自由學校更多可能的開始。

二十年來，或遠或近，我一直看著這所自由學校走在荒野，步履蹣跚，看著孩子們長大成人，經歷悲歡人生；也時而與全人的大大小小，或魚雁往還，或談笑聊天。以這樣的方式，我一直維持著自己在全人的第五個身份：全人大大小小的老朋友。近日若凡來信寫道：

——你看著我們忽然長大，我們看著你慢慢變老。

大概是這樣吧，世事與歲月。

之二　教育四書[1]

「書」至少有兩義：
一為名詞，如書籍，
一為動名詞，如書寫。

這裡取其第二義。

Sect 0　前言

0.1

　　學校教育，誰都可以談，因為幾乎每個人都曾在學校熬過十年、二十年。每個人都有不同的感受，不同的觀點。面對今天仍然問題重重的教育，想為教改找到一個突破格局的共識，並不容易。

　　在教育四書中，我的切入點是：希望每個人先問自己，在成長的過程中，從學校一天長達七、八個小時排排坐的聽課中，我們學到了什麼？我算是會教書的人，許多很抽象複雜的概念，我可以用簡單的白話授課。各科系的學生，上過我微積分的課，隔了一、二十年有些人寫信給我，說的第一句話經常是：「我一直很懷念你，你對我影

1　完稿於2019年4月7日。

響很大，但老師，我記得的不是微積分，而是你說過一些無關數學的話。」

三、四十歲時，讀到這種信，我會感到沮喪。但後來我想通了。大學是一種環境，人在大學「混」，就是在學東西。授課者傳達給學生的，不是教材的細節，而是「視野」與「態度」：面向知識的視野，與對待知識的態度。還有，接觸一些有趣的說法，像「沒有同時性」、「無窮小不是零」、交換價值與勞動價值、「後現代性」、……等零碎的點概念。等到什麼時候想要弄懂它們，定下心再靠摸索自學完成。

當然，進入研究所的專業課程，情況就不一樣。教授講課的內容與水準，對學生要踏入專業研究，確實有關鍵性的影響，因為研究所的專業還在發展，涉及專業知識的品味，與正在發展中的知識流向。

但不論在哪個階段，研究所、大學、中學、小學，甚至學前，教育最關鍵的不是別的，而是學生本身認識世界的熱情、投入、不斷的自我提問、反駁與探索。對一些零碎聽來的、靠自己、借助系統性的教材，去了解其真正的意義、去整理出對自己有真實感的理路。而不是靠教師不斷的耳提面命，灌輸進來的文字公式，就會轉化成自己心領神會的東西。

不要以為這些熱情、提問、與不斷探索的能力是成年人才有。正好相反，越小的孩子越具備這些能力，一般大人反而失去這種特質。

這是人原始的秉賦，幼兒就是用這種創造性的學習能力，一下子學會好幾種語言，而且掌握很好的語感。可是我們的教育卻用最笨拙、最沒有效率的講課、聽課、考試、評鑑，取代他們原有生動探索的學習方式。

0.2

剝奪學習者的主體性，不只不是教育，而是反教育。我們一直在用**反教育**的方式**辦教育**。

事實上，教育改革最大的障礙，是「學習經驗的複製」。我們現有的大人，不論學歷多高，都是在講課、聽課、考試、升學的環境中長大；自然誤以為學習只有這種方式。然後努力要把這種學習的經驗，複製給下一代，卻無法虛心檢視、甚或一味抗拒其他遠為有效有趣的學習方式。

我們努力在為自己的孩子，爭取所謂較好的師資、較好的學校；施加較緊迫的外在壓力，不讓孩子荒廢功課，或變成怠惰。殊不知每一個孩子最好的老師，就是他自己與他的同儕，還有，偉大的自然；最有效的學習動力就來自他「內在的、與生俱來的、想了解世界、參與世界的熱情」。

我們努力在為孩子找一個對他是「他者」的所謂「老師」，取代他內心那些最好的老師；我們努力在用一套冰冷的教材與規訓、一種笨拙的教法，澆熄他內在最有效的學習動力。

0.3

現今這樣重視評鑑與督促的考試教育，對人的一生影響非常鉅大。

我們，受台灣教育長大的幾個世代的人，多數失去了自己。先不用提「為別人而活」這種耳熟能詳的警語。我們長大之後，幾乎每個人都為下一刻而活，幾乎每一個時刻，你都在想下一刻要做什麼。我們的心思很難安靜下來，去享受眼前這一刻的情境。這一刻，不論我們是與自己、與親人友人、或與世界任何其他動的、或靜的形式相處，我們都在盤算下一刻。

我們都在盤算下一刻：我該去做什麼。我不喜歡套用「活在當下」這種帶有文藝腔、或心靈之道的用語。我只想分析現象，找尋根源。

是的，我們每一個時刻，都在為下一刻而張羅、而準備。我們忙著張羅、忙著準備了一輩子，然後老了，忽然發現自己還沒真正的生活過。

這種現象非常普及。根源很可能來自我們的童年與少年，所承受的教育與訓練。隨時我們被督促、被評鑑，隨時我們在等待鐘響、等待自己的成績揭曉。經年累月，這種失去自己的外在壓力，變成一種難以排除的心理習性，影響我們的一生。

考試／規訓教育，可能造成的後遺症，不只是「為下

—

一刻而活」。更多層面的後遺症，還需面對：例如不獨立
思考、不斷把人生套公式、不能整體認識世界、只注意小
事、看近看小、不看遠看大、不努力普遍化、不嚴謹不求
證、不注重事實、溝通困難、……我們的社會正在為童年
少年時期所受的考試／規訓，付出巨大的代價。

當然，長大後這些現象的根源，不只單一，還有其他
因素，例如資本主義社會的激烈競爭、人只顧上爬無意面
對根本問題……等。但童年少年時期的考試／規訓教育，
難辭其咎。

0.4

年來[2]我斷斷續續，動手書寫教育四書，想從實踐面談
各階段的教育，如何改用「學習者的主體性」作為思考教
育的核心，為台灣教育尋找新的出路。

書一、國高中的教育
書二、國小的教育
書三、大學（及研究所）教育
書四、自由大學實驗教育

但在談各階段教育如何改進之前，我想為全國中小學
教師請命。幾十年來，中小學教師都要負擔相當繁重的行
政工作，今後必須大幅免除。那些行政工作，很多都是不
必要的官樣文章，寫很多報告報表……呈報上級單位。

還有，校內校外太多比賽，比賽這個比賽那個，連清

2　2018-2019年。

潔也要比賽，檢查這個檢查那個……。那些都是官僚思維的形式，不是教育本身。教育的對象是孩子，不是上級。教師應該把絕大部分的時間，放在孩子身上，與孩子互動、了解孩子、聆聽孩子、與孩子做朋友、幫助孩子的困難。這才是教育者的工作。

從中央到地方，讓教育從官僚控管，回歸教育本身。中小學教師自己也應該努力發聲，合力改善教育制度與環境，不能只關心自己的待遇，及眼前的人際關係。

大家一起努力。

Sect 1　書一、國高中的教育

讓我先從中學階段切入，因為十二歲小學畢業，人抽象思考的能力，已經有了一定的基礎。這時最能看出主體學習的效果。

1.1

教育部應該跳出現有格局，努力推動下列我要說的「擴大自學計劃」。這計劃會從根本，一步步改變台灣教育的面貌。更重要的是：拜今日網路流通之賜，這計劃沒有教育資源分配的問題，沒有厚此薄彼的困擾，沒有城鄉差距。

學生要不要參加自學計劃，完全**自願**。無需強制某些學生家長接受某種「偉大的理想教育」。每個人都可以選

擇他喜歡的學習方式。所以**社會也不會有強大的反彈**。

最後的關鍵是，因自學帶來良好的效果，自學計劃便自動擴散出去，逐步影響絕大多數原有的體制學校，改變傳統教育。請先耐心讀完下述的做法本身，稍後我再來多作解說。

1.2

第一階段：

教育部立即把國高中所有學科課程按淺、中、深三種程度，與民間及出版社合作，編成三套不同程度的教材，內含：

A. 紙本教材加工作簿；

B. 徵求全國最好的教學工作小組，分別把各學科的內容，拍成活潑又清晰的教學video，開放在網路，供全國學生免費學習。兼亦發展問題對話網站，徵求教師及志工，幫助學生解疑。

C. 針對課程進度，編測驗卷，國高中各12階梯。

D. 為學生各學科的「起惑點」編出診斷卷。

淺、中、深三套的用意，不只讓學生可依自己的程度選擇，更讓學生在摸不清某一單元到底在講什麼時，可以立即跳槽，去參看其他版本的解說。

而且不懂的地方可以反覆的一看再看、一想再想。

任何人只要進入網路，都可以免費接觸這三套教材，並下載，寫工作簿、做測驗卷。

1.3

第二階段：

1. 教育部宣布放棄學年制，例如**高中**學生，只要完成高中12階梯測驗及格，就完成高中「學科部分」的要求。倘若藝能、技術、社團課程，學生亦修習完畢，就可以取得高中畢業證書，**年限不拘**。讓每一個孩子想學再學，依教材順序，自由編訂學習進度，對自己負責。

   國中亦然。（國小在「書二」中另談，主要是用分組討論與教學代替台上講課。）

2. 擇試點進行自學實驗：

   找幾所學校，讓願意自學的學生（一般須經家長同意，但特殊狀況可有例外）入學。亦徵求認同此理念的教師志願加入。

1.4

　　實驗中學的學生，不須依照固定時間上學科的功課。（請注意：這裡只限於實驗中學，不是所有學校，讀者不必驚慌。實驗中學的師生家長皆因認同此一理念而自願加入。）學校的開放空間，用來規劃自學與共學，提供約六人小組學習與討論的小隔間，內有放映機及大討論桌。學校可以協助分組。

　　進度由學生自訂。學科方面，**學校不再考試評分**。各學科教師改當「**諮詢員**」（consultant），在辦公室分兩班制、或三班制、輪流值班，供學生自由串門去問問題。

教師與學生之間，沒有權力關係。學科教師不用對學生的功課評分，自己身上的教學壓力也大幅減輕，教師與學生可望成為知識上無所不談的忘年朋友。

由於教師改當諮詢員，隨時答覆學生任何專業上，或各方面知識的問題，教師自己必須努力進修，才不會露餡。但教師也不用因此緊張，當場答不出來，可以延後回答。這樣也顯示教師對知識的真誠，透過這樣的身教「不知為不知」，也養成學生本身對待知識的正確態度。

學生去學校除學習與討論學科之外，其他主要的活動在術科：辦種種社團、讀書會（包含研究性的社團或讀書會）、辦班刊年刊校刊社區報紙、學戲劇、跳舞、木工水電、打球、上體育、聊天、討論生活教育……。

這種學校栽培出來的學生，比起現在這種靠教師講課及集體管理的學校，一定更充滿活力，學習興趣高昂。

由於學科靠部訂免費教材及網路，人人可以得到第一流的講師解說與教導，於是城鄉差距消失，明星學校不再。

然後教師成長的問題，也不再是問題。教師失去了手上的權威，只有靠自己的真材實學，才能回答學生的問題，否則當諮詢上班時，門可羅雀，很快就被邊緣化。

1.5

第三階段：

這種在實驗中學進行的自學計劃，視試點狀況，不斷

修正改進，教育主管單位亦觀察其學習效果。然後依條件是否成熟，及自願學生人數擴增的需求，讓其他中學亦逐批變成自學的實驗中學，逐步擴大到全國。

1.6

自學如何可能？

讓我從「起惑點」談起：有些學科由淺而深，是有系統的。先前的東西沒弄清楚，後頭的就越來越難，越不知所云，所以就讀不下去，只有設法逃避。這時硬要逼他學，他必然痛苦不堪。

學校教育，最大的困難在這裡。所以需要重視個別差異。

每個人心智的成長，快慢不同，尤其抽象能力的成熟。抽象能力，尤其表現在數學的功課。很多人學數學，都是挫敗的經驗，主要原因就是沒有循序漸進，也不知意義何在。

一個國二的孩子，數學嚴重落後，原因不在於國二的方程式學不會，而在於他可能小五、小六一些有關比例、分數……等等的概念，都沒弄清楚。如果對於小四以前一般的加減乘除，他沒問題，那麼他的「起惑點」，就是小五的比例與分數。

讓他開始從小五的數學重新讀起。只要有**教本**、有**工作簿**，還有一兩套好的**影像教材**（video），影像中有好的

教師在說明概念，那麼這孩子便可以靠著自學，一步步把小五、小六、國一、國二的功課補起來。

給他時間，讓他逐字閱讀教本，逐題做工作簿中的習題，若有不清楚的地方，還可以反覆看video教材。

由於他的年紀已到國二的十三、十四歲，他的抽象能力相對比小五小六的功課所要求的，高出一截；小五以前的他又已經會了，他學起小五小六的功課，必然得心應手，這時他會很開心，說：「從前的我為什麼那麼傻？老學不會？原來這些這麼簡單。」於是他有了自信，因為有了自信，會更有興趣，興趣推著他一步步往前走，慢慢去克服越來越深的功課。

我有太多的實證故事，可以說明：從**起惑點**開始，只要給孩子**時間**，只要外在環境給予他**鼓勵**，所有的孩子都有自學的能力。

起惑點在哪裡？孩子可以自我診斷，學校也可以協助診斷。如果學校或家人，能幫忙孩子安排共學的環境，經由同儕間的討論，與混齡相聚，都會提高學習的興趣與動力。

數學之外，其他學科的起惑點是什麼？只要是循序漸進、由淺而深的教材，都可以定義出起惑點。像英文，有套Longman系列的自學小書，就有循序漸進的安排。那是二十多年前的事了，我介紹給全人學校的孩子們讀，不久他們就把這套教材叫「小黑書」，因為每一本都薄薄的、

有黑色的封面。事隔多年,現在這類循序漸進的英文學習系列,已經到處都有,包括網路教材,可汗、均一、……用點心找,都會有的。

1.7

　　許多家庭不認同傳統的體制教育,二十多年來另類實驗教育逐步突破法令限制,形成當前中小學教育的一道支流。其驅動力包括為數不少的孩子,在體制學校師生權力關係下受到傷害,無法適應學校壓抑孩子天性的秩序管理,父母只好尋求另類的可能。

　　近年這股力量更發展成自學共學等,非學校型態的團體。這些另類教育的學生人數已累積數千人。相較於體制學校,他們給予孩子充分的自由,學習與摸索。但缺憾是:孩子成長的過程中,缺少系統的學習,可能使基礎學科的掌握不夠紮實,阻斷日後某些進程的選擇。尤其那些需要在數學、科學、語文或歷史等領域,擁有紮實訓練的行業。

　　上述1.2由教育部整合,推出的系統性網路教材,一旦完成而且開放給所有孩子、所有人,各種另類學校與團體就可以善加使用,紓解目前學習失之零碎的主要困擾。

　　注意系統性學習,與孩子良好抽象能力的發展,密切相關。此事不能輕忽。

　　同時,上述1.4所考慮的實驗中學,第一批自願加入的孩子與家庭的來源,極可能是目前處在不穩定狀態的自學

共學團體。成立1.4所述的實驗中學，恰好可以使他們安頓下來。

這種實驗中學最好是公辦民營，或公私合營，慢慢它們正面的經驗會逐步發酵。當然，我了解台灣帶有理想教育色彩的人們，一般缺少互補合作的訓練，公辦民營或公私合營，在人事問題上會是一項挑戰。我也不反對維持公辦，找學術界有人望、與親和力的人士，出面創校，號召全國認同1.4所述已擁有進步理念的學生、教師及家長們加入，同時邀請另類教育團體的成員參加。

Sect 2　書二、國小教育

2.1

國小學生的主體性發展不起來，是因六歲的孩子一踏進學校，教師與學生之間的權力關係，便透過教師講課權威與秩序管理鞏固起來，把孩子原本對認識世界的熱情，迅速壓抑下去。

百年來奉行的「台上講課、台下聽課」是最沒有效率的教學方式，它不只在消磨年輕生命，更在馴化孩子。這種講課教學，使孩子原本主動的、自我摸索的學習，變成被動與單向灌輸。

西方小學「分組討論」的上課方式，已有近半個世紀的經驗。台灣很容易積極引進，幾年內在小學全面實施。尤其近年網路教學興起，學生可以上網接觸教學材料。前

文1.1述及網路教材，教育部亦應把它延伸至小學階段，教學資源不是問題。

推行分組教學唯一的困難，在於教師觀念的改變與教學方法的更新。

注意，分組教學之議，應於幾年內全面實施，目標是：取代幾十年來學生枯坐台下、並排聽課的傳統教學。

若有其他多元有效的教學方式，能使學生的學習變成主動，又促發獨立思考，當然要鼓勵教師個別發展這些多元的教學方式，不因分組教學的形式而受影響。

2.2

國教院前身為教師研習會，可以由國教院擔負起分批培訓種子教師的任務。有計劃的推行，讓分組討論的教學，在數年之內擴充到全國各個教室。

教育部可以編列預算，送一批批有教育熱情、有理想抱負、肯腳踏實地、有腦筋、有分析能力的前瞻教師，赴西方國家的教學現場觀察，並學習種種分組討論的經驗。

2.3

什麼是分組教學？

我先舉個例子說明什麼是分組教學。1983年我赴美國加州Stockton鎮一所公立小學，看他們數學課的教學。

一班約20–25人分五組，各組4–5人坐在同一桌。上

課之前，教師在各桌上先放好作業單（後來可以匯集成冊）。每位學生一份數頁，每頁有一道習題。教師上課只講幾分鐘，便讓學生動手做一道或兩三道習題。

同組學生可以交頭接耳、相互討論，教師隨時到各桌協助。教室內設有助教一人，幫忙看顧各桌學生進行作業。約10-15分鐘之後，教師再上台做些解說，並講第二單元……。單元內容逐漸加深。那天講的是比例，第一單元的作業單上有一題：兩人一大一小，高度分別為160公分與120公分，求他們的高度比例是多少？答案非單一。有16:12、有8:6、有4:3……。

當然，每位學生都有一本數學課本，可在上課前預習或當場翻看。

英文閱讀課的進行也類似。教師先敘述文章的背景，各組學生便開始閱讀前幾段，挑出生字翻查，並且書寫，……。再進行下文……。

最後全班一起討論。學生舉手發表看法，有時還利用挑出的生字，各自寫一段相關的短文。

分組上課的方式非常靈活，由教師自由調度。像英文閱讀，也可以要求學生先在家讀過文章，在課堂上再做分組討論，下課前進行綜合討論。數學也一樣，可以要求學生先預習，然後來課中討論及做習題。

2.4

前文2.3中，提及分組教學，每班可設助教一人，協助教師進行各桌做習題與討論。

助教哪裡來？助教是免費志工，可以向家長及社區徵求志工。家長會許多人有相當高的意願，進入教室當教學志工，但**不宜**分在自己子女的班級，以免產生麻煩的心理問題與可能的弊端。

台灣當前儲備很多退休人員，其中多數人是有足夠知識背景，可以輔導小學教學。他們年齡已屆祖父母，對小孩會有更大的寬容度。讓家長、社區退休人員等，進入學校當教學志工，對學校生態的多元化，亦有很大的作用，也可以沖淡教師與學生之間的權力關係，使教室氣氛轉趨活潑。

2.5

國教院培訓分組討論的種子教師，不宜制定一套分組討論的固定模式。培訓過程，可以利用影像——拍攝國內外一些不錯的、分組討論的教室現場，供種子教師觀察，使討論的培訓過程，有更開闊多元的參考模式。

國教院只是一個平台，應同時與各大學，包括與師資培育大學、教育大學密切合作，這些培育計劃亦可以委由各大學於寒暑假期中進行。全面改為分組討論教學，設定於數年內完成。

屆時教室現場，會變得生動活潑、有彈性，學生的主體性及學習熱情，相對會被鼓舞起來，一反目前單向灌輸的授課方式。

2.6

分組教學，只是追回「學習者主體性」的一個起點。小學教育必須同時去除秩序管理的壓力。

教師從講台走下 ，坐在孩子們的身邊，放棄自以為是的教鞭與權威，讓孩子們的潛能發展出來。不要低估孩子，不要打不要罵，不要任何形式的懲罰，不要壓抑孩子的自由天性。正是擁有自由，孩子的創造力與學習能力，才能健康發展。只有這樣，教育才是有創造性的工作。

每一個孩子都是天才。

Sect. 3　書三、大學（及以上）教育

3.1

半個多世紀以來，台灣進行的大學教育，只能培育專業菁英，但培養不出來一批真正有廣大知識視野，足以縱橫社會未來走向的領導人才。

1990年代以來，台灣民主化的過程，嚴重暴露了這項缺點。這並不是說戒嚴時期台灣有好的治理人才，而是說當時是獨裁者的意志決定一切，不需要有好的人才治理國家。決策錯誤，輿論不准批評，有一點政績，就透過媒體

大肆宣揚。唯一支撐國家不致崩壞的，就是所謂經濟奇蹟，但付出的代價是無節制破壞人文與自然環境，這種經濟奇蹟由加工─石化─房地產堆砌起來，鉅大的後遺症迄今仍在延續。

1965-1985期間，先進國家大幅度的把初級勞力密集的工作，由發展中的國家代工，造成亞洲四小龍的經濟榮景。在這特定的加工時空，靠眾多民主先驅的奉獻與廣大民間的暗助，使台灣在「台灣錢淹腳目」與「民主化」的嘈雜聲中，解除戒嚴，步入代議民主的階段。

這時有無儲備一大批經世人才，便成為國家興弊的關鍵。但長年來，台灣各大學以專業訓練為導向，迄未培養出有一大批有能力的全科人才，民主政治最需要的理性文化難以產生，眾多似是而非，或片面的、看不到整體的觀點，藉由民主之便，成為言論主流。

近年台灣政治與社會無法凝聚共識，與菁英階層只有專業，沒有宏觀的知識與視野，有密切的關係。

但傳統培養專業人力的制度與文化，在各大學已根深蒂固，難以動搖。若要重新定位大學教育，培育具有廣闊知識視野的人才，必須務實，調整思維。

以當前台灣各大學擁有高度的自主性來說，教育部能改革的空間極小，但我們仍可以試著做些事，分由內外兩條路徑切入。

1. 小幅修改大學教育的定位：在不引起太大爭議的狀況下，微調大學制度，使自由學習與主體學習在現有大學內部逐漸發酵。

2. 由現有大學的外部，新設自由大學，向現有大學內部擴展其影響。自由大學，就是由教育部新設的通科實驗大學，北中南東各一所，藉由其實施的成效，向現有大學滲透。

3.2

將「學年學分制」改為「純學分制」。

所謂「學年學分制」是大學畢業不只要修滿128學分完成修課要求，更必須在6-7年內取得學位。「純學分制」則不限修課年限，只要完成128學分，便取得畢業證書。

在資源匱乏的社會，大學教育的目的是培養**專業人力**，進行社會分工，培育大學生的定位是國家進行投資。學生修業年限拖長，一般便認定是浪費投資。

現今時代變了，社會逐步豐裕，國家更需要的是：富於想像力的國民共同創造資源與社會福祉，同時尊重每位國民的意願與幸福。大學教育應以培養人才為主，培養現代社會所需的知識男女，整體認識世界，發展自己的興趣，選擇自己的志業，而非把自己的一生只放在一個專業型的小蘿蔔坑內。

人要確認自己的興趣與理想，必須經過摸索與經歷。

現有大學的學生，在學期間只為文憑修課，渾渾噩噩不知自己為何而來大學的年輕人，佔絕大多數。

限定修業年限，正好加強這種傾向。大學教育應該立即解除修業年限的規定，讓學生可以擬訂自己的學習步調，並鼓勵學生去經歷社會生活，歡迎他們找到興趣時，隨時回來學校修課。這樣也可以大幅提高學習的效果。

宣佈將學年學分制改為西方國家現行的純學分制，以當前台灣社會開明的氛圍，阻礙不大。教育部應該立即提出修改大學法，加以落實。

3.3

大學必須放棄2/3退學之規定。

在3.2所述的理由之下，大學也應該放棄三分之二不及格便退學的規定。

對於人的學習，有兩種不同的思維：「外在壓力」抑或「內在熱情」？傳統的匱乏社會「想當然耳」的看法，是「人在外在壓力之下，才能認真學習」。這種看法，把教育當做謀求好出路的工具，漠視了「人對認識世界的熱情，才是最有效的學習動力」。

把大學教育當做訓練專業人力的養成所，自然認為有了外在壓力才能有效學習。可是這樣的定位，製造出來的大多數人可能是專業領域的操作員，但思維會落於平庸，

失去創造力與想像力。20世紀末期以來，社會行業日趨多元而繁複，內在熱情才能激發人的創造力與想像力。國家必須培養出一大批社會菁英擁有創造力與想像力，才能因應現代潮流。

以往對於學生每學期修課成績，達學分數三分之二不及格，便必須退學，達二分之一則不得補考，這些規定都是舊思維，是「外在壓力學習論」，也是當前這一代中年菁英自身的經驗。

要脫離幾十年來台灣學術界停留於「知識加工」的階段，只有躍變為「內在動力論」，才能進入「知識創造」的階段，加入人類文明創造的行列。

3.4

大學修課評分加入「未完成（I）」等級。

大學課業，每科於學期結束，設有「未完成（I）」的評分等級，這在西方國家已行之有年。它的意義是「及格」與「不及格」之外，還有「未完成」的等級。「未完成」不同於現行的：「不及格，但50分以上可以補考」的等級。

它給師生較大的空間，可以由教師對某些學生指定應該好好補學的功課，等待學生自認為「讀通」之後，再找教師評定。評定方式可用口述、筆試、寫報告，或其他方式進行。評定時間由雙方經協商約定。固然，這會增加

教師的工作負擔，但尊重「個別差異」正是良好的教育本質。更重要的是，每一門課程的修業要求，必須由學生自我完成，而非祈求教師一時仁慈而放水、或等待教師冷血宰割。

因有「未完成」一級的評分，師生之間因評分造成的緊張關係也會紓緩。

我個人幾十年來，在國內外各大學教學。很多時候學生考不及格，是因為他備考的時間分配不當，或其他緣故。我給他一個寒假，或一個暑假，甚或整整一個學期，讓他把書好好重讀一遍。當他讀完來面試，經常發覺他進步極大，遠非補考重修的效果，可以比擬。而且變得很有自信。這類現象屢見不鮮。

這也是外在壓力，沒錯，但因為是學生自己做的選擇，也是他自己的承諾，他可以在沒有時間壓力的情況下，慢慢弄懂過去為了應付考試，而背誦下來，似懂非懂的東西。當他在自己選定的日期出現，要我重新評分時，我問他，你準備充分了嗎？若不，可以再延後，等準備好再來口試。最壞的情況是一延再延。但半年一年之後，他終於好好的學懂了很多東西。有一次，一位經過三度重評，才通過口試的學生同我說，這是他大學讀得最好的一門功課。

道理其實很簡單。人的學習要有時間、有空間，然後靠「自學」，投入其間，才能真正弄懂相關的知識。這是多年來，設計教育制度的菁英們，未曾了解，也不肯相信的

真實情況。我有太多這一類的真實故事可以訴說。

　　人的知識學習沒有那麼難，難的是教育者錯誤的思維不容易修改，難的是人們硬要用自己以往學習的經驗，複製在新的一代身上，抗拒自己無法想像的學習經驗。

　　當然，書一1.6中，我提出的「起惑點」，必須納入考量，自學才會有效。

3.5

採雙軌制：「主修制」與「科系制」。

　　台灣的大學幾十年來都是**科系制**，學生一進入大學就分科系，原因還是：資源匱乏的社會，急於培養專業人材。

　　提早分科系的弊病，二、三十年來已迭有討論，我不再複述。弊病主要有三：

1. 偏窄：大學訓練出來的社會菁英，養成過程太偏窄，造成人材缺乏知識視野，影響整體發展。
2. 興趣：多數學生還未找到興趣所在，已經每天必須與選定的專業為伍，學習時感到無趣，終致事倍功半。
3. 熱門：出路看好的科系變成熱門，僧多粥少，競爭激烈，轉移真正的學習動機。

　　但現有大學的結構科系制已根深蒂固，一時要改變，震盪太大。不妨加**主修制**。

學生進大學，可選擇進入主修制，大一、大二不分科系。選修人文學、自然科學、社會科學三大領域的基礎課程，各三分之一。大三時登記主修專業，例如物理、化學、外國語言與文學、歷史、哲學、數學、生物、生化、社會學、經濟學……等。

科系制中各學系有人數上限，主修制則無。若依各主修專業之選課規定，完成功課，則取得畢業證書，加註主修專業。

主修制的專業要求，比科系制少。例如，主修數學的學生只須修完高等微積分、線性代數、代數、複變函數論這四門課程（其他主修專業參考國外重要大學之規定）。但總學分數與科系制一樣，皆至少128學分。

進入主修制的學生，在大三、大四修主修課程的同時，仍可以修習其他領域的課程。主修課程有必選，也有自由選修，由大學自訂。大一、大二時，若想提早登記主修專業，開始修習主修課程，亦完全自由。

設主修制的目的，在於鼓勵學生廣泛接觸人文學、自然科學、社會科學，這些現代知識的重要內涵與思想。拓廣大學生的知識視野，待學生的興趣與熱情逐漸成型時再投入主修的功課。雙軌制指現行的科系制，與新設的主修制並存，其消長依未來學生的選擇，自然演變。

3.6

研究所設TA制（即助教制）。

對於各大學的研究所的教學，教育部除了支援與協調之外，很難做什麼事。但兩件事必須考慮：

1. 研究所設TA制；
2. 研究所鼓勵合作指導。

先談TA制。對於相當比例的研究生，大學應付薪資，讓他當TA（teaching assistant，教學助理簡稱助教）。尤其對博士班的研究生，應盡量給予當助教的機會。研究生當助教，目的在於協助大學部學生的學習，並收取「教學相長」之效。TA的主要工作是教學助理，不是幫教授打雜。TA薪資，相當於大學畢業生的待遇（大於22K），支持TA的基本生活。教育部應該編列大幅預算，補助各研究型大學的TA薪資。

年輕的研究生，是未來台灣社會的知識菁英，國家應該用心栽培。十多年來，台灣青貧族的問題非常嚴重。政府必須正視，不能輕忽。尤其近年來，對岸以優渥的生活條件，吸引台灣的研究生，轉赴大陸各名校受專業訓練，造成台灣年輕人材出走，日後這些取得對岸碩博士學位的人，回來台灣，對台灣的社會政治與文化，又會造成難以預期的衝擊。教育部必須積極改善台灣研究生的生活與工作環境。

先不談政治的衝擊。好好把健全的TA制度建立起來，對於大學與研究所的發展、對於未來台灣知識菁英的養

成，必然影響深遠。

3.7

研究所設「合作指導制」。

台灣目前許多大學的研究所，指導教授的師資嚴重偏低。這現象會窄化年輕研究生的專業視野、並降低他們日後研究的潛能。不妨設合作指導制，每位研究生可以由二至三位研究所教授聯合指導，取各家之長，並受跨領域的訓練。同時藉此活絡研究所內的討論風氣。當然可以維持舊制。專業能力相對良好的教授，仍然可以單獨帶研究生。

1990年代，我倡議廣設高中大學，但不主張廣設研究所。這問題牽涉到各階段教育的定位。大學部在培養現代社會的知識男女，研究部則替年輕人進入專業生涯做好基礎訓練。例如一個人進入數學研究所，基本上表示他有意選擇數學研究，做為他一生的志業。

大學部與研究所的定位，完全不同。可是台灣社會由於傳統文化的影響，一直有依靠考試晉身的奇怪觀念，誤以為碩士比學士高一等、博士又比碩士再高一等。政府單位規定的起薪也根據學位高低，實在可笑。

事實上，碩士是走入專業研究的第一步。如果發現自己能力與志趣不符該專業研究所需，還可以離開，去做其他的事。但進入博士班，則應該清楚自己將以此為志業。

因為社會觀念錯誤，廣設大學之後，廣設研究所的人潮壓力便勢不可擋。造成專業研究的人力資源，大幅浪費，水準更大幅降低。各大學出現一批批專業研究的能力薄弱的研究所教授。不幸的是，他們都在指導學生做專業研究。這問題非常嚴重。年輕人接受良好專業養成的期望被辜負了，而且低品質的研究水準將一代代複製下去。

3.8

大學內部的治理正常化。

1987年解嚴以來，大學開始民主化，但迄今分配資源的權力，仍集中在大學校長及其任命的行政團隊手中。這是二十多年來，大學校長遴選風波不斷的原因。因為資源集中，引起各路諸侯覬覦，甚至學院動員換票。

大學內部應該民主化。依大學法，校務會議是大學最高權力機構。在校務會議下設各種委員會，主要由教授組成，共同規劃校內重要事項。例如校務發展規劃委員會、校園規劃委員會、教學與課程委員會、學生事務委員會、通識教育委員會……等，與校長任命的行政團隊，密切合作。

各委員會自己選出召集人，每個月定期開會，並主持會議。行政部門一級主管亦為當然委員，**但非會議主席，更非委員會召集人**。例如教務長參與「教學與課程委員會」，但不擔任該會主席或召集人。這樣各委員會才有獨立性，不致附從於行政團隊之下。

各委員會視處理事務的性質，內設一至二名學生代

表。學生代表亦由校務會議產生。

這是校園民主化的正常運作。一旦大學治理正常化，當前大學校長遴選，流為惡質選舉的爭議，將逐步紓緩，而且教授與學生才能針對學校發展的需要，共同經營學校[3]。

Sect. 4　書四、自由大學實驗教育[4]

新設自由大學。依2018年初修訂之〈學校型態實驗教育法實施條例〉實施。前述書三所提，幾個改進大學教育的方案，是3.1談的第一路徑，關係於現有大學內部發酵，日漸改善大學教育。現今我們來談第二路徑，由外部向現有大學內部擴散。

4.1

2018年3月11日，初春的艷陽天，幾位老友相偕來訪，座中有政大教授顧忠華、前《中時》副總編唐光華、華梵大學教務長蔡傳暉，還有，永和社大的大領班張素真。他們要我寫一篇實驗大學的構想，就像1998年我寫那篇〈我們要辦什麼樣的社區大學？〉那樣（收錄於篇三之四）。這次大家要我寫的是〈實驗大學芻議〉，定位在：知識解放與博雅教育。

3　見本書作者：〈從制度面解決大學校長遴選的爭議〉，2018。https://reurl.cc/Z4y7W

4　書四寫於2018年410前夕；篇三之三〈自由大學芻議〉將會完整闡述自由大學的構想。

去年（2017年）底，立法院修訂實驗教育三法[5]，學校型態實驗教育已經可以延伸至大學。這次修法，是台灣教育自由化的一大步。早先閣揆林全，與潘文忠教長，都支持這個想法。去年10月潘部長與主祕朱楠賢，來山上看我，則特意提到這件事，問我：實驗教育如何向大學延伸？

4.2

諸位老友連袂出現在農舍，讓我想起二十年前的舊事。1997年，我在《中國時報》第四版寫了一篇長文，標題是〈深化民主，發展新文化〉。內容主張：社會全面學習是1987年解嚴後，民主深化的一環，並強調普及社區大學作為落實公民學習的實體學校。其後老顧與光華來訪。那時我還在重病，兩位說要扛起責任，找一些朋友，共同催生社區大學。熱情令人動容。社區大學的籌備工作隨即展開。幾年之內，近百所社區大學如雨後春筍，在全國各地紛紛成立。今年（2019）社大的盛事，是二十週年慶。社大二十年，猶蓬勃發展，是幾萬人共同努力的現象。

社大成立之初，有兩個主軸：「知識解放」與「公民社會」。二十年來社大對台灣公民社會的形成，貢獻有目共睹。但在知識解放這一條主軸上面，由於社大爭取不到學位，學術課程的進展一直停滯不前。剛修法通過可以創設的實驗大學，正好是二十年後，要補足知識解放這條主軸的再出發。

5　2018年1月30日頒布施行。

4.3

　　我細細構思新創的實驗大學，寫成〈芻議〉的長文，當作本書篇三之三：〈自由大學芻議〉。

　　又是萬言書。麻煩大家也細細讀、慢慢想。其中有很多稜角，環環相扣。表面上，這只是未來可能出現的，某一類型大學辦學的構想，但因重視整體認識世界，取名「通科大學」，以別於當前「專業導向」的現有大學，

　　其實文中道出幾十年來，台灣大學教育的弊病；往下延伸，也正是台灣中小學教育的癥結。

之三　自由大學芻議？[1]

　　本文提出的自由大學是通科實驗大學，這份芻議是立即可行的方案。詳述於下。

　　「通科實驗大學」，以下簡稱「通大」。取「通科」兩字，是相對於現有大學以「專業」導向的訓練，通科大學的定位，在於整體認識世界，了解各領域的重要知識。

　　通大初期屬實驗性質，先辦一所、兩所……。俟效果顯現，再逐漸增多，或將其辦學經驗擴及現有大學。

A　通大主軸

A1　整體了解

　　重視整體了解，深入各個領域的知識。但仍設有主修科，不致樣樣通，樣樣鬆。

A2　知識經驗化

　　知識是人類在不同時空之下的重要經驗。學習知識，不能從真實世界抽離，也不能與學習者的主體經驗切割。當前教育主流的套裝知識，必須經驗化。

1　本文為〈教育四書〉（篇三之二）中之「書四 自由大學實驗教育」的延長。初稿寫於2018年春，於2019年4月修稿。

A3　學習自由與彈性

以學習者知性的成長成熟為主，充分賦予學習自由與彈性，回歸學習者的主體性（但非遷就個人既定的興趣或偏食）。

B　背景

B1　領導階層的視野

台灣社會缺少能深入真實世界、又具整體視野的知識分子。台灣有專才，有高學歷的技術人員，但缺乏視野廣闊又能深刻掌握問題的人。各領域的領導人材，其培育過程都局限於專業。雖然有些人材在專業上，有傑出的成就，但其養成過程，限於套裝知識的訓練，後來不是缺少知識廣度，就是缺少草根體驗、缺少透視真實世界的能力。

由於領導階層視野狹窄，國家社會各方面的發展，會拖延幾個世代才能步上軌道。

B2　知性的成熟

當前台灣各大學基本上是分科的專業教育，目的是為了訓練各行各業的專才。它的源頭來自社會普遍有這樣的心理：讀大學是為了日後謀得好的出路。

事實上，以今日知識量急速爆炸的現況，真正的專業訓練必須提升到研究所以上。大學畢業，在專業方面的訓練只是起步，還不足以勝任好的專業職位，可是為了集中

於專業，卻犧牲了接觸不同領域重要思想的機會。

另一方面，知識的面向偏窄，不足以使人達到「知性上的成熟」。相對來說，較之歐美社會，台灣大學以上畢業的人，知性成熟的年紀偏晚。況且進大學之前，便以未來出路為導向選擇科系，學生一般只有極少數人有真正投入本科系的熱忱。多數學生徒然蹉跎四年歲月。

這是當前台灣各大學的教育困境。通科實驗大學（以下簡稱「通大」）的想法，是改以自由、彈性、生動並減壓的方式，吸引年輕人接觸各領域的現代知識，培養其知性、激發其知識熱情。大三之後，並加選主修專業。這樣可使學生在畢業之後，對於認識世界有一定的成熟度，同時也了解專業的起步，了解專業的況味，不至於廣而不實。

最重要的是：培養學生的知識熱情，會使他學習什麼都變得有效，而且遠為深入。

通大畢業之後，有兩種選擇：
1. 直接步入社會就業。由於其相對成熟的知性，會使得他在職場容易進入狀況，學習的效果良好；
2. 若想深造，則進研究所，例如一些學士後的碩士班，或以在通大養成的自學習慣，補修專業學分，快速趕上進度。

就出路來說，通大的特點是：畢業之後相對有廣泛知

識的背景、有學習的熱情、更有成熟的知性。這會使通大的畢業生，往後在職場做出較好的成績。若轉回專業方面，亦可望具有較為寬廣的視野，俾便做出突破性的貢獻。

B3　競爭心與價值形塑

大學教育分科系的制度，與太早進入特殊專業，是資源匱乏時代的產物。就個人來說，是為了謀求好的出路，就國家社會的立場，則是為了人力規劃而設計。

但把教育導向純然追求利益的目的，顯然會使年輕人價值錯亂。「競爭力」是大學教育不斷被標榜的口號。

可是，人的競爭力從哪裡來？驅策「人與人爭」的心理，會使人產生人比人的競爭心。固然這種競爭心會促成某些人在專業上有些成就，但多數人卻因此扭曲心性，終生變成「不快樂」的人。除了爭取社會地位與財富之外，與真實的人生疏離，思想阻滯，或自我膨脹、或消極度日、或遁入神秘主義以逃避現實。

人活在世上必須有競爭心才能活得真實。但這種競爭心，不是「人與人爭」，而是「人與事爭」。「人與事爭」的競爭心，與生俱來，是一種生命的熱情，一種探究世間萬物的好奇。人類文明偉大的成就，多半來自這種探究世界萬物的熱情。

受台灣考試教育長大的人，一般競爭心強，但競爭力

弱。這是本末倒置。天才數學家Grothendieck講過：「**追求 credit，會阻斷人的想像力。**」這話顛覆很多人的認知，充分說明了「人與人爭」與「人與事爭」的巨大差異。

一個人忘卻「人與人爭」，熱情投入「人與事爭」的志業，後來自然會有很好的競爭力。競爭力不需刻意強調，只要人對生命熱情、對世界熱情，競爭力便會隨之而來。

十七、八歲是人步入青年，形塑自己世界觀的重要階段。通大就是要重新孕育，人生下來就有的「人與事爭」的生命熱情，鼓起學習者對知識的熱情，回歸人的主體性；用自由而生動的方式，找到自己終生的志業，與人生的價值。

B4　知識倦怠

台灣有很多人擁有高學歷，可惜對知識充滿倦怠感。事實上，在求學的過程中，他們就從來不曾對知識感到興趣，只學會善於考試。問題出在填鴨式的中小學教育，以及為謀求出路而分科系的大學教育。

多數人耗費十多年的青春歲月，所學到的知識，不過是謀求未來出路的敲門磚，自己對知識本身並沒有好奇，更沒有深一層的體會。尤其一路所學，都是蜻蜓點水的套裝知識，所學到的只是知識的皮毛，沒有血肉。多數人讀了十多年書，對知識反而倒盡胃口。

一旦離開學校，除了專業所需，更是不想再接觸書本，頂多碰碰工具書、或理財致富、或心理療癒、或宗教救贖之類的書，對複雜廣闊、詭譎有趣的真實世界，沒有

一點好奇。

事實上，什麼是知識？知識是人類在不同時空之下萃取出來的深度經驗。人對知識倦怠，就相當於：自我封閉在自己的職業，與所謂「心靈之道」的小天地。因此踏入社會不久，人的成長便告停頓，思想變得僵固。

可是這些知識分子，正是帶領國家社會創造新價值的菁英。社會菁英們的心智封閉，停止成長，就等於社會停止進步，社會不再進行內省與反思，不再與時俱進。

另一方面，時常閱讀好的書，會激發靈感。台灣各行各業領導階層，創意有限，原因之一是知識倦怠，不習慣看書。人許多好的創意，來自某種不同經驗的激盪與啟發，書籍是重要的觸媒。只看工具書與專業書，使人缺乏想像力，思想變得平庸。領導階層因此失去很多創新的機會。

通大將改換另一種全新的學習方式，重視學習者的主體性，將套裝知識經驗化，激發學生了解世界的熱情，導引學生用整體了解的態度，迎向未來的世界。

B5　新博雅教育與心理健康

通大所實施的，基本上是博雅教育，但它並非古典博雅教育的回歸，而是因應現代複雜社會發展出來的，一種以學習者為主體的新博雅教育（Neo liberal-art education）。它的目的是要培育眾多有知識、有勇氣，真誠面對世界、面對人生、面對自己的自由心靈。一個多世

紀以來，台灣歷經外來統治、戰爭、戒嚴、資源匱乏、價值錯亂、文化斷層、威權與甚或獨裁控制、經濟起飛但思想封閉、失語症、失憶症……等等的困境，人們心底積存了難以計數的創傷。

進入21世紀，台灣政治雖然開始民主化，社會力步步釋放，年輕世代的聲音逐漸凝聚，發揮影響力。但台灣社會深層的心理創傷依舊，封建包袱未卸。經濟發展仍然掛帥，凌駕各領域的需求。

教育雖然開始鬆綁，但根本定位來不及有效改變。在「超資本主義」激烈的競爭，與時間驅策下，大部分人，不只年輕人心力耗盡，茫無所依；一般人的壽命雖然延長，但思想僵固，不快樂，或憂鬱症、焦慮症、……等精神症狀處處浮現。

通大所提倡的新博雅教育，有助於現代生活的心理健康，或許是社會精神症狀的一帖關鍵性的藥方。人們通過知識、通過討論與實踐、通過愉快的互動與創造，重新認識世界、認識人生、認識自己，以自身的體驗作為主體（即主體經驗），解除過去在套裝知識底下，接受教育的權力關係（包含上對下的師生關係），連結不同時空之下人類的深度經驗，去重塑新的自己，迎向新的人生，新的世界。

B6　反思文化與菁英

知識菁英帶領社會文化的走向。但台灣歷來的菁英教

育，欠缺知識的廣度，又欠缺歷史縱深的認識，致使經濟繁榮了、物質富裕了，但社會文化停滯不前。

兩個多世紀以來，西方歷經啟蒙運動，自由、平等、博愛的思潮，植入菁英文化的根部，社會思想不斷辯證；理性主義、浪漫主義、人道主義伴隨著基督教文明的底襯，相繼抬頭，又不斷面對批判，不斷辯證翻修。

華人社會雖也步入現代，但文化的基調仍然抱元守一，深陷於傳統文化與信仰，無需面對思想挑戰。

眾多的知識菁英，不只未經知識與理性的洗禮，學會尊重事實，反而帶領社會漠視事實，走入神祕。甚至以「後現代」之名，加入反智的行列。

另一方面，資本主義到了21世紀，已進化到超資本主義（super capitalism）的新階段。文明與自然如何調適？在大自然反撲之前，人類如何發揮理性的力量，讓人類的物種，連同珍貴的創造文明，永續發展下去？這是知識分子不能逃避的責任。換句話說，「擴張主義」、「神祕主義」，還有，上個世紀留存下來，到這個世紀以更變化莫測的形式，深入人心的「集體主義」（包括源於自卑的民族主義，與匱乏社會的不安全感），是當代人類社會亟需深刻反思的課題。

這三大主義深入人心，需要新一代的知識分子進行總盤點。可是目前台灣分科系的大學教育，無法培育出眾多具有這種視野與批判力的知識菁英。通大的創設，也是為

了因應這樣的時代需求。

C　修業

C1　純學分制

通大採純學分制，學生修完128學分，並滿足修課規定（見下文課程架構圖相關說明），則取得大學畢業證書，頒授學士學位。

不規定修業年限。

一個學分，相當於每週上課1小時，共18週。但上課的時間、地點皆保持彈性，例如可上9週，每週2小時。地點也不限定共聚一堂，例如可採網路群組遠距討論。

C2　入學資格

凡高中畢業者，皆可申請入學。若未持高中學歷，可於入學後，依學力鑑定通過與否，決定逕自修課、或進入先修課程，補足學力。

C3　通業與主修

通大不分科系，但學生在大三之後，需選一專業，作為主修學科。例如文學、歷史學、社會學、經濟學、生物學、物理學、數學等。

C4　授課與學習

通大授課與學習，保持多種彈性，重視學習者與教師

的授課自由。但最小化師生之間的權力關係。教學的形式，有時仍沿用傳統的講課，但一般著重「閱讀—討論—實作」的模式。例如組讀書會、自學、共學、戶外體驗等。

學生個人亦可參加國際各主要大學的開放課程（open course）；可申請自學、或到其他大學選課。但需委請本大學指定之教師，掌握其上課狀況，並作期末評鑑。

通大鼓勵與外校進行教學合作、交換教學等計劃。

C5　P-N-I 評鑑

每門課程期末評鑑，一般只評P（pass及格）與 N（none pass不及格）兩種。對於表現非常傑出之情況，可評以S（very special），以資鼓勵。反過來，學生若進度落後，或表現略差，經評為不及格，仍可以與授課教師商量，改評以I（指未完成incomplete），在半年內靠自學，再向原教師申請重新測試。

C6　社大與（副）學士學位

現有各社區大學學員，可持社大修課證明，至通大加修專業學術課程。達一定學分數，可申請通大（副學士或學士）學位。相關修課規定，由通大與社大協調後決定。

D　課程

D1　課程特性

通大課程涵蓋：人文學、社會科學與哲學、自然科學

與數學等三大領域的現代知識。尤其重視回溯各領域之歷史，了解知識創造的起源與過程。據此回歸：

「知識從哪裡來？」

「知識有多可靠？」

「知識是什麼？」

這些認識論的根本問題。從而了解什麼是懷疑精神。

同時，通大重視博雅教育，其中主題課程，目的在於把套裝知識經驗化，例如法國大革命與近代世界的形成、大正文化與台灣知識階級、歌德與浪漫主義、杜思妥耶夫斯基、托爾斯泰與巴斯特納克等人的文學、安部公房與沙丘之女……等。

D2　課程概要

通大課程分兩大範疇：**博雅範疇**與**專業範疇**，其中博雅範疇必須選修75學分，專業範疇必須選修45學分。

博雅範疇（75）含核心（42）與主題（33）兩大類課程。專業範疇（45）含基礎與進階（至少12學分）兩大類課程。總共有四大類。

另外，還有先修課程（0）與英文訓練課程（8）兩大類。

為使課程一目了然，製作課程架構圖如Fig. A，其中：核心14門（42），表示核心課程必修14門，以每門3學分計算，共42學分，餘類推。但一門課不一定硬性規定3學分，可以是1學分，也可以是2學分，或4學分以上，視情況所需

而定。

D3　課科架構圖

通科實驗大學課程架構圖

[P] 專業範疇（Professional） 　　15門（45學分）	[L] 博雅範疇（Liberal Arts） 　　25門（75學分）		
[PA] 專業進階課程 （Advanced Professional courses）	[LS] 主題課程（Special Topics） 　　選修11門（33）		
[PB] 專業基礎課程 （Basic Professional courses） （1）需選修 [H] 人文學 [S] 社會科學與哲學 [N] 自然科學與數學 三大領域共3門（9），共9門（27） （2）另外主修學科必選6門（18） 其中屬進階專業課程，至少4門（12）	[LC] 核心課程（Core Curriculum） 　　必修14門（42）		
	[EW]　表達與精讀	2門（6）	
	[RM]　推理與數學	2門（6）	
	[LC]　文學經典	2門（6）	
	[PH]　哲學史、科學方法	2門（6）	
	[AM]　藝術與音樂	2門（6）	
	[SH]　運動與健康	2門（6）	
	[IN]　個人與集體、 　　　自然與文明	2門（6）	
[PT] 先修課程（0） 視情況提供，多半為個別指導。 （考慮經常開授Pre-calculus、基礎 中文……等。）	[ET] 英文訓練課程4門（12） （以聽與讀為主，主要為了主題 課程，開放大學課程的學習作準 備。）		

Fig. A

D4　核心課程42學分

核心課程[LC]，提供現代知識分子必備的素養與能力，含：

[EW] 表達與精讀二門（6）；

[RM] 推理與數學二門（6）；

[LC] 文學經典二門（6）；

[PS] 哲學史、科學方法二門（6）；

[AM] 藝術與音樂二門（6）；

[SH] 運動與健康二門（6）；

[IN] 個人與集體、自然與文明二門（6）。

核心課程共42學分。

D5　核心課程的意涵

核心課程一方面提供學生處於現代社會必備的文化素養（但不是教養），另一方面做好準備，使學生能真切了解複雜詭譎的世界，尤其是培養他們獨立思考與批判的能力。

什麼是批判？如果知識是人類在不同時空之下的經驗精華，這些精華如何有效的變成學習者主體經驗的一部分？人是活的，每個人的心智，都必須是不斷辯證的有機體。學校不應該用傾銷的方式，把知識直接輸入學習者的腦袋，變成學習者的教條，而應該讓知識與學習者的主體經驗不斷發生碰撞，不斷發生矛盾與牟和。

這兩相衝突與牟和的過程，就是批判，就是有機的學習。

同時，人所處的時空不斷轉變，人所面對的世界複雜詭譎又不斷變化，一套既定的知識體系，不論在知識體系的內部或在體系的邊緣，必須不斷受到質疑，不斷受到挑戰與辯證，才能是活的，才會有效的運用在新的局面、新

的時空。只有這樣，知識體系的運用才能相對的，取得一致性、普遍性與有效性。而這樣內外的辯證就是批判。

另一方面，就在這不斷辯證的過程，人照見了自己，照見了學習者自己思想的不足，與心理弱點，讓人看見自己。

核心課程除了為學習者提供必要的文化素養之外，就在孕育人獨立思考、進行批判與辯證的基礎能力。

數學使人**回歸根本**；哲學使人**學會辯證**，看到來回辯證與批判如何進行；文學使人**重構價值**；藝術使人**了解自由**。核心課程要提煉出這些基礎領域如何發展、如何思考的關鍵元素。另外，對於當前人類所面對的兩大課題——個體與集體、自然與文明，也需提供必要的準備。

在下文「F核心課程解說」中，將進一步對核心課程逐科解說。

D6　主題課程33學分

主題課程屬博雅教育的一環，把套裝知識經驗化，用專題與故事深入各領域，催化知性的成熟。主題課程最能呈現通大教學多元活潑、生動有趣的一面。

用讀書會、自學共學、選修外校課程、或網路開放大學課程等方式進行。學生可以自組課程，並請教師協助。

課程各有主題，可以五花八門，以下所列只是舉例。從這些例子，多少可以窺見未來主題課程的層次、品味與

格局。例如：

近代世界的形成	蘇格拉底與希臘文化
歐威爾與1984	弗洛姆與社會心理學
涂爾幹、韋伯與馬克思	國富論與資本論
環境與氣候劇烈變遷	希臘神話、希臘悲劇
莎士比亞戲劇	資本主義與新教倫理
人類的故事	馮友蘭與中國哲學史
西洋哲學史	基督教史
梵谷傳與近代西方藝術	法國大革命與近代世界
西洋近世史與Easton	資本主義的衍化
歌德與浪漫主義	音樂史與近代音樂
日本近代小說選讀	日本明治維新
戊戌變法與明治維新	大正文化與昭和史
宋代士大夫與理學	儒家理性與神滅論
宗教信仰與社會	佛教教義與佛教文明
范縝與梁武帝神滅論戰	鹽鐵論戰
Schumacher與「小就是好」	台灣歷史圖說
L. Fischer與甘地自傳	蘇東坡與王安石
馬奎茲、福安提斯與魔幻現實	環境啟蒙與鯨背月色
小王子與兒童文學	從聖西門到芬蘭車站
各國文學選讀	安部公房與沙丘之女
霍金與時間簡史	愛因斯坦傳
時間的長河	混沌與複雜
基因圖譜與基因聖戰	演化論
數學是什麼	數學的意義內容與方法
大正時期與台灣知識階層	馬偕時代的台灣社會
台灣與世界專題	平埔族的消失與原住民文化

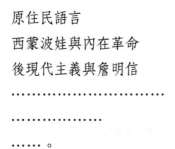

原住民語言　　　　　　　現代社會的弱勢階級與族群

西蒙波娃與內在革命　　　60年代的反戰與思想變革

後現代主義與詹明信

…………………………

………………

……。

上列課程與書本，只供參考，用來了解主題課程的走向。通大師生可以一起提出課程、一起找書及網路資源、一起共讀。打開學習者的經驗世界，包括對自我、對人生、與歷史縱深的認識。但必須有好的書籍可以閱讀，不是只靠教師講解。

　　主題課程共33學分。

D7　專業課程45學分

　　專業課程，含基礎與進階。基礎專業課程，為現今大學各學科的入門課程。屬必要的套裝課程。例如：經濟學原理、社會學理論、法學緒論、普通物理、微積分、經典文學選讀、西方哲學史、漢語語言學……等。

　　進階專業課程，為各專業進一步的課程，例如經濟思想史、貿易理論、階層與社會流動、刑法民法、量子物理、微分方程、存在主義哲學、東南亞史、英詩選讀、莎士比亞戲劇、漢語的流變。

　　專業課程共45學分，其中18學分為主修學科；主修18學分中，12學分必須為進階。專業課程雖為套裝課程，但盡量用「上課前先閱讀，上課時討論」的方式進行。

D8　英文訓練課程8學分

英文訓練課程的目的，是便於學生在通大上課時，可以接觸國際開放大學課程，並養成終生閱聽英文，了解世界的習慣，故以聽與讀為主。

課程採取有效的密集訓練。視情況需要，可利用暑期班進行。英文訓練課程每門2學分，4門共8學分。

D9　先修課程0學分

先修課程，是針對剛進通大，未持高中學歷者，補足其學力。基本上以中文書寫、中學數學（Pre-Calculus）為主。先修課程，無學分。

D10　修課分佈

通大每一位學生需修：

核心課程14門（42）；
主題課程11門（33）；
專業課程15門（45），其中人文、社會、自然等三
　　　　　　　　　大領域各至少3門（9）；

專業課程含主修學科6門（18）。這6門主修課程中至少有4門（12），屬進階專業課程；

另外必修英文訓練4門（8），每門2學分——但若經評鑑特優，可以豁免，轉修主題課程或專業課程。

以上共計128學分。

D11　主修示例

　　學生選主修學科，若以主修數學為例，學生必須完成：專業課程6門，例如：微積分兩學期〔基礎〕，以及微分方程、線性代數、高等微積分兩學期。〔後四門為進階課程。〕又以社會學為例，學生可以修社會學概論〔基礎〕，以及社會思想史、大眾媒體與社會、社會心理學、性別社會學、宗教與社會。〔後五門為進階課程。〕

E　設校與師資

E1　國立或公辦民營

　　由教育部籌設，陸續成立北中南東四所「國立通科實驗大學」。通大正式名稱，亦可考慮「自由實驗大學」。

　　各所通大，可考慮用「公辦民營」的方式經營，以維持更大的彈性。但經營者、創校者、校長與教師，必須具備有公信力的學術背景。

　　根據2018年修訂的實驗教育法，實驗學校招收人數限定在500人之下。通大為節省教學資源，日後可發展至2,000名學生的規模。但以下的規劃，暫以500名學生的學校規模進行。

E2　籌設初期

　　初期可考慮先籌設台北通大，累積一兩年經驗。再分期擴建中南東三所。台北通大的設校地點，可以選在台北近郊風景宜人之處。並在最靠近之捷運站，設接駁車，密集來回於捷運站與台北通大之間。

設校地點，必要時可以考慮退場之大學場地，但校園必須斥資重新規劃，以符合開放優美的風格、與自由討論的精神（見E4）。另外，因為屬性不同，原有師資與行政團隊不保留，**必須完全更換。**

E3　通大經驗推廣

如果數年之內，通大實施成效卓著，可推廣至現有某些分科系的大學，由教育部接受學校申請，核准現有公私立大學轉型為通大。

同時亦開放民間創設新的私立通大。

E4　校園互動空間

通大的特點之一是，師生之間、學生與學生之間、有密集的知性互動。因此校園的設計，尤其著重自然的、舒適的、便於討論的互動空間。例如室內戶外，處處有舒適的互動空間，置放沙發、木頭桌椅、黑板、草地、樹蔭、台階。

E5　各類課程師資

通大的專任師資以精簡為主。師資規模約略如次：

核心課程專任教師10位。專業課程專任教師30位，其中人文、社會、自然三大領域各10位。核心與專業課程之專任教師，亦帶引主題課程。主題課程，聘2位專任教師，協助規劃主題課程。英文訓練課程，聘2位專任教師擔任。

專任教師共44位。所有課程，視需要可聘兼任教師，

以約聘方式擔任。

E6　教師特質

通大專任教師必須具有專業學術背景，對世界充滿好奇，對知識充滿熱情；有經常閱讀雜書的習慣，有足夠的知識廣度與深度。

E7　教學委員會

通大設「教學委員會」，由專任教師12人組成。人文、社會、自然、核心、主題等五類課程，各推派教師2人參加。另先修與英文訓練，分別推派1人。這是通大重要的教學決策單位。教學委員會處理彈性修課的各種特殊狀況。每學期上課前，由教學委員會安排專任教師輪值，讓學生有機會諮商選課相關事務，並聽取教師方面的建議。

E8　行政人員

學校行政主管，由專任教師擔任。行政職員，以約聘方式擔任，協助學校各種事務性工作，亦鼓勵學生以工讀方式，參與學校行政事務。

F　核心課程解說

把核心課程，逐科分析如下。

F1　「表達與精讀」

近十多年來大學人數暴增，大學平均的基礎語文能力難免下降。另一方面，網路時代來臨，多數人在網上使用

文字，書寫普及，但「精準」的掌握退化。尤其資訊量流動快速，一般人看文章一瞄即過，囫圇吞棗接收，經常誤解原義、反而阻滯溝通。作為現代社會的知識分子，準確表達與精讀，是必要的素養。

F2 「推理與數學」

推理與邏輯，是進入文明社會的基礎能力，但在東方社會，除日本較早現代化之外，這些基礎能力，相形不足，致使人們獨立思考的能力不易形成。

西方從古希臘的博雅教育，到近代芝加哥、哈佛大學的博雅教育，都列推理邏輯為核心素養。台灣教育太早文理分組，許多人連充分或必要，都無法分辨，嚴重阻滯公共溝通。

通大重視推理與邏輯，把它們列為必修的核心課程。推理與邏輯是抽象思考的骨架，缺少它們，抽象思考容易變成天馬行空的玄想，華麗的文字容易變成騙術。

但如何學得嚴謹推理的邏輯能力？比起一般形式的講解「邏輯」，從「邏輯與集合論」的對應圖解，與Courant-Robbins的經典名著《數學是什麼？》（左岸文化，2011）去學習邏輯，或許更為易懂而有效。

如果說，中、英文，與各國、各地方的語言，是「人文語言」，那麼數學便是「自然語言」。在中學以前的階段，數學教學著重解題，多數人對數學的印象，終生誤解，看不到數學的意義。

通大核心課程有一學科「數學是什麼？」。閱讀名著，可以對數學作為自然語言這句話，有嶄新又深刻的了解。

F3 「哲學史」

尤重西方哲學史，當然亦可以考慮讀馮友蘭寫的《中國哲學簡史》，以比較中西哲學的差異。核心課程建議以讀書會形式，閱讀易懂而有趣的西方哲學史（例如William Durant所著 *The Story of Philosophy*）。

西方哲學在希臘已有相當成熟的辯證哲學。到近代Spinoza以降，傳統哲學的論述，來回批判，相互徵引，更是鞭辟入裡。

學哲學，意不在找到真理，而在啟明（enlightenment）。一代代哲學家企圖勾勒真實世界的樣貌，互相批駁，最能啟發學習者的心智。

而且現今很多人夸夸其談、自以為創見的人生心得，幾百年前，甚至兩千年前的西方哲學家，老早已看得遠為透澈、遠為深刻。

有趣的是，這些西方辯證哲學的反命題有時也一樣深刻。

相對於西方近代哲學，中國哲學自春秋諸子百家以來，鮮少高潮起伏，尤其近代西方哲學探討上帝、理性、浪漫主義、結構主義、自由主義、後現代主義…………等不同思潮，以嚴謹的論述相互批判，對知識分子心智的啟

明有重要的功用。

F4 「科學方法」

台灣各大學由於實施的是分科教育，絕大多數的知識菁英並不了解科學精神與方法。即使所學是醫、工、農，了解科學精神與方法者仍然少數。

對於什麼樣的知識，才有足夠的普遍性，往往不了解，以致把個案的現象，當作普遍現象，似是而非的論調，與神秘主義大行其道。

雖然科技產品人人擁有，日日享用，但中國五四運動以來，所提倡的賽先生（science，科學）迄今仍未在華人社會生根。偽科學被當作真科學，假知識被視為真知識。

尤其嚴厲批判理性主義的論點，蔚為時代風潮，加上後現代思潮因物資豐裕，四處流行，人們很容易相信一些未經證實、沒有事實根據的傳聞，很容易相信似是而非的言論。

理性可以批判，科學研究可以質疑，但科學精神、科學方法、科學哲學的思想，普遍沒有被華人菁英認識。

科學精神是什麼？就是「尊重事實、就事論事」。科學方法，就是為了尋找事實，尤其是普遍的事實，所發展出來的相對可靠的方法。科學哲學則在探討科學的本質，與人研究科學所遭遇的結構性問題。

英國哲學家羅素去世前，有記者問他：「想留給這世間最後一句話是什麼？」羅素回答：「尊重事實（respect facts）。」智哉斯言。

尊重事實是科學的起點，也是社會溝通的基石。不承認這點，社會成員的觀點、價值或信念，便不可能彼此溝通，起碼的社會共識無法形成。

社會成員之間無法彼此溝通，民主便徒具形式，所以科學與民主、賽先生與德先生（Democracy民主）是近代文明社會的雙生子。經營文明社會，不能不了解科學精神與方法。

F5 「世界文學經典」

閱讀世界文學經典，固然是一種文化素養，但更重要的是文學「使人重構價值」。好的文學，尤其小說，是作者以獨特的手法深入某些角色的特殊處境，刻劃出普遍人性。

小說通常虛構。但因虛構，反而呈現普遍的真實。這就是藝術的本質。

閱讀者在閱讀中移情，把自己投射在某些角色的身上，透過投射，打開自己的經驗，並體會不同角色在不同處境的悲與喜，笑與淚。

從投射的歷程，擴大自己對異質異類的了解與容忍，看到自己「自以為是」的缺憾，鬆軟自己原有的信仰信念，並重構自己的價值觀。

學校教育的套裝知識，因為系統化、形式化、抽象化，對學習者的主體經驗是一種壓迫。文學從角色的特殊處境入手，容易引起主體經驗的共鳴，閱讀文學是促成套裝知識經驗化，最有效的切入方法。

　　喜歡文學的心靈，容易感知他人不同的境遇、接受異民族不同的文化，打破專斷主義，崇尚多元，學會由衷尊重他人。例如，由於套裝知識，我們都知道《戰爭與和平》的作者是托爾斯泰，但我們中的絕大多數人，並沒有好好讀過《戰爭與和平》。誰是那本書的作者，書有什麼重要？作者對後世有什麼影響？書的內容是什麼？我們都不知道，甚至無心了解。

　　《戰爭與和平》寫的不只是拿破崙征俄挫敗的史詩，那史詩只是小說的背景。小說描述的是俄羅斯現代化過程中知識分子的奮鬥、迷惘與掙扎；是完美形象的女性在大時代的角色；是軍人的榮譽與戰地生死邊緣的思想蛻變。這些才是活的知識，才是深刻切入世界的經驗知識。（我個人並不特別推崇《戰爭與和平》，只因這書膾炙人口，所以舉它為例。同樣是俄羅斯文學，我更推薦杜思妥耶夫斯基的《卡拉瑪佐夫兄弟們》與巴斯特納克的《齊瓦哥醫生》。）

　　文學不是文筆。這是台灣中文教育最大的弊病。文字之美，只是好的文學必要的門檻。文學重要的意涵是「穿透人性」，使人深入不同時空之下的人性底層，了解多元與尊重；使人看到無數難以想像的黑暗角落，知道同情的

無價，從而看到自己。

通大列「世界文學經典」為核心課程，透過深入閱讀與討論其中幾本，養成終生喜愛文學、接觸文學的習慣，並且摸索出什麼是好的文學。

F6 「藝術與音樂」

生活中有了藝術與音樂，人的心靈才會有滋潤。作為新博雅教育的核心課程，藝術與音樂不只是文化素養，更非上層階級的表徵，而是生命之鹽。

藝術（含音樂）「使人了解自由」。大提琴家Pablo Casals說，自由是一切創造的根本，沒有自由就沒有創造。藝術是人類重要的創造活動。因為藝術創造，所以人深刻體會自由的價值。

一所全科的自由大學不能沒有藝術與音樂。一部人類的藝術史，承載的是創造與突破，是構築與拆除、是精心經營與自我超越的精神活動。無疑自由必須是藝術創造的核心。

體會藝術創造所孕育的自由，了解藝術史不斷自我拆除、自我超越的過程，人更能逼視生命的更迭與真實。

F7 「運動與健康」

健康的重要性，無庸贅言。通大把健康列為核心課程，在使人了解自己的身體，例如什麼樣的生活有益於健康？什麼時候需要用藥？什麼樣的藥才可以相信？藥對人

的身體如何作用？用什麼樣的態度，可以避免自己道聽塗說？

人需要一些有根據的醫護知識來作判斷。「運動與健康」這門核心課程，提供現代醫護的基礎知識。

運動與健康的關係密切。運動促進新陳代謝，使身體健康，遠離種種藥物，亦使精神煥發。並勇敢積極探索世界，面對人生。在青年期需要養成運動的習慣，這是歷來博雅教育不能忽略的科目。

F8　「個人與集體」、「自然與文明」

這是人類社會有史以來，最主要的兩個生命課題：個人與集體的辯證關係、自然與文明的內在矛盾。今天人類社會已形成一個超級巨大的巢穴，很多時候人誤以為自己可以躲在大巢穴中某個小小的角落，永保安適的生活。

但每一個人的生活與思維，都與別人、與社會密切相關，每一個人的消費與生產，也都在利用自然資源、污染自然環境。人與人、人與社會、人與自然之間，無數綿綿密密的關係，累積起來，成就了偉大的文明，但也演變成社會衝突、戰爭、殺戮、災難、環境變遷、極端氣候……。

通大把「個人與集體」、「自然與文明」，併列為兩大生命課題，目的在使人進入專業、工作、家庭與日常生活的微觀世界之時，同時擁有巨觀世界的問題意識，擁有

人類社會內部與外緣的整體思考，批判文明、參與社會，共同尋找好的出路。

心中存著這兩個亙古以來的大課題，知識分子才有廣闊的視野，足以步入文明社會，也才能體會什麼叫深刻。

個人活得快樂，周遭的人們也才會跟著快樂。一個不快樂的人，周遭留不住快樂。身邊的人只有兩條路：跟著你一樣不快樂，不然就離你遠去。

今日社會雖已步入豐裕的階段，但因為個體與集體的關係沒有妥善處理，多數人的競爭心不降反升（北歐國家是少數的例外），人在激烈的競爭中，不斷累積心理創傷。知性的成熟，有助於減少傷痕的累積，也有助於改善個體與集體之間的關係。

同時，大自然反撲在即，人類的文明如何存續？人類要回歸節儉樸實的生活，還是要不斷消費，刺激生產，促進經濟開發，增加汙染？

每一個社會的成員，必須仔細思考，合力面對。

之四　社區大學

　　本文分三節：2020備忘，2004回顧，1998企劃。依時序追溯社大二十多年來實踐過程中出現的幾個理論問題。節3列出最早倡議社大時的原始構想。這些原始構想及背後的精神二十多年來實踐的，仍極其有限。回顧這些，是為了讓今日在社區大學運動第一線經營的朋友們細細思量。

節1　2020年社區大學備忘

1

　　「學校在窗外」的意涵是：人的學習不限於套裝知識、不限於課本與教室、不限於教師演講似的傳授。

　　深入人類在不同時空下的經驗；深入人類曾經歷過的、或正在發生的事實；深入人類在詭譎多變的世事中思考與行動，經沈澱下來的經驗知識，從中打開自己的經驗世界，促發心智成熟。這就是學校在窗外的意涵[1]。

　　社區大學正是這樣的一個場域。人們在這裡深度接觸經驗知識，重新認識世界。這是我1990年代倡議社區大學

---

[1]　關於套裝知識與經驗知識，詳見本書潮本篇四之一。該文寫在1999年永和社大成立前後。

的原始構想。

舉個淺顯的例子談經驗知識。在一般學校教育的套裝知識中，多數人知道托爾斯泰寫過《戰爭與和平》這本文學鉅著，但曾讀過這部小說者寥寥無幾。小說中討論的就是經驗知識。書的背景是19世紀初拿破崙遠征俄羅斯的故事。但重要的是它敘述俄羅斯在現代化的前夕，菁英份子面對時代的劇變、戰爭的陰影，如何思考社會、民族與革命，如何看待生命、階級與宗教。細讀這部小說，融入作者刻劃的情境，通由討論與思辨，人的心思會受到衝擊，視野會打開，智力也會成熟很多。有些人讀過小說之後，或許會進一步反思：華人社會從封建走向現代化的過程中，為什麼沒經歷過這些思考的淬煉，從而凝聚出一種新的文化與價值？卻在多元文化已成為共識的21世紀，仍然擁抱著集權主義？

這就是經驗知識的一個例子；是學校在窗外的一個例子；是透過經驗知識促發人心智成熟的一個例子；同時也說明社區大學構想之初一條可能的走向[2]。尤其在1990年代台灣開始步向民主化，社會教育最亟切的便是促發人們的心智成熟。有心智成熟的公民，才有成熟的民主社會。

2

1998年第一所社區大學在台北文山成立，隔年新竹青

2　更多的例子，請看節3〈我們要辦什麼樣的社區大學？〉及本書篇三之三〈自由大學芻議〉中的建議課程內容。

草湖、及永和等北縣五所相繼創設。其後社大如雨後春筍，在全國各地逐一冒出，到2003年，已達八十幾所，影響面涵蓋幾十萬人的學習與生活。僅永和社大一所，每學期註冊人數就在兩千人上下。

我一直深信並警覺：社會本身是一個複雜系統。沒有任何理想可以一成不變，延續到最後。二十多年過去，各地社區大學分別發展出它們自己的特色。原始構想丟入實踐平台，千百人投入社區大學運動，自然會演化成各種樣態。這是人類社會的本質。尤其我自身是一個教條理想主義的反對者。任何理想必須在實踐中不斷修正。

作為社區大學的倡議者，我很高興看到二十多年來，各地的社區大學為台灣社會做出無數不同的貢獻。不論它們的樣貌與我倡議時期的原始理念，是近是遠。

社區大學開創之初，有兩條主軸：1. 尋求知識解放；2. 催生公民社會。知識解放指的是：在套裝知識的基礎上，發展經驗知識，使知識變得生趣盎然，有益於人生與社會；更重要的是促發人**對世界的整體了解**。公民社會則指社會決策盡量去權力化，在代議政治之外，通過公民參與，去形成一個平等友善的社會。參與者「如果」能對世界有整體了解，去除既有偏見，公民社會便能替社會每一個成員帶來福祉。但當參與者對世界的了解不足，尤其陷於封閉與偏見時，公民參與反而造成社會分崩離析，帶來災難，尤其在網路時代。

由於社大創始之初，先天條件不足，學術課程流失，知識解放的軸線難以發展。原因是社會支持不足，加上社大內部意見分歧。但公民社會這條軸線，則成就耀眼，雖然路還很長，**社會成員對世界的整體了解還有巨大的功課要做**。

2009年在政治大學演講時，我曾明白指出：各社大對於地方公民運動的啟蒙，起了關鍵性的作用，但我亦不諱言：知識解放，則近乎交了白卷。在那場演講及隨後在政大的研討會上，我對知識解放，做了細緻的解說[3]。

目前各地社大的體質皆已定型，能這樣持續為台灣的公民社會多少打下基礎，並充實人民生活的內涵，已非常難能可貴。

3

本書篇三之二〈教育四書〉，是2019年才寫的。文中我提議把社區大學未能開展的知識解放，併入催生中的自由實驗大學。我一直無法忘懷：**知識解放**連結於**公民社會**的**紐帶**。

進入21世紀，世界正處於劇變之中，網路與超資本主義（super capitalism）把人類社會推向不可知的境地……相對於1990年代，充滿未來想像的社會氛圍已消失無蹤。人

3　詳見2009年政大社區學習研發中心揭牌儀式上，我的演講辭。

如何整體了解身處的時代，並回溯消失的過去，從中理出未來，這是唯一的道路。

　　寫這節2020備忘，我想起2006年曾在宜蘭社大演講〈倡議社區大學的初衷〉[4]。這是一篇長文，早期的社大論述相對完整。唯因篇幅所限無法放在本書。但我保留〈2004的社大回顧〉，放在備忘之後，當作本文節2。然後節3是1998年我寫的〈我們要辦什麼樣的社區大學？〉。那是社區大學最早的、對外公開的文獻。

　　在這份備忘中，我提到：1998、1999、2004、2008、2009、2014、2020，這一系列綿亘二十多年的文章。這樣的編排，多少記錄了二十多年來，我在社大運動這條路上的思考軌跡。

節2　2004年社大回顧[5]

　　早在1990年兼任台北縣教育委員時，我曾將普設社區大學的構想，寫成企劃書在教育委員會上提出。只是當時外在條件尚未成熟，溝通不足，以致胎死腹中。及至1998年顧忠華、唐光華、與史英等幾位先生聯合召集社區大學籌備會，我才改寫1990年的企劃書，篇名為〈我們要辦什麼樣的社區大學？〉，以下簡稱〈社大辦學通案〉，附於節3[6]。

4　2008年整理的講稿網路上可以查閱。

5　2004年7月7日識。

6　相關經過請參見《學校在窗外》舊版（社大文庫001），頁381–412：〈社區大學運動的萌芽〉，左岸文化，2003。

〈社大辦學通案〉第一節「背景說明」中所言社區學院，係當時教育部規劃中的成人教育模式。事過境遷，經政黨輪替後，目前已非教育部規劃中的發展重點。但以菁英思維為核心的社會主流，對成人教育的認知，仍停留於補強教育、技藝教育與休閒生活教育。像社區大學所強調的公共性、通識性與根本性，迄今一直未被菁英主流所認識。

我倡議社區大學的原始理念是：藉由人對世界的再認識，**去重新建立自己的世界觀**。但這一個再認識的過程，必須要包含深入社會公共領域（公共性課程），同時掌握事物的普遍性（學術性課程），使它們與人的原有經驗相互印證，並引發批判，由此才得以重構人的世界觀。這也是當時我強調社區大學課程必須重視公共參與的課程，並深入某些基礎學術課程的內涵，從而探討根本問題的根由。這裡所謂**根本問題**是指人生的根本問題、社會的根本問題、宇宙萬物的根本問題。

但再認識的過程，有兩件似應受到社區大學辦學者注意的事：

學習者的主體性：學習者不是知識的接受器，這些年來有些講師並未真正看到這點，而仍沿用一般學校以「傳道、授業、解惑」的傳統方式在社區大學講課。在社區大學，我們應強調學習者的「參與」和「體驗」，使新的知識變成學習者的經驗的一部份。尤其在學術課堂中講師不宜滔滔不絕的介紹知識或只講述自己的觀點，重要的是提供多元的閱讀資料，帶動思辨與討論。涉及價值判斷的問題，講師應隨時警惕自己與學員是否處在平等的位置上討

論事情。講師不可能假裝自己中立，但必須讓學員有足夠的空間，表達不同觀點，也讓學員充分了解講師自己的觀點只是一種聲音。但這種說法也容易導致庸俗的平面式討論。這些年來曾有些課堂發生這類現象；某些學員把「平等對話」當作教條，致使發言冗長而浮泛。講師是討論程序的司儀，也是討論內容的導航。為了使討論聚焦而深入，講師當然有權利而且有義務主導討論的進程，使討論內容多元深入，而不流於膚淺。

學習者的能動性：社區大學原始理念的主軸是知識解放與公民社會。這些年來有一些人批評我的觀點是天真的「自由主義」，並質問：價值中立的教學如何能達成知識解放？例如：如何能培養出人對資本主義社會的批判，如何能使人意識到擴張主義的後果？同時也懷疑依照我原始的規劃如何能建立起公民社會？事實上，我不斷強調最初倡議設置社區大學所提出的「這份通案只用來參考」。我無意也無能要求各社大皆依此藍圖去發展，但通案所揭示的理念與其標出的理想之間確實存在清晰的脈絡。存在這條脈絡的立論基礎追溯於我在《童年與解放》（左岸文化出版）一書中所建立的體系。

每一個兒童最早認識世界的方式都是「**批判性的學習**」，亦即以自己的主體經驗去與他人的客體經驗相互比較、相互印證，甚至相互駁斥，在兩種經驗的矛盾中去認識世界，而非單向的輸入知識。但人在受教育及社會化的成長過程中，慢慢習慣於「**被動式的學習**」，才逐漸失去批判能力。人只有在成長中不斷對所接受的知識與價值，進行解構與重構，才可能重新建立自己的世界觀。可是多

數人長大後，便接受社會主流的世界觀，失掉獨立思考的能力，只人云亦云，從未再嘗試去重構一套由自己摸索而體驗出來的新價值。社區大學提供的場域，目的是引發人去經歷這種「解構－重構－再解構－再重構」的過程。當人有機會去重構自己的世界觀時，我們便毋庸擔憂他會變成保守或進步。

我們不可能期望世上每一個人都有進步的思想與開明的態度，但當我們提供環境讓許多人有機會重新認識世界，並進而認識自己時，開明進步的聲音便會遠遠大於今日的分貝。讓更多人真切的知道世間許多美麗的事物，正因我們的冷漠與踐踏而迅速在消失，讓更多人真切的明瞭很多優美的文化，豐富的物種正因我們不斷的擴張與無盡的消費而迅速在滅絕，讓更多人真切的感受到被支配者的哀苦無告，五光十色的排場背後的暗巷裡有無數悲傷的真實故事。到那時候，這些重新了解真實世界的人們之中，會有為數不少的人──就說三成、四成吧──開始質疑原來自己被灌輸的那套價值是否如此絕對。

到那時候，我們原有既存的世界便開始鬆動，也開始有了新的可能。這種可能轉變的基礎在於人的「同情感」（empathy），我相信「同情感」遠較「道德感」真實而根本，同情感是道德感的基礎，人的成長常被扭曲，致使同情感與道德感之間發生明顯的斷裂，造成真實的同情感與虛假的道德感相互衝突；前者屬於真實的世界，後者則屬虛假。虛假的道德感會反過來壓迫自己，壓迫別人。

有些社區大學工作者批評我忽略「社會中介」的影

響，認為在當前強勢的消費文明與社會主流價值的籠罩下，如果不明白教導一種弱勢者的世界觀，人的價值轉變幾乎不可能。我的看法則不那麼悲觀，只要我們所呈現的真實世界足夠細緻而生動，便能喚起許多人的「同情感」，而同情感一旦被喚起，維持既得利益與偏見的主流價值便可能鬆動。

每次想這類問題，我都會回到自己，假若在我自己的成長過程中，同情感曾被喚起，那麼別人為什麼不會？我也用這樣的問題問眾多已有階級覺醒、性別覺醒、族群覺醒，或甚至自我覺醒的朋友們，是什麼因素潛藏在他們自身的成長歷程中，致使他們變成今天的他們，而不被主流價值所吞噬？

我這樣的提問，本質上是：否定「自己高人一等所以才會覺醒」。對我來說，每個人生來都相異無幾，是成長的過程使每個人後來變得不一樣，甚至南轅北轍。

我們要探討的是：自己成長中的某些關鍵機制，因為這些機制自己不斷去重構既有的價值觀。對我來說，這成長過程是那樣清楚：一方面我的經驗世界隨著成長的年歲快速打開，不斷的摸索與思考使自己不願意人云亦云，對於眾多外來的結論，不論它有多麼權威，都先抱持懷疑，然後查問：得到這些結論的方法是什麼？這些方法可靠嗎？當然以個人之力，我無法對所有知識都一一求證，但至少這樣的思考，使理性的懷疑主義逐漸變成一種生活態度。透過這種生活態度，自覺看到的世界，遠比被教導被

灌輸認識得到的世界，真實而確切。

我們一定需要依靠導師或先知，來告訴我們什麼是對的，什麼是錯的嗎？還是我們只需要深入世界的底層，看到事實，然後經由思辨與討論，便能重構自己的新世界觀？

我毋寧相信第二種選擇。

在本書（即《學校在窗外潮本》一書）中，我特別指出**人進學校**，主要為了

打開經驗世界

發展抽象能力

前者使人看到世界種種不同的、真實的面向，後者使人從這些面向中去找尋世界的普遍性。簡單一點說，我們要的是事實與思辨。

社區大學也不能例外，只要給予（這些已經是成人的）學習者事實，打開視野，同時帶動討論，引發思辨，那麼學習者便會自己去建構自己的新世界觀。

當然講師啟動討論時，可以善用鏡頭。這是我們所謂的「**鏡頭主義**」，所指的是當我們把鏡頭聚焦於弱者的感受，我們便能喚起人的「同情感」。「同情感」是自然被喚起的，講師或辦學者不能把它教條化，甚至連這個字眼都不必明白提出。社區大學不是宗教團體，不做心靈改革的事。我們做的是社會改革，重建價值觀是**間接而自發**的衍生物，而不是教材內容或教學目標。嚴守這個分際，才

不易使社大變質。

　　最近有些社大在推動「**核心課程**」，有人質疑我不贊成規劃核心課程，因為核心課程似與自由主義精神相違背；也有人批評我所說公民社會的理想華而不實，而且此一概念橫植自西方，須先清楚界定其意義，才能有效推動。事實上，這些年我未致力於推動核心課程，**原因之一**是我個人用在社大的氣力不足，**原因之二**則為許多社大現實條件不夠。在1998年〈社大辦學通案〉第三節的課程規劃中，我已列出當時認為重要的課程名單，並書明它們係做為參考用，「各社區大學可視本身條件及需要加減增刪，擬定該校課程」。其實這些課程便也是**我心目中的核心課程**。只是我不會冒然要求這些核心課程必修，況且各校有無適當師資這件事，也不能強求。又我認為各校有自主的彈性，所以說它們「只做參考之用」。

　　我對核心課程的推動會被誤解為不積極，還有**第三個原因**。我一向覺得人的腦子是一個知識的有機體，它會「整合」它所真切認識到的東西，對真實知識的攝取只要不偏食，學習者自己便可加以組織，構成對他有意義的整體，這是催化人知性成熟的關鍵。教育者指導的角色份量要降低，核心課程最好不要列為必修，理由是套餐比「領域點餐」（亦即每一大領域內自由選修課程）少了學習者的自主性，其實我更擔心的是：必修核心課程的規劃者，必須具有非常完備的學識能力及對人類心智的充分了解，才能相對擁有這麼大的權力，這樣的「超人」在現世之中不易尋找（我自己當然絕不及格）。

像哈佛大學的核心課程，其實只是領域必選，並非特定課程必修。若以「領域必選」的意義，來界定核心課程，那麼我在1998年這份〈社大辦學通案〉第三節所提出的課程名單，其實便是核心課程了。

　　所以問題還是出在上述原因之二：社大的現實條件夠不夠，有無相應的師資？而後者則又歸之於上述原因之一：我個人用在社大的氣力不足，沒有去找尋並整合某些核心師資，密集討論且就現實條件去妥善規劃。目前文山社大所推動的核心課程，若只要求領域必選，而非要求必修，則與我原始理念並無二致。

　　至於「公民社會」之說，我原來既用「公民社會」一詞而非「民間社會」，當然所指係與公共意識的覺醒、並與公共政策有關，而非單純以民間活動（如宗教活動、婚喪或祭祀等）為主軸所構成之社會。我對「公民社會」的界定，其實是常識性的意涵，亦即由公民參與公共事務，甚至大幅影響公共政策的社會。這種由下而上，透過公共討論的發展（例如借助於媒體）及社會深度學習（例如借助於社區大學），去影響國家中央或地方事務（例如借助於公民投票及社區營造）的社會，可以擺脫政治菁英的支配，而使社會發展反映社會成員的需求，並理性考量社會整體而長遠的利益，由此形成現代國家不可或缺的公眾（public）力量，以防止龐大的社會資源操控在政府與代表私人或純利益集團的手中，而由此一公眾力量去扭轉國家發展的方向，使重視公眾整體利益。這便是我所說的「公民社會」。

我沒有用「市民社會」這樣的譯詞，是因公共事務的
參與不能只限於城市中產階級。19世紀的「市民社會」
對黑格爾來說，是他所讚頌的「國家理性」的一部份，但
在馬克思（Karl Marx）看來則只是服務資本主義的一個
環節。顯然以我上述意義界定下的「公民社會」作為社區
大學努力的目標，較之於黑格爾或馬克思心目中的市民社
會，更能契合於今日的台灣社會。

事實上西方「市民社會」的概念，早在18世紀萌芽之
初，卻是反對專制主義，對抗當時的主流政治社會，而非
像黑格爾與馬克思所認定的那樣，依附於國家利益或服務
於資本主義社會的。

洛克（John Locke, 1632–1704）認為人類乃是一種先
於政治而存在的共同體。這種自然狀態的市民社會，是前
政治或非政治的，它至多只得到政治的保護，但絕不受其
監督。

同樣站在反專制主義的立場上看市民社會，孟德斯鳩
（Montesquieu, 1689–1755）則視市民社會為制衡君主專制
政府的要件。政府必須遵守法律，但如果沒有獨立的社會組
織去催生並捍衛法律，君主制政府必然流於專制，因此，強
大市民社會的存在，便成為維繫法律、制衡專制之所寄。

孟德斯鳩與洛克這兩種觀點看似相同，卻構成不同影
響的**兩大思潮**。洛克的影響是市民社會應獨立於政治社
會。孟德斯鳩的看法流風所被，則反過來促成市民社會進

入政治領域，甚至直接涉入政府決策[7]。去年我在凱達格蘭學院演講，論西方「市民社會」的概念發展時，特別指出這兩種不同觀點自然出現在每一個不同時代的社會運動中。在社區大學內部，對於社大與政府的關係是離是合，是疏是密，一直爭議不斷：在法制化問題、學位授予問題、經費問題、學校場地問題等許多關卡上，隨時社大人員都在思考社區大學會不會被國家體制收編（如洛克擔心的），或反過來因進入國家體制而得以穩定發展（如孟德斯鳩的主張）？

我個人對「公民社會」的概念（已如前述）與當代**哈伯瑪斯**談公共領域（public sphere）時的看法較為接近，後者所提幾個要件都應包羅於公民社會之中：1. 形成公共論述；2. 對所有公民都是開放的；3. 處理普遍利益；4. 自由集會與表達；5. 促成「公眾」的作用。但這些比較細緻的看法，顯然源自啟蒙時期洛克與孟德斯鳩的經營、辯證時期黑格爾的分析與馬克思的批判。至於適用的範圍，我看不出東西方有什麼懸殊文化或所謂「國情」的差異，使得公民社會這樣的概念不能在東方社會（如台灣）發展出來。

我這種信念來自於：即使是洛克所稱自然狀態下先於政治的人類社會，仍然可以自然發展出「文明」的種種成果；也來自於我對當代資本主義社會的了解，及對目前後

7　Charles Taylor, "Modes of Civil Society." *Public Culture,* 1999, 3(1): 95–118, 馮青虎中譯，收錄於《國家與市民社會》，鄧正來編，北京：中央編譯社。在他的論文中對這兩大思潮的影響，做了細緻的歷史分析。

戒嚴時期台灣社會的觀察。

　　社區大學自1998年在文山成立以來，六年之間蓬勃發展多達八十餘所。由於外在條件不足，不免問題叢生。我慚愧自己未能處在第一線與熱心朋友們一起努力，一起面對問題，甚至在概念起了爭議時，又未能即時回應，致使對話每每失焦。藉這本社大文獻[8]出版時，對倡議時期的原始理念補作說明，並回應朋友們的質疑，希望對社大未來的整合與進一步發展，會有一點助益。

　　文山社大杜文仁博學多聞，怕我孤陋寡聞常餽贈我好書，對我多所督促。月前送我一本葛蘭西（Antonio Gramsci）的《獄中札記》，我讀到葛蘭西對於人的智力活動所作的分析，很高興他的觀點與我強調學習者主體性的諸多論述不謀而合。讓我用他在書中開頭的一段話作為這篇回應文章的結語。也許這段話會使社大朋友們更肯定社大工作的意義：

　　　一所有的人都是哲學家，每個人都無意識地各自擁
　　　有一套哲學，因為不論在任何起碼程度的智力活
　　　動，或在言語之中，都包含有一定的世界觀。從這
　　　點出發，我們考察接下來的因素，即批評與自覺這
　　　個因素，我們要回答的問題是：「哪一些思考方法
　　　較為優越？」人可以「思考」而不批判地意識到自
　　　己的思想，迎合某一種世界觀，這種世界觀是外界
　　　或某一社會集團灌輸給人，而被人無條件接受的；

8　本文原收錄於《成人的夏山：社區大學文獻選輯》，左岸文化，2004。

或是人通過自覺與批判的思維，以建立自己的世界
觀……成為本身的主宰，而不是消極和馴服地等待
周圍世界來塑造自己這個人。

葛蘭西所要回答的問題，不就是社大工作者所正在著
手處理的問題？

節3　1998年社大企劃：
我們要辦什麼樣的社區大學？[9]

1　背景說明

我們要在各地催生的社區大學，與教育部構想中的社
區學院旨趣不同。教育部設置社區學院的同時，民間與地
方政府應大力合作發展出社區大學的不同面貌。

教育部所構想的社區學院，強調個人終身學習與推廣技
職教育，並企圖藉此紓緩升學壓力。而我們所規劃的縣市
社區大學，一方面固然也提供個人知識成長、學歷加昇的
機會，另一方面更強調開拓人民的公共領域、充實其生活內
容，同時發展人民的批判思考與台灣社會的新文化，以進行
社會重建，為未來的公民社會鋪路。換句話說：教育部的構
想著重點限於推廣教育，本計劃則強調在教育領域內提升人
民的思辨能力推動社會改革，並使改革的影響力回來滲透教
育體制，促進教改。

9　1998年夏完稿。

我們並不主張把社區大學當作轉進一般大學的跳板。目前台灣人民進四年制大學的機會嚴重不足,七成在國中畢業時,已轉入技職學校,同年齡人口能進四年制大學者尚未達兩成(美國則達54%,加拿大60%、日本30%、南韓43%)[10],一般大學的數量應該大幅擴充,才能從根本的需求面去紓緩升學壓力。不能把兩年制社區學院當作跳板,模糊社區學院本身應有的定位。台灣情況與美國不一樣,美國人民隨時要進州立大學的機會十分充足,學生先進兩年制社區學院再轉入一般四年制大學,是為了方便與省錢。台灣在一般大學未能大幅增設之前,限制社區學院為兩年制,會使社區學院變質為一般大學的先修班。

　　另一方面,我們也不主張把社區大學定位為培養工商專業技能的場所。社區大學可以開設一些工商課程,但應強調「**通識**」重於「**技職**」的辦學精神,使人民能具有共同經營現代社會,具有進行反省、思辨與批判的能力。台灣這幾十年來過分偏重經濟發展,輕忽文化提昇,已使社會弊端叢生。而半世紀的威權政治,又迫使人民的生活窄化於私領域、造成**價值扭曲**,加上強烈的**工具主義**取向,亦已深植於台灣社會,致使人文主義無法抬頭,社會亂象不斷。透過社區大學,進行台灣社會的內在反省,應是重建新價值與新文化的有利契機。

　　我們主張社區大學設為四年制,這樣可使社區大學課

10　自本文撰寫年月迄今,已歷二十三年。這段期間台灣藉由技職學校升格,致使大學人數劇增,而品質浮濫。本書於2021年改版時,仍保留書寫本文時的外在環境,讓讀者了解當時的作者思慮問題的依據。

程四年一貫，免於中途變質，又可順應人民所欲，滿足人民讀完大學的需求，提供另一取得大學文憑的管道。廣發文憑有助於打破文憑主義，使得用人唯才。

2　本計畫的特點

—打開公共領域，發展民脈（civic connections）
—進行社會內在反省，培養批判思考能力
—以學員為主體，協同經營社區大學
—緊抓成人學習的特點，著重由問題出發的討論
—藉生活藝能課程充實生活內容，重建私領域的價值觀

社區大學可由中央、地方或民間分別設立。但衡諸當前政治與社會現實，我們認為先由地方政府協同民間辦設社區大學，最能切合實際。尤其中央政府目前尚不肯開放四年制大學，而我們所規劃的社區大學成本極低，由地方政府先行設立，推動較易，且唯有如此才能照顧地方特色，並順應地方分權的潮流。另一方面，純由民間辦設社區大學，在現階段似乎公信力不足，不易吸引一般人民投入時間心力踴躍入學。依我們的觀察，在其他客觀條件完全成熟之前，由地方政府辦設社區大學，核發四年制大學畢業證明，日後再爭取中央加以承認，對於民眾入學會具有較大誘因。

我們所規劃之社區大學（以下通稱社區大學），招收的學員為社區內外十八歲以上之人民，不加學歷資格限

制，我們要強調社區大學學員除了未取得大專學歷一般人民外，招收對象亦兼含大專畢業生；其中專科畢業生，經補足兩年通識學分，可取得四年制大學文憑。而大學畢業生，就讀社區大學可取得通識學分修課證明，除自我充實外，可替代官方或企業所舉辦的成長課程，提高各行業聘僱人才的素質。

我們在規劃社區大學時，除參考美，德等國社區大學之功能外，更針對台灣社會的特殊條件與特殊需要而研擬。以下詳細說明其特點。

2.1 打開公共領域，發展民脈

社區大學課程分三類：**學術課程、社團活動課程**與**生活藝能課程**。其中社團活動課程將授予學分，共40學分，佔全部課程三分之一弱。這點與一般大學之規定不同。

社團活動課程的目的，在於發展人的公領域。藉由公共事務的參與，去面對當前社會爭議的問題，引發人的社會關懷，也提供人進行思考與討論的具體素材。以實務結合學術課程所研討的理論，學員可以得到較紮實的自我成長機會，深化自己對週遭世界的認識。

另一方面學員經由社團活動，將為台灣社會的公共事務注入豐沛的人力資源。在公領域內發展緊密的人際網絡，則有利於促發民間力量的形成。

社團活動以公共事務為主，由學員自己組織，聘講師

為社團顧問，以便於諮詢及指導。例如組成**社區新聞社**，挖掘社區新聞，辦社區報紙，提供資訊以凝聚社區意識。又例如組**社區規劃社**，深入社區各角落辦社區活動、蒐集居民需要，對理想的社區環境進行規劃，像圖書館、文化中心、綠地、兒童遊戲場、居民聚會場所、游泳池等的配置、道路分佈、人車分流、植栽設計、社區美化等。其他例如組**地方文史社**，探查地方過去的歷史、人文典故、特殊建築與民間藝術。其他諸如組環保社、河川保護社、社區工作社、老人關懷社、婦女兒童虐待防治工作社、原住民文化研究社等，在在都有益於凝聚社區意識，打開公共領域，發展民脈，學員也藉此反省自我，實現自我，創造新價值觀。

2.2　進行社會內在反省，培養批判思考能力

在通過社團活動課程，讓學員接觸公共事務的同時，必須輔以學術課程（佔48學分），使學員以較寬廣且較深刻的觀點去看待世界，才不致流於狹窄與表象。宏觀而深入的檢視自己與他人（人文學）、與社會（社會科學）、與自然（自然科學）的關係，才能夠作較根本的思考。學術課程48學分，佔全部課程三分之一強。

學術課程所記載的知識，許多固然是人類文明中的偉大遺產，但並不是高不可攀的東西，而是人類在文明創造活動中長期累積的經驗。假如把現代知識分成三個領域：人文學、社會科學與自然科學，那麼，人文學的內容，像文學與藝術，不過是創作者透過他本身獨特的手法去刻劃他個人對人世感悟的深度體驗；社會科學像經濟、政治、

法律、社會和歷史，便是人經營社會組織，從事社會活動累積下來的集體經驗；至於自然科學，如物理、化學、生物、數學，則為人與自然對話的活動中提煉出來的經驗。只有學習者原有的經驗，與書本所記載的別人經驗相互碰撞、相互印證、相互衝突，才有真實的知識產生。

批判思考（critical thinking）不應被視為「不負責任的批評別人、批評外界的態度」。事實上，批判指的是經驗的衝突。人的解放，必須通過真實面對現實的種種矛盾──人內心的掙扎、原欲與社會規範間的矛盾、內在與外在之間的矛盾、真實與虛假之間的矛盾、性別分工中的矛盾、階級之間的矛盾、族群之間的矛盾、自由與安全之間的矛盾、文明與自然之間的矛盾。是無數的矛盾成就了今日世界豐饒瑰麗又辯證詭譎的樣態。真實的面對潛藏在這個千變萬化的樣態底下，纏繞糾結的矛盾，人才可能**提昇自己**看問題、想問題的層面，才可能擁有**批判思考**，才可能在滾滾洪流中保有獨立的自我。**社會的內在反省**，正是許多善於從事批判思考的自我，加總而相乘起來的結果。

學術課程的開設，如果要發展人的批判思考，就不能採取概論式的套裝知識來灌輸，而應改用「專題－共讀－討論」的工作坊形式來進行。例如在「藝術的體驗」一門課中，讀〈羅丹的傳奇生涯〉及相關評論，接觸羅丹及其他人的雕塑作品，又例如不開「世界近代史」而改開「近代重大歷史事件」，其中可以選擇像「**啟蒙運動與法國大革命**」的專題，看影片及相關書籍，甚至讀狄更斯的小

說，然後共同討論。再者，開「**資本主義社會分析**」，以宏觀的角度看自己在資本主義社會中的角色，對今日世界**擴張主義**與**保留主義**的矛盾作較根本的檢討，並對科技文明中的**工具理性**、**技術意識**做深刻分析。以這些根本思考作基礎，我們才能進行社會的內在反省，重建新世界觀。

2.3　以學員為主體，協同經營社區大學

　　一般學校的運作或授課，皆由行政人員及講師主導。目前許多文化中心或民間辦理的研究課程，學員常處被動，彼此之間沒有機會通由研習課程相關之場域經常互動，而形成研習之主體，並影響日後之研習內容。本計畫所設計之社區大學，藉由社團活動、生活藝能課程，不但提供學員密集互動之大好場域，相對於慈濟會或其他教會，這種社區大學將激發人性中善良與追求公義的一面，而且會促成學員深入公共領域，探討社會結構，影響公共決策，更進一步從根本去改變台灣社會的價值與風貌。同時學員亦參與學校的行政事務，例如選修「校務義工社」社團學分者便須經常參與學校事務性工作。而由學員推派代表參加校務會議（學員代表不得低於三分之一席次），更使學員學習民主運作，與行政主管、講師共同經營社區大學。另外每學年學員對授課效果應做教學評鑑，以協助維持授課水準，亦使學員在學校運作中，擁有相當份量的發言權。這幾種參與管道將提供學員寬廣紮實的民主經驗，也使學員賦有學習者的主體性，大幅增進學習效果。

2.4　緊抓成人學習的特點，著重由問題出發的討論

　　一般使用「成人教育」的名詞，便反映出知識菁英不

自覺的傲慢，以為知識菁英可以來「教育」成人，事實上，在民主社會中沒有一批公民有權來「教育」另一批公民，有權來塑造其他公民腦袋裡的東西，這是基本的民主態度，也是開設社區大學時應遵守的原則。

另一方面，從實質內涵來說，「成人教育」的定位，亦存在著**知識菁英的偏見**，以為社會大眾知識偏低，而把「成人教育」當作補習教育，意欲幫助大眾學習識字，學習中產階級的言語談吐，或教他們懂得一些所謂的生活藝術、休閒情趣、改變他們的「氣質」；甚至進一步讓大眾學習體制教育內套裝的教材內容，提高他們的「學歷」，讓他們再走一遍年輕學子所走過的路。

其實一般做這種主張的人，都不了解這些「成年大眾」，正如教育工作者經常不了解「兒童」一樣。一般體制內的學校教育，辦學**原本**有三個層次的目標，使學習者從教育過程中得到：

1. 知識性的操作訓練
2. 問題分析能力的培養
3. 詮釋、批判與創造力的發展

台灣的學校教育普遍**偏重**第一個層次的知識**操作訓練**，學生記很多、背很多，懂得一點簡單的抽象推理。這使得台灣學校教育在國際上擁有智育偏高的假象。卻沒有培養學生分析問題的能力，在詮釋、批判與創造力的培養上更只有壓抑。台灣高學歷的畢業生，時常在踏入社會面對變動不息的實際問題時，才開始要動腦筋，學習分析問

題。至於創造力則因長年停頓不前，早已萎縮，不易恢復。這是當前台灣學校教育的普遍現象。提早離開學校而接觸生活與工作的社會大眾，反而有較多機會面對實際世界的問題。高學歷與低學歷的差別，在人身上所呈現的並非能力的高低，而是不同能力的發展。學歷較高的人多少比較擅長**普遍形式的套用**，記憶比較多而廣泛的東西，學歷低的人則反而能從**自身經驗出發**去面對問題。

辦社區大學就要緊抓這種特點，去延續成人大眾的長處，而補其不足。目前許多成人教育的形式**都忽略了**成人大眾的這種特點。像空中大學或各縣市文化中心所辦的演講，常是**單向的**授予套裝知識，而忽略了成人大眾學習新知的特點。

一個人是否受過良好教育最大的特徵，在於他的經驗世界有無打開，而變得充實、深刻廣闊與豐富。教育的目的則為了打開並深化人的經驗世界，使人把自身的生活體驗，延伸到不同的時空，進入久遠、廣袤或極小。人的經驗世界一經打開，而且深化，他（她）的能力自然提高。事實上，這也是教育最主要的功能。

辦社區大學，也要用這種觀點來擬訂辦學方式與內容。在協助學員打開經驗世界的同時，隨時回溯於他（她）們從生活中累積的自身經驗，盡量避免太早或大量的使用具普遍性的抽象語言。運用成人大眾在生活與工作中累積起來的主體意識，運用他（她）們較擅於分析周遭問題的能力，提供他（她）們延伸自身經驗的環境與機

會，教育的成效自然倍增。台灣正來到現代化的關口，藉由設置社區大學，可使眾人在接觸現代知識的過程中，能夠主動參與四周世界的形成，以拓廣視野，建立世界觀，並共同解構，共同建構社會的新秩序與新價值。

基於上述體認，我們創辦的社區大學，其學術課程，除特定科目涉及基本原理的架構，必要對學員施以系統性訓練之外，一般不採用概論或冗長的文字介紹，而**改用重點式的專題分析**。由問題出發，再利用讀書會與討論會的形式，來讓學員掌握該課程的精義。例如：不教「文學概論」而直接選擇適當的小說，透過共讀，去抓出問題，進行分析與討論，同時介紹作者及其創作背景。（關於大量師資的來源，請參考4.3.7「師資、教學水準及成績」。）

2.5　藉生活藝能課程充實生活內容，重建私領域的價值觀

除學術與社區活動之外，學員尚須修習生活藝能課程40學分。生活課程一方面為了充實社區居民的生活內容，滿足學習生活的需求，另一方面則在於健全人的私領域。例如在漢文化「萬般皆下品」的觀念支配下，長期有**動口不動手**的習慣，近年更受資本主義消費文化的影響，絕大多數人對生活中的許多重要環節都必須假手他人，這使得生活內容變得貧乏而無創造性，也阻礙台灣走向進步社會所必要的多元發展。像**水電修護、汽車修護、木工**，一般人都不肯也不會自己動手，除造成**生活內容空洞化**，加速人在資本主義經濟下的異化之外，對子女的科學教育亦甚為不利，使科學教育停留於文字與概念的灌輸，沒有實際體驗與感覺。另外，不自己動手更造成用具「壞了即丟」

的現象，大量浪費生活資源，破壞生活環境。

　　生活課程中設有「水電修護」、「木工」等，也有助
於淡化階級界線。平日被薪資階級花錢差使來服務的水電
與木工，在社區大學卻被聘請來當社區居民的講師，這樣
做將有益於**提高職業尊嚴**。又生活課程中可設「居家建築
與景觀設計」。台灣近年經濟發展，但**居家建築與景觀**從
都市到鄉村，都變得**醜陋無比**，人對自己的生活空間完全
失去創意。透過 「建築」與「景觀」之類的課程，讓居
民參觀國內外不同時期的建築風格，培養對生活環境的美
感，並激發不同的創意，這些都將大幅改變台灣的風貌。

　　另外像「自製衣食」、「健康與飲食」等，鼓勵在工
作之餘尚有閒暇的居民學做麵包、餐飲、健康食物及自己
喜歡的衣服。一方面可充實生活內容，使**生活多樣化**，另
一方面則降低居民對資本社會大規模經營體制的依賴，認
識「小而美」（small is beautiful）的價值。

　　其他除「親子關係」、「兩性關係」、「實用法
律」、「音樂欣賞」、「舞蹈」、「登山」等都在生活課
程之內。配合最近實施的「週休二日制」，生活課程將深
受社區居民喜愛，而且激發創意，產生新觀念與新文化。

2.6　總結

　　社區大學的三類課程設計，是以社團活動課程打開並
發展人的公共領域，以生活藝能課程改造私領域的內涵，
而以學術課程作為重建世界觀的基礎，養成人思考根本問

題的態度。藉三類課程**相互穿引**，社區大學將變得生氣蓬勃，可望成為重建台灣社會，發展台灣新文化的泉源。

3　課程規劃

社區大學之課程分三大類。學員畢業前需修滿128個學分，其中

學術課程48學分
社團課程40學分
生活課程40學分

若修滿各類課程皆滿其一半學分數時，核發二年制結業證書。

所有課程皆為選修，但須依規定在各大類、各領域學科中選修一定學分，例如於「學術課程」此一大類之「人文學」領域中修滿16學分。以下所列課程做參考用。各社區大學可視本身條件及需要加減增刪，擬定該校課程。

3.1　第一類　學術課程

學術課程依人文學、社會科學、自然科學三個領域，各安排適當課程，由淺而深。必要時另設**預備班**，供文字能力偏低之學員自行選擇是否修讀。選課前設諮詢小組，由講師組成，向學員說明修課內容，並給予建議。學員畢業前需修滿三個領域各16個學分，共48學分。取得二年制結業文憑前，只需就三個領域各修滿8學分。本項規定的意義在**強調通識之精神**。

茲列各領域參考課程如下[11]：

A. 人文學

—當代小說選讀**：選擇當代經典或通俗小說，共讀討論。

—藝術的接觸*：由講員介紹某些藝術作品及藝術家創作的背景，讓講員可直接讚賞作品及參加討論。

—比較文化*：討論不同文明間之異同。例如基督教文明、回教文明、佛教文明的精神及其對現代社會的影響。又例如討論印地安文化與南太平洋文化、南島語系文化、漢文化及日本文化等，藉此打開視野與胸襟，消除對異文化的偏見，不宜採概論式的介紹，最好以專題進行。

—台灣史*：重新認識台灣的過去，藉歷史縱深的瞭解，分析今日台灣社會與文化的現象。

—原住民文化及語言*：介紹原住民各族的歷史、習俗與文化特質，並教導漢人學習原住民語言。

—世界地理與風情**：選擇專題以活潑生動的方式呈現，例如配合影片放映，或自《美國國家地理雜誌》摘取資料研討。

—歷史性人物及其影響*：以傳記或相關評論為讀書材料，共讀與討論。

—女性主義**：選讀女學重要論述及派別，討論女性解放的意義。

—教育哲學*：從盧梭到Paulo Freire。選讀教育哲學的作品，有助於學員重建自己教育子女的基本態度。

11　「**」表核心課程，「*」表推薦課程。

—各地建築風格*

—近代重大歷史事件*：如討論啟蒙運動與法國大革命、英國工業革命、美國獨立、蘇聯大革命、西班牙內戰、二次世界大戰、60年代反戰運動、人權運動及共黨政權崩潰。

—當代重要人文思潮**：Freud、Marx、Sartre、Marcuse、Foucault、……

—哲學名著選讀*

—音樂欣賞與音樂史*

—心理學淺論*

—兒童文學選讀*：介紹重要兒童繪本，兒童文學名著，鼓勵學員從事兒童文學創作。

—兒童學論題*：討論兒童認知、兒童心理、兒童教育，增加大人對兒童的瞭解。

B. 社會科學

—社會學思想**：擇一兩位社會學家之思想及其哲學加以探討。

—各國憲法與法學緒論**：建議捨棄概論式授課，而選擇專題、閱讀與討論。例如比較不同國家之憲法精神、大陸法與海洋法、陪審制度，看審案影片後討論。

—經濟學原理*：從經濟現象回溯經濟學理論。資本主義經濟與社會主義經濟。

—資本主義分析*：討論資本主義之興起、精神及其運作，分析其對人類社會，過去、現在與未來之深遠影響，對個人、家庭與文化之巨大衝擊。

—科技與社會*：科技對社會的影響，自由主義的觀
點，批判理論的觀點，資訊與未來。

—當代政治分析**：獨裁與民主，總統制、內閣制與
委員制、各國政體及其運作、重大政治事件。

—人類學及田野調查**：擇數位人類學家之通俗著作
閱讀及討論：人類之起源，早期人類社會，文化人
類學有關專題。可考慮帶田野調查，外出實習。

C. 自然科學

—理化基本原理**：可分入門階段與普通階段開課。
前者相當於中學程度，但強調概念，少談計算。後
者則可擇專題開課，例如光學、熱學及其應用，
（雷射、溫室效應等），電學原理，電磁與波動，
相對論，量子論，粒子世界等，儘量深入淺出。

—宇宙與天文**：宇宙形成，太陽系、銀河系、星
雲，黑洞。

—化學與生活**：生活需要的化學知識，例如了解生
活用品上標示的成份及作用，並了解其對自然生態
的影響。

—台灣地質淺說**：板塊，台灣地質的形成，岩石成
因，各種土壤分佈，恐龍滅絕。

—兒童與數學**：認識數學與文明的關係，了解兒童
如何學習數學，協助家長對子女學習數學保持正確
的態度。

—基因與遺傳**：閱讀有關基因發展的科學書籍，討
論基因工程對於人類社會的影響，基因與疾病。

—達爾文與演化論**：談達爾文發展演化論的背景，

演化論的哲學意義，人類的演化。

—認識動、植物**：實際認識生活周遭的動植物及其生態，動物行為，野生動物，生態保育。

—生態學淺論**：介紹生態循環的內容，工業與生態，能源問題。

—科學史**：科學思想的流變，科學人物及其研究，科學哲學。

3.2 第二類 社團活動課程

學員自組社團，擬訂社團活動之目的、內容與方法，提名校內外適當專業人士為講師，經校務會議核准後，由社區大學聘任提名人選擔任社團諮詢講師。每學期結束前，社區大學設「社團週」，由各社團向社區公開發表本社團一學期內之活動成果，諮詢講師可於發表會上蒐集聽眾意見，作為評鑑社團活動成績之重要依據。

社團活動以公共事務性及研究性之社團為主，可取得學分，建議每學期得5學分，學員畢業前需修滿40學分。茲列社團活動之參考課程如下：

—生態環保社**：探討生態環保之內涵，並研究有關環保公共政策之議題，參與環保工作，促進社區環保品質之提昇。

—社區新聞社**：挖掘社區新聞，辦社區報紙，報導與分析相關新聞。

—社區規劃社**：規劃社區良好之居住環境，研究相關法規，蒐集社區區民對社區環境改進之需求，延請專家協助探討其實踐之可能性。

—地方文史社**：研究地方自移民迄今之歷史，挖掘人文典故，探討地方的經濟、工藝、建築、民俗與宗教。

—社區工作社*：關懷社區弱勢者，從制度、經濟、生活、保健、心理及生活照顧，多方面進行社區工作。

—婦女兒童受虐防治義工社*：專門協助受虐婦女兒童脫離困境及心理復原。

—殘障關懷社*：探討殘障者所面臨之問題，學習手語，從制度面與個人需求協助解決。

—原住民文化研究社*：研究原住民文化，學習原住民語言，鼓勵社區居民認識並尊重原住民的文化及語言。

—河川保護社*：研究如何維護並整治流經社區的河川，防止砂石盜採、污染及破壞水中生態。

—社區景觀社*：研究社區內之建築、道路、橋樑人文及自然景觀，舉辦社區景觀活動，激發居民對於社區景觀的重視，探討維護與改進之策略。

其他休閒性及育樂性社團，如音樂社、美術社、桌球社、舞蹈社、戲劇社、登山社等，社區大學亦應鼓勵學員組織，並儘量提供空間及資源協助，唯不計學分，以避免對公共事務性社團及研究性社團，產生巨大的排擠效果。

3.3 第三類 生活藝能課程

生活藝能課程佔40學分，由於此類課程皆需實習，所用每週時數亦高，建議每門課每學期授予5學分。某一專門

藝能修滿20學分，可得專門藝能文憑，例如修滿兩年攝影課，（一）、（二）、（三）、（四）共四級者，便可取得主修攝影之專門藝能文憑。

生活藝能課之開設，應視社區之地方特色及專門師資而定。生活藝能之師資，可自社區內外之專門人才羅聘，例如水電、木工、或陶瓷等課程，可提名社區內外從事水電、木工、陶瓷工作技藝優異，口碑甚佳者，經校務會議核可之後聘任，學歷及資格不限。

茲列生活技能參考課程如下：

水電修護	木工	攝影	陶藝	繪畫
書法	電腦	工商管理	居家建築	景觀設計
自製餐飲	食品健康	親子關係	兩性關係	音樂聆賞
實用會計	家電修護	保健醫藥	雕塑木刻	裁縫自製衣服

關於「社區大學」之定名為大學而非學院，依大學法，所謂「學院」，指含一個或兩個領域之組成，如文理學院。三個以上領域之組成則稱為大學。依以上之規劃，社區大學課程涵蓋人文學、社會科學與自然科學三個領域，故應定名為「社區大學」而非「社區學院」。

4　計畫內容

關於社區大學的辦學內容及其運作方式；我們撰寫了下列「地方政府設置社區大學計劃通案」，說明我們的理念將如何實踐。

4.1 計畫目的

　　地方政府設置社區大學，核發四年制社區大學文憑，提供成人接觸現代知識之機會，強調學員之自主學習及社會參與，充實人民生活內容，以提昇台灣社會的文化水準，並厚植民間力量，凝聚社區意識，健全現代民主社會之基層細胞，間接亦有助於打破文憑主義。

4.2 計畫概要

　　由縣市政府擇轄內適當地點，或就國民中小學學校場地、空間與設備，設立社區大學，開放各年齡層國民就讀，於夜間及假日上課，進行活動。本社區大學採純學分制，不規定修業年限，文憑由縣市政府會同社區大學發給。

4.3 計畫實施要點

4.3.1 校址及設置社區

　　地方政府可擇轄內適當地點設置社區大學，倘覓地不易，社區大學可設立於**現有國中小學**（及未來之社區中心），於夜間及假日（含寒暑假期間）上課，以節省學校用地及擴大現有公共設備之使用效果。

　　社區大學，除由地方政府主動選擇適當地點設立之外，亦可由「縣市地方政府**社區大學委員會**」（參見5「普設辦法」）制定申請辦法，由民間人士向地方政府申請設置。

4.3.2 入學資格與結、畢業證書

　　社區大學採純學分制，不規定修業年限，從十八歲修

到八十歲以上亦皆無不可。學員只需修滿現有大學規定之128個學分，便由縣市政府與該社區大學核發四年制大學畢業證書，且修完兩年即核發兩年制社區大學結業證書。為擴大入學面，間接提昇全民文化，不宜設學歷資格限制，只要年滿十八歲之公民皆可入學，由學員自身能力是否能通過修課要求之條件，來維持文憑之水準。今年不通過，明年再來，重複多少次皆可。若短期內程度不夠者，可安排其修預備階段之簡易課程，預備階段之課程亦給予學分，但此項安排對學員只屬建議性質，不做強制規定。

社區大學必要時可對學員施測高中職學力測驗。

4.3.3　專門藝能文憑

社區大學不分科系，但得於結業與畢業文憑中，得依其藝能之選修性質，加註主修之藝能科目系列。

4.3.4　通識課程有關文憑與在職進修

專科畢業生可在社區大學補足兩年通識課程，取得四年制大學文憑。大學畢業生可在社區大學修課取得通識學分修課證明。

社區大學開放給國中小教師、企業或其他各界人員之在職進修。

4.3.5　縣市社區大學評議會

地方政府設「縣市社區大學評議會」，直屬縣市長，審核各社區大學之辦學計劃，並監督其執行成效。

4.3.6　社區大學行政

社區大學設主任一人，由國內外已學有專長或有特殊成就之人擔任。三年一任（近年滯留國外，受專業訓練之人才頗多，可考慮其意願強烈又處事能力成熟者，迎聘擔任此職），若缺少適當人選擔任，寧可先由校內講師代理主任。

社區大學設副主任一人，由主任聘任，協助主任處理社區大學事務，另設校務行政人員數名，其他行政工作盡量由學員（尤指校務義工社之社員）協同處理。

社區大學設校務會議，由正副主任，教師與學員三方面代表組成，主任為召集人，教師與學員代表各不低於三分之一，共同決議社區大學重要事項。遇有爭議，相關人可以書面向縣市社區大學訓誡會申訴。

主任及行政人員，皆為約聘職，非永久擔任，以維學校生機不斷，並減輕龐大人事費之負荷。

4.3.7　師資、教學水準及成績

社區大學之教師只設講師一級，皆屬兼職，原則上每年一聘，必要時得兩年一聘或三年一聘，視約聘對象之條件及學校之需要而定。師資來源以一般大學之教師、優異研究生與大學畢業生、社區專業人才，社工人員及具特殊技能者擔任。

社區大學學術課程以「專題—共讀—討論」的工作坊（workshop）形式來進行，講師主要工作是提供資料，帶引讀書會與討論班，並不需要太前端之學院專業背景。因

此可考慮延聘國內外研究生，社區專業人才，民間學者或特殊領域研究者（如生態、民俗文化研究工作者及優異大學畢業生）來當社區大學學術課程之講師。社團活動課程得聘社工人員為社團諮詢講師。生活藝能課程得聘社區內外具特殊藝能者擔任講師。

為維持講師授課水準，每學期授課效果應由修課學員於每學期結束前進行教學評鑑，評鑑結果作為校務會議續聘教師之重要依據。學員之修課成績由授課教師核給，但成績只分及格與不及格兩級，必要時加特優一級，附帶文字評語。

社團活動課程之成績評定，採社區公評方式進行。每學期期末設社團週，於週休二日進行。由各社團向社區內外人士，作公開報告，說明其活動成果。指導講師依據報告情況，予以評分。

4.3.8 社區大學經費

學費原則上由學員自付，可設補助金制度，以補助低收入之學員繳交學費。社區大學經常費用由學費支付，固定設備原則上由縣市政府提供。由於主要固定設備皆借用現有國中小學之設備，而且學費自付，辦校經費所需甚少，地方政府應可負擔。

社區大學所有上課課堂皆對校內外開放。校內各任課講師隨時可入內參與討論，並於課後相互切磋，提高教學水準。又社區大學所招募之儲備教師亦經常參加課堂，以為見習。

4.3.9 分階段實施

本計畫實施初期，宜先在縣市轄內選擇數所國中小附近之社區，成立實驗性社區大學。待累積一定經驗之後，再逐次推廣至各社區。

5 普設辦法

推動社區大學初期，成立「社區大學聯合籌備委員會[12]」（以下簡稱聯籌會），鼓吹社區大學辦學理念，尋求社會廣泛支持，促成地方政府接辦，並為日後取得中央政府承認而鋪路。同時「聯籌會」立即試辦數所社區大學，用來累積經驗，以作為全國普設之基礎。

「聯籌會」的主要工作，在於催生，而非統辦。換言之，「聯籌會」要將具有

公共性

批判性

生活性

附加職業性

的社區大學，引入台灣社會，使它蔚為風潮，並逐步植根於台灣社會，衝激台灣的社會與文化。「聯籌會」的定位便在於結合各方力量，為這種具有現代公共自覺力的社區大學，創造其籌設，乃至於在各地全面推廣的條件。「聯籌會」的立場，是開放並鼓勵各縣市各階層有能力的人士

12　此構想後來由顧忠華等人成立「全國社區大學促進會」取代並加以發揚。全促會（簡稱）二十年來對於社大普設發揮了很大的作用。迄今仍然順利運作，對於社大運動有鉅大貢獻。——本書作者2021年2月按。

出面向縣市政府申請籌設這種社區大學。在未來數年內，籌設的社區大學模式有三類：

1. 由「聯籌會」本身試辦的社區大學，稱之為「種子社大」，其辦學方向盡量依原始構想，但在實踐中不斷修正。

2. 有意創辦者與「聯籌會」接洽，交換理念，經「聯籌會」同意而向地方政府推薦後，籌設社區大學，成立後與「種子社大」經常合作。

3. 有意創辦者逕洽地方政府，籌設社區大學。各自發展其特色，但可參考「聯籌會」的原始構想及「種子社大」辦學經驗。

同時「聯籌會」提供全國各縣市社區評議會之「參考名單」，各縣市政府成立該「縣市社區大學評議會」，可自上述「參考名單」擇適當人選聘任。以利社區大學原始理念在各縣市推廣。「縣市社區大學評議會」監督縣市轄內各社區大學之辦學，其職權列於4.3.5。

另一方面，各社區大學創辦者可以自上述「參考名單」中，擇適當人選，延聘為該社區大學籌備委員或諮詢顧問。

「聯籌會」於每年舉辦一次或兩次之各校聯合教學研討會，並蒐集且充實各社區大學之教材及教學資料，同時協助其出版。

篇四

知識是人的創造經驗

之一　套裝知識與經驗知識

　　篇二討論學校教育，我多次提到學校教育純粹傳授套裝知識，過份推崇「**套裝知識**」的地位，是今日教育出錯的主要癥結。此文以「人的知識從哪裡來？」作為起點，有系統的分析套裝知識的內涵，同時提出「**經驗知識**」的概念，**把知識經驗化**，來對比於套裝知識。寫這篇文章的背景是：1997年底我倡議[1]社區大學的構想，翌年5月4日，顧忠華、史英、彭明輝、唐光華等幾位先生發起「社區大學起跑」公開說明會，9月第一所社區大學在台北市文山區設立，「社區大學的學術課程如何定位？」變成當時社區大學創辦者亟需嚴肅面對的問題。我撰寫這篇文章是1999年5月的事。

　　雖說文章是為了社區大學的課程定位，但所談的內容，則在於探討知識的本質。從這更根本的問題出發，去分析學校裡的教育，並為「社會教育」指出另類的方向。這件事對我來說，是極端重要的。愛因斯坦在1943年大戰方酣時寫〈人類存在的目的〉一文中[2]說：「知識分子在方法和工具上有敏銳的雙眼，但對於目的與價值的選擇卻是盲目的，我們不必訝異人類社會這命定的盲目竟代代相傳。」**把知識重新定位**，可以讓知識分子歸隊，一起去面對知識的意義，使知識分子在引領人類命運的時刻，能思

1　參見〈深化民主與發展新文化〉一文，刊載於《中國時報》，1997年12月26日。

2　該文寫於1943年，收錄在 *Out of My Later Years*。

索人存在的目的與價值。

社區大學正在各地萌芽，並逐日蔚為風潮。這項由民間結合地方政府聯手推展的社區大學運動會廣受注意，是因為它切合了當前台灣社會的需要。至於運動本身較深層的意義，一則是解放知識，另一則便是催生公民社會。

在社區大學，進行知識解放的意義在於**白話知識**，把知識重新定位，還給它本來面目，讓人經由社區大學的課程研習，更真實的認識自己，認識世界，認識自己與世界之間的紐帶關係。社區大學不是由菁英階級再教育民眾的所謂成人教育，而是以重構的知識為基礎，從事經驗交流的開放學校。在這裡，不同先天條件、不同經驗背景、不同思維方式的人，通過**共讀—思辨—討論—實踐**的密集互動，相互教育、相互啟蒙；一方面促發人的知性成熟，使人能更真實的面對自己與世界，從而進行社會內在反省，另一方面亦充實人的生活內容與技能。假以時日，可望由下而上形成台灣的新文化與新價值，並為未來的公民社會鋪路。

事實上，社區大學是超越教育改革，而朝向社會改革前進的新生事物。在闡明社區大學學術課程的定位之時，我們須深入探討有關「知識」的根本問題。

1

人的知識從哪裡來？

所謂知識，不單是書本或其他資訊所記載的文字與符號，而是人認識世界（包括人自己）的過程，與他所看到、所瞭解、所感悟的世界的樣態。人的知識，皆由他與世界的互動而來；互動的過程包含從書本或其他資訊中汲取別人的精華經驗，更包含他自身的直接體驗。人與世界之間的互動形成了知識，而人的價值觀，便是人所獲得的知識與人自身的欲求，相互加乘的衍生物。

　　教育改革，側重於人得到什麼樣的知識；社會改革則強調人的價值觀，和其緊密相應的制度。不論教改或社改，問題的焦點都在於人與世界的互動過程。社區大學的規劃，便從這互動過程著眼。藉由建立良好的互動場域[3]，讓人重新認識自己，認識世界。

　　傳統學校裡教的知識，是**套裝知識**。套裝知識只是知識的一部份。什麼是「套裝知識」？把人所認識的世界的整體樣態，經大幅篩選，抽掉個人的特殊經驗，留下那些相對被公認的基礎材料，再經分門化、客觀化、抽象化、系統化，甚至標準化的細密處理，編製而成的知識體系，便是所謂的套裝知識。一般說來，教科書上所鋪陳的材料，是套裝知識的典型。數學與語文的系列課程，尤其是其典型中的典型。

　　套裝知識之外，長期被遺忘了的是人最真實的**經驗知識**。今日台灣教育改革外在的結構性問題，固然是教育權

3　參見：〈我們要辦什麼樣的社區大學？〉，本書篇三之四節3。

應充分下放（下放到社區，到學生本身），與教育選擇機會須大幅增加（以除去升學壓力，解放學生的心智），而其內在的核心問題，則為知識如何重構，亦即如何把套裝知識解構，使它與經驗知識相互融合。

「經驗知識」不是膚淺的所謂通俗知識。相對於靜態的套裝知識，經驗知識是動態的。經驗知識是以學習者為主體，不斷與學習者的經驗起了共鳴或衝突而發生的那些別人的經驗精華。譬如，人生產知識、創造知識的活動記錄，或以問題為中心，讓學習者一步步去參與知識建構的探索歷程，這些都是經驗知識，它們往往最能引起學習者共鳴，最能激發學習者投入其間，而催化學習者的知性成熟。可是在套裝知識的提煉過程中，這些珍貴的經驗知識，卻因牽涉到知識創造者與學習者個人的特殊經驗，也因特殊經驗的陳述無法簡化，而被摒除於知識主流之外。

事實上，世間所有的知識不過是人的經驗，不過是不同時空之下的人類，面對世界時所經歷、發掘或刻劃出來的，集體或個體的經驗。自然科學是人要了解自然規律而與自然對話所累積的經驗；社會科學是人經營社會組織所獲取的集體經驗；而人文學則為人對人世的感悟，以獨特的手法做深度刻劃的個體經驗。從經驗知識製作成套裝知識的標準化過程，同時也是把知識抽象化、虛擬化、工具化的過程。

知識解放，則為此一標準化過程的還原。

2

　　17世紀後期，牛頓以刻卜勒（Kepler）觀察行星運動的三大定律為基礎，引進微積分的概念與計算，而導出宇宙萬有引力定律，這是近代科學文明的里程碑。有了牛頓的工作，人類在連飛機都未發明之前，便可以計算出太陽的質量，這是偉大的成就。可是牛頓這項與自然深度對話的活動經驗，一般不會被放在套裝知識之中。教科書上會敘述刻卜勒三大定律，會鋪陳萬有引力定律，也會鉅細靡遺的教授微積分，可是三個題材被當作三個互不相干的項目，分別羅列來教導給學生。

　　套裝知識通常無助於催化學習者的知性成熟，相反的，對於人的創造力會加以壓抑。不過它卻有助於學習者在短短十數年之間，窺知人類文明知識的粗略架構，尤其方便於把人訓練成專業知識的操作者。19世紀之後，近代國家逐漸形成，推行國民教育迫在眉睫，標準化的套裝知識便在凝結國家意識與發展國力的強大需求下，進駐各級學校，變成知識的**唯一**內容。

　　近代國家的學校把人從真實的世界中隔離出去[4]。理由是人進入學校之後，便活在套裝知識的虛擬情境之中，看不到真實世界。套裝知識的學習就像人上了高速公路一樣，途中的一個個城鎮對他來說，便等同於上面書寫著

4　參見篇二之一〈學校該做而且只做這兩件事〉及伊凡‧伊里奇的《非學校化社會》。伊里奇為教育社會學家，出生於維也納，在義大利受教育，1951年赴紐約、拉丁美洲。其文化批判之論述廣受注目。

「斗六」、「頭份」、「三峽」的一塊塊路誌；也像今日盛行的組團旅遊，十日之內遊遍希臘羅馬，但旅遊者只能遊走於虛擬的觀光街道及瞻仰象徵昔日光輝的古蹟，無法貼近的去觀察有真實生命的希臘羅馬。

復舉幾個例子，說明套裝知識的局限：著名的歷史文件，像桑霍之爭的〈鹽鐵論〉、王安石的〈答司馬諫議書〉、馬克思的〈共產黨宣言〉與有關印第安人命運的〈告華盛頓州長書〉、〈魂斷傷膝澗〉等背後極具啟發性又引人深思的歷史風潮，都是經驗知識，但它們無一會放入套裝知識中。列在歷史教科書中的是從上古史、中古史一路介紹下來，以迄於近代史、現代史的系列教材，它所描寫的是改朝換代的年表與典章制度的變遷，而不是深刻生動的歷史事件。這裡沒有舞蹈、沒有音樂，只有空蕩蕩的舞台，兼具燈光與道具。

當印地安人面臨滅種的危機，西雅圖酋長對白人質問：「你們可以佔有土地，但你們能佔有天空嗎？」針對草原上的野牛群被白人濫殺，他深沉的感慨：「有一天當動物從地球上消失，人類的精神將因巨大的孤寂而死亡。」這來自人類靈魂深處的聲音，背後是兩種不同文化的矛盾。這個矛盾到一個世紀之後更加擴大，變成20世紀末人類文明所須面對的最嚴肅的課題。人學習歷史，便為了鑑古知今，從人類共同記憶中去探索世界，可是歷史教科書只記載歷史的骨架，卻抽離了血肉，把人類靈魂深處的質問消音。

3

套裝知識幫助人取得文憑，謀求出路，但無助於人的知性成熟。人的**知性成熟**，需要學習者**融入前人文明創造活動**的深度經驗中。可是抽離個人特殊經驗的套裝知識，通常只提供知識的骨架，沒有血肉。這便是為什麼今日學校教育培養出來的大學畢業生，能力常受詬病的原因。

只學套裝知識，人的意識會趨向**工具化**，因為套裝知識的抽煉過程經常以其工具性為主要考量。語文與數學教材反覆強調操作演練，鮮少著重思維啟發的編排。這樣的編排充分透露其工具性的本質。同時套裝知識的訓練，也容易使人的思維**技術化**，尤其套裝知識由簡而繁、由淺而深的編排方式，最適合培養規範性的專門技術人員。另外，由於套裝知識抽離個人特殊經驗，使其內容與結論看來不容置疑。但長期接受純粹套裝知識的訓練會引人走入專斷主義，使人的思維變得教條。

社區大學應強調經驗知識。不同於傳統學校的教學，社區大學應融合經驗知識與套裝知識，讓彼此相互滲透（其份量也調整為七比三左右——經驗七，套裝三），使套裝知識**不再**成為知識**唯一的**內容。一些代表套裝知識的概論性課程，如經濟學原理、政治學原理、理化概論、教育哲學、藝術史等，仍不妨在社區大學開授，使一些學習者可以取得該領域較全面的知識。但社區大學更須著重專題閱讀與討論、著重某些思想流派的論述，直接切入問題核心；或著重前人創造活動的經驗歷程，使學習者容易從

自己的經驗出發，去迎接、去印證，或去批判不同時空下，他人的經驗精華，而非單向輸入，照單全收。

在社區大學的學術課程中，我們提出幾個刻劃經驗知識的原則：

問題中心

經驗穿透

回歸根本問題

1. **問題中心**：在社區大學的課程中，知識的鋪陳不宜按照一般套裝知識由簡而繁、由遠而近、由普遍而特殊的順序來編排。直接提出問題，圍繞於問題，深入問題核心，反覆辯證，又引出新問題，再深入，再辯證，更能激發經驗碰撞，吸引學習者的興趣，使其從中獲益。

例如，探討「恐龍為什麼會滅絕？」（可根據許靖華的著書〔天下文化〕或相關書籍）從人類是否會重蹈恐龍覆轍出發，去探究恐龍滅絕的真相。由於探索恐龍為何滅絕，生物學家不斷提出**猜想與反駁**。這探索歷程須涉及地質學與古生物學的知識，學習者循線閱讀與討論，也學得地質學與古生物學中一些不難理解的知識，更感受科學創造活動的精神。

又例如探究「人是否在逃避自由？」（可根據弗洛姆的著書〔新潮文庫〕）深入「自由」的真諦。「自由是什麼？」從啟蒙運動以來，「自由」的意義隨時代在演化，理性主義者所提「自由」的概念經過兩個世紀的滄桑，到

20世紀後現代主義興起，已更細緻而小眾化。沿依這樣的課程脈絡，為了解自由的意義，讀盧梭的書、看羅丹的雕塑、克林姆的裝飾畫、羅素的通俗讀物、欣賞Kieślowski的「三色」影片，思索女性主義的觀點，再回頭深入討論弗洛姆。這一趟知性之旅便是社區大學汲取經驗知識的一種典型。「問題」原本是人類知識的核心，可惜在套裝知識的編排中，它被貶抑為習題演練，使知識失去了生命。

2. **經驗穿透**：人的知性成熟，取決於人內在經驗世界的豐富或貧乏。接觸費里尼的《對話錄》與他的電影、卡薩爾斯的《白鳥之歌》與他的音樂、閱讀馬奎茲的《百年孤寂》，甚至翻看《巫婆與黑貓》的繪本、《小王子》的童話，都容易引起學習者的感動。有了感動便表示自己的經驗與他人的經驗有了碰撞，碰撞之後他人的經驗才有可能同化為自己的一部份，人才會因而成長成熟。社區大學的課程最忌講師個人太強的主導，我們不祈求大師的澤被，卻寄望課程提供多元而深刻的經驗，使學習者在穿透他人經驗的同時，陷入沉思，不斷更新自己的內心世界。學習的過程尤須借助資料、書籍或影片，讓學習者直接融入不同作者所提供的經驗世界，不能全由講師一人滔滔不絕的演講他一個人主觀的看法。這樣經驗穿透才能多元而趨於普遍。

3. **回歸根本問題**：社區大學安排有社團活動與生活藝能課程，目的在帶動人的公共實踐，充實人的生活內容。而學術課程則著重人對根本問題的探討。藉學術課程深化公共領域的內涵，並提昇私領域的層次。探討根本問題並

非少數知識菁英的興趣，幾乎每一個小孩都曾問過：

─人從哪裡來？

─宇宙是不是無限？

─飛機為什麼會飛？

─他們為什麼要戰爭？

─他們為什麼要砍那些樹？

─為什麼有些人那麼可憐？

　　大人通常無法回應。不耐其煩，或支吾其辭，使小孩因不得要領，不被理會，或遭奚落而不再追尋這類根本問題。尤其小孩在進入學校之後，開始接受專斷的套裝知識訓練，他原來對探索根本問題的興趣，更因被排擠出功課與生活之外而迅速消失。固然，人追求生活舒適與改進生活技術，是文明進步的動力，但它們只帶來文明的量變。是那些堅持不懈，努力探討根本問題的人，才使人類文明有了質變。在社區大學，提供學術課程，便是要恢復學習者童年探詢根本問題的興趣，並引導他們深入前人思索根本問題的經驗，激發他們對根本問題的再思辨。人童年的那些根本問題，事實上便是幾千年學術發展的主軸，針對上述小孩所提的問題，逐一發展出重要的學術工作與思想：

─「演化與遺傳」、「生命的基因」

─「大霹靂」、「化約論與複雜論」

─「科技與文明」、「兩種文化」

─「專制與民主」、「人口與資源」、「戰爭與和平」

─「生態保護與經濟開發」、「保留主義與擴張主義」

─「社會矛盾與階級」、「資本主義與社會主義」、

「女性主義與少數族群」

　　這些便是呼應小孩所提那些根本問題的學術課程（請按序與前述小孩所提的問題比對）。根本問題的探討，對於人形成什麼樣的世界觀，有關鍵性的影響。這麼嚴肅深刻的學術問題，其實源自童稚時期的好奇，學習者可再續童年的記憶。心智的返老還童，會使人免於僵化，使人變得親和可愛。

4

　　沿用今日通行的用語，「知識分子」指的是經過長年套裝知識的訓練，擁有特定專業能力的人。在現今的社會裡，知識分子經常位居要津，主導社會發展，掌控社會資源。作為近代社會的菁英階級，對於
　　—自身的影響力是否濫用，而誤犯菁英主義的錯誤？
　　—自身所受套裝知識的訓練，是否存在局限，而混淆
　　　虛擬與真實的界限？
知識分子應保持高度的自覺。其實20世紀經過套裝知識訓練而出現於歷史舞台的所謂**知識分子**佔據了人類社會的核心位置，對人類的命運發號施令。這樣的角色對人類文明與福祉是功是過，我們只有無奈的等待後世的歷史學家，持平的論斷。

　　另一個眼前便值得探究的問題：知識分子藉學歷主義之深入人心，維持自身社會菁英的地位與利益。但是
　　—知識分子認知世界的圖像，是否比非知識階級更為

真實、更為宏觀而深刻？

　　事實上，知識分子之所以異於別人，唯一的分叉點是他擅於掌握抽象形式的文字符號，擅於運用套裝知識中的「**黑話**」，而非他比別人更真實的認識世界。抽象形式的掌握，使他能更廣延而深入的經營「抽象的概念」，黑話的運用則有助於知識社群內部的溝通，與概念的細緻化。對於早年失去機會培養抽象能力的人，要在成年之後再訓練其抽象思維及抽象語言，是不容易的事，但打破黑話，重新把人類文明的重要知識成就與思潮，改用一般語言重新敘述；或直接切入問題，深入經營，使原來的黑話與人的經驗之間的斷層縫合在一起，**讓黑話變成白話**，則為社區大學的任務。

　　因此「白話知識」變成知識解放的首要工作。充分消化人類重要的知識，回到真實世界的邊線，重新質問這些重要的知識在真實世界裡所體現的意義（meaning）是什麼？

　　這時黑話的暗影自然消失，知識在真實世界的意義將逐漸浮現。如果我們贊同：
　　一知識不只是工具，而更是意義。
之時，知識便回歸於人的經驗，白話知識也不再是空中樓閣，而在知識白話的同時，知識也得以解放。

　　以代數學為例，解方程不只是工具，更是意義。人類本來只會對已知數做加減乘除的運算。代數學的意義，在

於人類首次了解未知數也可以作加減乘除，操作此運算的所在便是方程。

——為什麼對未知數也可以作加減乘除的運算？

事實上，作運算的對象不一定是數，它可以是任何抽象的元素，這些元素本身是什麼並不重要，重要的是元素之間的運算。運算決定了元素的存在。用哲學的語句來說：**個體之間的關係決定了個體的存在**。這無疑是**結構主義**的觀點，也是結構主義反人本主義的立論（是否認同這個立論，是個人的事）。即使在數學領域之內看代數學的意義，未知數與未知數便可以加減這樣的意義，促發了抽象代數的產生與數學結構的細緻化，在人類思想發達的歷程中，具有深遠的影響。了解這種影響對於多數人來說，其意義遠遠超越解方程的反覆練習。

在數學史上，流傳一個數學黑話的故事。啟蒙時期，法國自由思想流入帝俄，百科全書派的哲學家狄德羅（Diderot）訪俄。他知識廣博、辯才無礙，又為無神論者。帝俄貴族之中頗有一些人傾慕狄德羅而推崇自由思潮。沙皇因此惶惶不安，遂自西歐請來著名的數學家歐拉（Leonard Euler, 1707-83）。歐拉本人亦為神學家，抵俄後一日與沙皇並坐於朝廷，狄德羅奉召入朝謁見沙皇，沙皇當文武百官之前囑歐拉發難。歐拉大聲說：
$\frac{a+b^n}{n} = x$，donc Dieu existe, répondez!（所以上帝是存在的，狄德羅，請你回應！）

狄德羅不懂代數，一時羞慚難堪、無言以對。不久便黯然離俄。這是數學黑話擊潰偉大哲學辯士的史例。把歐

拉的論述說成白話，不過是「代數結構如此完美，所以造物者是存在的！」可惜狄德羅未能解此黑話，致遭羞辱。

　　套裝知識的黑話，固然有它存在的價值，但知識分子能不能走出黑話叢林，是追求知識解放甚至自我解放的重要課題。另一方面，知識分子應清楚覺察：我們自身所屬的菁英階級正像偉大的歐拉一樣，藉難解的黑話在鞏固自己的權威，佔據社會的優勢資源，甚至羞辱非知識階級。

5

　　學歷取決於套裝知識的訓練程度。當我們相信套裝知識只是人知識的一部份，只是知識的一類形式；當我們相信人更真實的知識，蘊涵於經驗知識之中；當我們相信套裝知識的主要功能在於培養專業技術，造就資本主義社會的經建人力，而非啟迪人的心智；當我們相信只有經驗知識才能促發人的知性成熟，協助人建立新的世界觀，那麼教育改革便出現了曙光，而學歷主義者以套裝知識的訓練，來將人劃分等級的論述也將進退失據，只有瓦解一途。

　　史諾（C. P. Snow）提出科學與人文兩種文化的對立[5]，是當前人類社會亟待解決的問題。事實上，問題的癥結不

5　事實上C. P. Snow的論點，不在於科學與人文兩種文化的對立。他更強調兩種文化的階級問題：窮苦人家的孩子可以一代內，變成重要的科學家，卻沒有機會變成舉足輕重的人文學者。同時Snow批判人文領域的知識分子，對科學傲慢的輕蔑，使自身在當代知識的創造過程中顯得無知。

在於科學吞噬了人文，而在於套裝知識完全取代了經驗知識，在於人類社會步入20世紀後，國家理性與經建發展的巨大潮流把套裝知識變成了知識的全部。每一個人進入學校教育體系，所接受的幾乎全部都是套裝知識。套裝知識的系統性與工具性，銘印在每一個人的心中，養成當代人的「工具理性」。科學課程的套裝訓練固然比人文課程的影響嚴重，但人文課程也一樣，在文字符號日以繼夜的系統訓練中，人只習於套公式，而不再體驗世界。

　　套裝知識吞噬經驗知識，受過套裝知識訓練的時間越長、學歷越高，越有機會進入現代社會的管理階層，主導現代社會的意識型態。這才是當代人類社會亟待面對的根本問題。

　　跨入21世紀，在大自然可能反撲之前，人類已隨生產力的大幅提高而步入豐裕社會。套裝知識的訓練違反兒童用**嘗試錯誤**與**整體了解**去摸索世界圖像的認知模式，兒童進入學校教育之後，須付出很大的代價去適應套裝知識的訓練。這是大多數兒童都不喜歡做語文與數學操作性功課的原因。在生活資源匱乏的時代，兒童及其父母別無選擇，只有被強迫接受艱辛的套裝知識訓練，人才有學歷，人才有出路。但進入豐裕社會，人的謀生較容易，兒童會一批批的從套裝知識訓練的軌道上出走，尋求認識這世界的其他方式。到新世紀，資訊文明將極度發達，人抽象能力的訓練，可能從他與電腦密集對話的過程中取得[6]，資訊

6　這裡指的是利用電腦進行互動教學，並非指玩電腦遊戲或做一般電腦資料的處

性的知識又彈指可得，套裝知識的基礎將開始鬆動，學校教育的目標與形式將被迫面臨大幅度的變革。

　　除了上述經濟與技術的因素之外，文化的演變也將成為推波助瀾的動力。後現代主義去中心化（decentralization）的思潮將湧入人的生活，而遠較符合人性的經驗知識也會隨之宣告復活。套裝知識將從學校課程中逐步瓦解，變成學校教育的旁支，而在專業技術與能力的培養階段，才能維持其核心位置。

　　18世紀**啟蒙時期的人物**，曾經對知識賦予天真的期待，認為只要知識普及，那麼自由、平等、博愛將大放光芒，照耀人類社會。可是兩百年以來，人類災難依舊。**問題的癥結之一**，是19世紀以來，迅速普及的不是真實的經驗知識，而是工具化、客觀化、虛擬化的套裝知識。下一個世紀的人們會有較好的機會，重新評估啟蒙時期的預言。

　　套裝知識瓦解，經驗知識復活，21世紀將有一場知識革命的盛會。社區大學不過是這番盛會的前奏。

後記

　　此文寫完之後，適值南加州大學教育研究所教授N.

　　理。但即使以後者來說，都可能培養出兒童初級的抽象能力，尤其學會抽象語言。這與現今學校教育在培養兒童抽象能力方面所達成的功效已相差無幾。

Stromquist來訪。對我文末所談論點提出重要質疑:「難道知識變成套裝,不是根源於科學?所以問題還是出在19世紀以來科學所擁有的霸權。」我同意科學中的科技理性是重要根源,但不能忽視科學的活動,本身就是不斷嘗試錯誤的歷程,而且真正在推動科學研究的「猜想與反駁」,無一不來自人犀利的直覺。為什麼嘗試錯誤與發展直覺,沒有變成科技社會普遍的思維習慣,反而是單向的推理,片斷知識的套用與標準程序的典範,深植於當代人的大腦皮層?當代社會的問題是人失去了對世界、對自己的「整體了解」[7]。其幕後的黑手則是黑格爾所讚頌的「近代國家的理性」與近代國家所效忠的資本主義。後者把科學推上解剖台,抽離出科技理性的骨架,而丟棄直觀創造的血肉。

科技理性指導了套裝知識的製作,但不要忘記早在近代科學萌芽之初,中國已厲行了千年的八股文國家取士制度,西方亦從中古時期便盛行僵化的教義問答,歷久不衰。把人民的**思維標準化**,從來便是統治者的意志。只是到了資本主義與近代國家興起之後,借助於科技理性不易質疑的權威,借助於富國強兵不可挑戰的目標,與借助於普及教育無可厚非的需求,人類社會才可能如此大規模的製作套裝知識,如此精準的改造了人的世界觀。

N. Stromquist又強調:經驗知識不能反過來取代套裝知識,兩者都有它存在的價值。這點也與我文中論點一致,

---

7 這點在下文篇四之二〈獨立思考與主體經驗〉有進一步的論述。

套裝知識的好處在於讓人很快看到知識的骨架，同時有利於抽象能力與專業技術的培養。我所反對的是它變成了知識的**唯一**內容，徹底改變了人的意識型態。

套裝知識（package knowledge）最可取的是它的嚴謹度。對於未歷經現代專業學術嚴苛要求洗鍊過的社會（像華人國家）來說，過份貶低套裝知識的地位，又未能掌握經驗知識的精髓，將帶來真假知識的混亂。

結束本文之前，我必須再度說明「經驗知識」（experiential knowledge）中所指的經驗，不單純是生活經驗，而應包含生活經驗與思維經驗。事實上，思維經驗是生活經驗中的一部份，人的生活無時不在思維。至於經驗知識的主觀性問題，我必須指出：人接納經驗知識的過程有主觀的因素，但從主觀認識世界的過程中，如果經驗世界大幅拓廣，通過自由思辨發展抽象能力，人自然會從經驗知識過濾出客觀的成分，這時**他取得的客觀知識**，才是最真實的知識。套裝知識訓練中所不斷灌輸的客觀知識，相對來說，反而變成沒有生命的公式。這個辯證的觀點，我在《童年與解放》一書中，已做過詳盡的說明。

之二　獨立思考與主體經驗[1]

　　十多年來斷斷續續有人談起獨立思考，也關切今日學校教育不重視獨立思考，甚至批評學校教育在壓抑學生獨立思考的能力。事實上，不只今日的學校是這樣，從來學校教育都不把獨立思考的培養當一回事。這是學校教育的本質。只是過去學校教育還留給學生一些時間與自由，今日的學校教育，尤其在台灣，學生絕大部份的時間與自由，被規定的功課與要求的紀律剝奪殆盡，才使問題更為露骨。

　　這篇文章是為了參加2002年清華大學通識教育中心與社區大學合辦的研討會而寫。通識教育的理念在重視獨立思考這件事，與社區大學的目標契合，兩者都試圖在現有體制的學校教育中，打開一點縫隙，去關注人獨立思考的養成。本文一方面要交代台灣通識教育與社區大學這兩條教育路線發展的緣起，我個人與這兩條路線的發展，都有深切的淵源。二十年來我站在它們的核心位置，看它們在惡劣的環境中萌芽與成長，與它們一起悲喜，也在第一線經歷它們艱難的際遇。撰寫這篇文章，一方面紀錄它們辛苦發展的脈絡，另一方面，也回到它們都一起關注的焦點，談獨立思考這件事。但

　　—什麼是獨立思考？

1　原稿於2002年6月15日寫成，刊於《教育研究季刊》，並在《通識教育月刊》轉載。

我在文中試圖說明獨立思考是一種批判性思考，並剖析獨立思考的內涵，指出獨立思考的前提是發展人的主體經驗，人即使學會抽象語言，甚至推理，仍無法做獨立思考。這種說法基本上還是圍繞著前文所談「學校教育的兩件事」這條主軸，做進一步的刻劃。

1. 通識教育的規劃

1.1

　　1981年虞兆中接任臺大校長，積極鼓吹通才教育。隔年6月台大成立通才教育規劃小組。但因政治干預，經歷許多波折，工作寸步難行[2]。我在小組成立第二年加入小組。小組由郭博文召集，下設三組。「**共同必修科組**」由茅聲燾負責，檢討國父思想、軍訓、中國近代史等課程是否符合通才教育的基本精神。「**問卷調查組**」由鄭昭明負責，藉由問卷調查收集全校師生意見，並引發眾人對通才教育的關注。我則負責「**選修課程組**」，規劃符合通才教育精神的選修課程，並遴選適當教授擔任講員，吸引學生選修，以衝擊當時僵化卻屬共同必修的思想管制課程，逐步促發其變革。

　　可惜三組成立後，外來的政治壓力有增無減，工作小組被砍斷財源無分文經費。「共同必修科」與「問卷調

2　虞校長因推動通才教育，在校內外多次演講，宣揚理念。短程計畫即請葉啟政、沈君山兩位教授授課。保守勢力深為驚慌，指責台大在搞學術革命，從校內校外分別施壓。

查」兩組工作皆無法開展[3]。唯獨「選修課程」牽涉幅面較小，得以持續進行。選修課程組在數學系館開了十幾次會，終於不花一文公帑，完成規劃。我並寫好〈台大通才教育十三門選修課程規劃報告〉[4]，由虞校長送交教育部。

原本13門課程是按「文學與藝術」、「歷史與比較文化」、「社會與哲學分析」、「數學與自然科學」、「應用科技」等五大領域而設，但因忌於周遭壓力，只能選擇較無政治色彩的「中國古典文學名著」、「藝術的接觸」、「數學方法與推理」、「應用科技」等4門，於1983年秋在台大開課。其他像「中國社會與文化（葉啟政、李亦園）」、「現代世界的形成（徐泓）」、「人格、社會與文化（楊國樞等）」、「法政導論（李鴻禧等）」這些稍微牽涉社會思想的課程都無法開授。原來規劃13門課程，平均照顧五大領域的通識精神，只因遷就當道旨意而落得支離破碎。

我記得報告是1983年春末，在數學系打好字送出去的。後來教育部也弄出一份新的規劃版本，內容與那份報告無一絲關聯，唯「前言」首頁談通才教育意旨的部份一字不漏照抄一遍。還有原來「通**才**教育」的名稱則改成「通**識**教育」。一字之差，對後來通才教育的推動有很大

3　共同必修科的檢討，必須先向文學院索取國父思想等課程的教學資料，方能進行分析。院長王曾才原本同意提供，旋因有關單位施壓而作罷，分析工作遂無法展開。

4　這份報告之前言，後來由虞兆中收錄於〈通才教育在台灣大學的起步〉，（《台大評論》，1989年春），第6節。

影響。由於當時教育部的版本並不涉及共同必修科原有的修課規定，而只要求學生另外須選修4到6個學分的通識課程，這使得通識課程變得無關痛癢。如果沿用「通才教育」的名稱，大家都會覺得荒謬，名不符其實：4到6個學分如何培育**通才**？但改名為「**通識教育**」，便得以和共同必修科劃清界限，自樹一幟，讓共同必修科繼續執行其管制思想的任務；也可以維持幾十年來大學教育歸屬專才教育的定位。通識教育這個嶄新的名詞，便可各憑想像任人解釋。職是之故，原本意義清清楚楚的通才教育（General Education），從大學教育的主要功能退居下來，變成點綴性的、裝飾性的陪襯課程，或等而下之，變成學生認知中的**營養學分**，也就不足為怪了。

1.2

那年教育部對通識教育的規劃，事實上只是一紙行政命令，要求各大學學生須選修4到6學分的通識課程。1983年夏，虞校長落寞去職，台大將過去的規劃束之高閣，新任校長孫震亦仿教育部便宜行事的作風，下一道命令到各系，要求各系皆開一門通識課程，不計各系學門性質是否適合開授通識課程，以致獸醫系被迫開「寵物寶鑑」，社會系開「婚姻與人生」。這種現象與通識教育或通才教育的意旨相去甚遠，**政治干預教育**，令有識者痛心。1987年解嚴前後，批評通識教育亂象的聲音此起彼落。我亦數度為文抨擊，指出所謂通識課程無非是一盤「**大雜燴**」[5]。

5　〈通識教育的前景〉登於《通識教育研討會文集》（清華大學）。另文〈大雜燴〉原載《中時》副刊。

台大通識教育的窘態，持續到90年代校園民主漸受重視之後，才重新檢討。1993年，我因緣際會，被校務會議任命召集成立規劃小組，這是台大第二次對通識教育進行規劃，距虞校長任內的風波，已事隔十年。

　　第二次規劃工作伊始，我邀請了台大校園內，就我所知對通識教育較有概念的同事一起規劃[6]。事實上我們能規劃的空間很小，只有4到6個學分的通識課程，如何能培養出現代社會知識男女應具備的基礎素養？與十年前一樣，我認為作為管制思想的共同必修科必須進行通盤檢討，納入通識教育一併規劃，同時各系專業課程也要釋出學分，把大學教育的定位從專才教育的極端，往中間移動，使通才教育稍佔一點份量。只有這樣，通識教育才會發揮作用。

　　這是唯一使當時通識教育復甦之路。幾十年來台灣的大學教育一直是專才教育，究其實是專才訓練附以思想灌輸，背後的意識型態則為擴張主義[7]的主流價值。眾人上大學，主要動機是為了畢業後謀取較好的出路而做準備。

6　規劃工作分五個小組進行。我自己負責「現行課程組」，其餘四個小組：「理論資料組」、「共同必修科組」、「核心課程組」、「專業科目組」等，則分別邀請黃俊傑、高明士、黃榮村、張則周四位教授負責，協力進行規劃工作。

7　「擴張主義」指人對周遭世界的強力開發、支配、享用與消耗。大規模的經濟開發、鼓勵消費與軍事擴充，是20世紀後葉擴張主義的典型；父權意識則為擴張主義的內化。相對於擴張主義的另一端是保留主義，後者重視人的內在平衡，強調人與人、人與物、人與自然之間的調和關係，對現有的環境與資源妥善安排與珍惜利用。環保生態、文化教育、國土整體規劃、社區參與及社會長期安全等領域的自主發展，都屬於保留主義。（見作者：〈深化民主與發展新文化〉，《中時》1997年12月26日，四版。）

所謂愛智、追求真理、培養獨立思考、發展成熟人格的宗旨，都不聞不問。在這種主流價值之下，大學不在於培養勇於嘗試創新，參與開拓文明，對人類的過去、現在與未來能深入反思的青年。大學的目的只是替國家經建培養菁英人力，為社會鞏固主流價值。大學教育這種庸俗的定位，到今天仍屹立不搖。

1.3

當大學不重視獨立思考，不孕育文明批判，不提供價值思辨，而只為經建訓練專業人才，大學便成為擴張主義與人的不安全感滋生蔓延的場所。在這裡人學習的目標是為了「擁有（to have）」，人無暇做深一層的價值反思。人生的目的便是不斷擁有。在這裡擁有不是為了研究創造，不是為了求得樸實的安適與內在的喜悅，而是為了擁有本身。當擁有本身變成了目的，事情便會變得荒謬。修柏里在其童話名著《小王子》中寫小王子來到第四個星球，問企業家：

——你為何要擁有星球？

——因為這樣我會更有錢。

企業家回答。

——你更有錢做什麼？

——更有錢我便可以買更多的星球。

人一旦習慣於不斷擁有，相對的也會擔心失去已擁有的一切。於是不安全感便會不斷膨脹。而不安全感使人忌於冒險創新，忌於挑戰艱難。如果大學培養出來的，只是一批批安於現狀，一心想在現狀夾縫裡為自己維生找尋有

利位置的青年男女，那麼大學便不再是大學，而淪為職業訓練所。

　　到1994年，通識教育工作小組能規劃的空間還是非常有限。大環境是：整個社會熱衷於擴張主義的思維，小環境則是：可自由規劃的通識學分還是非常有限。我們能做的只是在現實中弄出一個可能發展的方案。但要它實際可行，須尋求校內的共識。有些院系阻力很大，其他少數院系在了解並認同方案的意義之後，則願意配合並釋出專業課程的學分。後者對當時我們的規劃工作深具鼓勵。

　　1994年秋，台大依照當時工作小組的短程規劃方案，整合當時混亂的通識課程。但理念與現實的之間仍有一大段落差。我在〈（民國83學年度）國立台灣大學通識教育手冊〉中，藉用通識教育工作小組的名義寫了一封信函，指出通識教育理應發展的方向。〈手冊〉中，我們列出通識課程的參考指標，用「基本性」、「主體性」、「多元性」、「整合性」及「穿越性」來判定一門課程是否符合通識教育的理念，但這只是局部改革的權宜措施。在幾篇長文〈台大通識教育怎麼做？〉[8]及〈通識教育、科學教育與數學教育〉[9]中，我把通識教育的理念到實踐的現實落差仔細做了一些分析。

　　1994年秋末，我罹患肝癌重症，只好辭去通識教育規

8　《通識教育季刊》（清華大學）第1卷第2期，頁81–92，1994年6月。

9　見作者〈通識教育、科學教育與數學教育〉，1992年。上篇刊登於《第二屆全國民間科技研討會文集》。全文則載於《通識教育季刊》（清華大學）。

劃小組的職務，放棄推動通識教育的改革工作。

今天各大學已經取得完全的課程自主權。從1994年之後，通識教育的實施也在各大學取得有限的進展。但我猶不憚其煩的重述過去的歷史，分析現實的落差，目的在提醒眾人：我們距離通識教育的理想：

—培養獨立思考、培養成熟心智

還有遙遠的路要走。過去政治干預的黑影已幾近消失，可是另一種來自我們心底的黑影卻揮之不去。這黑影使大學迷失了方向，使大學變成附和主流價值的工具，使大學失去應有的批判精神。

—大學做什麼？

—大學教育的定位是什麼？

—大學的研究方向是什麼？

近年來我們談大學教育的改革，仍以提昇國家競爭力、堆積研究「成績」、追求所謂「卓越」為其著眼點，但大學用什麼方式在培養一代代的知識菁英，在塑造他們內心的價值，其影響將更為深遠。

2. 社區大學的推動

2.1

1990年我在台北縣政府的教育委員會上，提出由地方政府設置社區大學的草案，可是未獲採用。這份草案日後經過兩度修正，增添實施細節，才在1997年社區大學運動引發前夕，以〈我們要辦什麼樣的社區大學？〉一文定

稿，流通於現有各社區大學創始文件的檔案中。

　　一開始我構想中的社區大學便是逐步普及於各社區的平民學校，它不是用來讓成人彌補基本學力的補習學校，也不是用來加強技職訓練的成人職訓中心，更不是用來習得生活藝能的才藝學校。它是用來打開人的知識視野，培養人獨立思考，探討世界觀，重建新文化的學習場所。

　　當時台灣剛一步步脫離長年戒嚴的陰影，許多人在談台灣新文化。但什麼是台灣新文化？新文化並非一夕之間造就的，它是經年累月，由眾人合力一起發展出來的。

　　如果眾人看到的還是周邊這些舊的東西，這些保守的思想教條，這些維生致富的物質需求，那麼新文化如何萌芽？如果萌了芽，萌出的新芽，也不過是舊文化的影子罷了。

　　新文化是要經由發展的，但發展的基礎是什麼？我當時的看法是：其經線為「參與」，讓人參與公共事務，參與公共決策，緯線則為「學習與思辨」，讓人重新認識世界，思辨人存在的價值。參與使人激發再學習的動機，啟動價值的思辨。而反過來，學習與思辨則會提高參與的品質，使公共決策具有自我修正的能力，不致太早誘引出權力的競逐，腐蝕決策的品質。參與及學習，兩者相互辯證的機制，將**激盪出新文化的活力**。

　　事隔十年，我至今仍然相信當時為新文化所思考的經

緯是正確的。台灣解嚴十五年，沒有經歷社會重建，使人在重建中看到參與社會的正面力量，也沒有發展公共論述，以深化公共思考的層次。主流媒體因為短視現實而且自囿於保守的意識型態，無法提供深化論述的公共論壇，所有公共議題都在浮面的政治立場經各自表述之後結束，沒有深化公共思考的功能。

另一方面政治人物也不肯釋出權力，讓人民參與公共決策。例如，公民投票是提昇人民民主水平最有效的發展機制。可是在台灣這種後封建社會中，仍根深蒂固的菁英主義，矮化了人民的判斷能力，使公民投票遲遲未能立法（當然統獨爭議也帶來很大的阻力）。如果有公民投票的機制，行將付諸投票的議題，可在公共媒體、社區大學，或其他場合深入討論，左右思辨，從而深化公共論述，以提昇人民民主水平。事實上，幾十年來台灣社會的公共政策，一直由菁英分子所決定，但從教育政策、能源政策、交通政策、農業政策、社福政策、醫療政策到人口政策，都千瘡百孔，卻看不到大家誠心去反省。誰能證明政治菁英的決策品質會比公民投票好？

公民投票不是民意調查，民意調查的結果是人民「刺激／反射」的意見，但公民投票則須先將議題付諸長時間的討論，它所做的決定是發展性的，而非反射性的。當一個人被賦予權力，參與決策時，他（她）會打開眼睛去看，會動腦筋去想。他很可能不斷被詢問「如何選擇？」或「為何如此選擇？」，這就引發他必須有一套說法去應對。同時當他不明情況，不知如何選擇時，他也會不

安，會因而費力去探詢，去思考。「選人」與「選事」不一樣。一般公職選舉是選人，投票者可憑一己好惡去選人，這是他的自由，甚至選誰是他的私密，他無義務向別人表明。但公民投票是選事，投票者只憑一己好惡，會有社會壓力。況且人被賦予權力、參與決策時，人是自己的主人，是社會的主人，人會興起一種自我價值感（self-esteemed）去提昇自己的思考層次。

塑造新文化的先決條件是：人必須走出私領域，關注社會、關注自己所處的世界，然後從自己在世界所處的位置，重新看到自己。價值思辨需經歷這樣由內而外、復由外而內來回往返的過程。走進公共領域只是第一步，人從自我覺醒、社會覺醒、到價值重建，並提昇至深一層的自覺，這條脈絡不斷來回修正、更迭發展的過程，精鍊出人成熟的生命經驗。而無數這種成熟的生命經驗，才能匯集起來編織成偉大時代的新文化。

2.2

1997年重議社區大學之時，台灣的反對運動已經解體，社會批判已經消音，開創新文化的熱情也在政治現實中熄火。我不得不回顧現實，思索如何在權力的夾縫裡找一些不被注意的據點，開拓學習與思辨的場域。1997年底撰〈深化民主與發展新文化〉一文，可以說是這種心情的寫照。

構思社區大學的課程時，我採用了早年在台大規劃通識教育的基本觀點。在一般大學的通識教育規劃工作中，

我的著眼點在於打開學生的知識視野，並藉由學習與思辨，去促發學生心智的成熟。對於社區大學的學術課程，我為文[10]提出以

問題中心
經驗穿透
回歸根本問題

作為切入現代知識，把套裝知識還原為經驗知識的入手方法。這項主張便是延續我在通識教育中的觀點。

但將通識教育移植於社區大學時，我們必須先思考社區大學的角色及學員的背景，較之一般大學有何異同？事實上，創辦社區大學必須先探索一個更深層的問題：人性中的原始趣向是什麼？由於人性在不同的文化中會變形、會扭曲，我們只能回到童年，去深入觀察那些重要的、與生俱來的生命質素，並在成人（包含自己）身上去查看那些生命質素如何被壓抑，如何變形，又如何復甦。

如果我們同意把「維生」、「互動」與「創造」三者當作人性的原始趣向[11]，我們會發覺近世漢人文化中最困頓的窘境是：維生的單一趣向掩蓋了互動與創造，使人自身淪為維生的工具，使文化失去創新、失去生機而乾枯萎縮。當社會漸趨豐裕，讓人察覺自己長年被壓抑的互動趣向，被漠視的內在創造，是使人重現生命力，使社會重建新文化的起點。台灣已經累積足夠的資源，可供基本生活之

10　見前文篇四之一。
11　見前文篇一、篇二。

需，人不必再把生活局限於維生一隅。多數人已有相當餘裕可以釋放互動與創造兩種趣向，追求三者平衡的生命。如果我們看不到這些，任憑根植於我們文化中對物質的渴求與其衍生的不安全感無限膨脹，如果我們不去反省根植於我們心中的擴張主義正日日盤踞我們的心思，並主導我們全部的生活，我們的生命將不如蟲蟻，台灣社會（連同整個世界）也將因過度開發而步入難以逃脫的災難。

2.3

　　如本書篇一所述「維生」指的是擷取並開拓生活資源，以利於人的生存。在漢人社會中，我們可以斷言「維生」幾乎是每個人生活的唯一內容。在生活資源匱乏的社會，人用絕大部份或全副心力去「維生」，是必需的，是不得已的。但人應該有能力看到它對人性的壓抑，適時的解放自己其他的趣向。

　　「互動」指的是人與人之間、人與社會之間、甚至人與自然之間的相互作用，尤指非以維生為目的者，例如人與人之間的友誼與感情，宗教活動的聚會、公共事務的參與、讀書會、成長團體、學術社群的研討、人與自然的對話、人與社會的對話、甚至電子網站的討論等。人的「自我肯定」來自這種互動，比起由上而下的公開表揚所進行的「外在肯定」遠較真實。而人的「自我肯定」則為建立社會內在價值的基礎，更為文明創造的動力。「自我肯定」帶動人往深處堅持不懈的實踐。

　　「創造」：人內心想要自己做出一些表達自己的東西

（有形或無形），這種欲求，便是創造。小孩動筆繪畫，拿土捏物，甚至數數，皆出自內心，不必外加。創造是天性，動機不必在於維生。固然有些創造發明有利於開拓生活資源，例如賣畫、賣曲、賣手藝品或賣專利。但許多人竭盡心力於創造工作，並不純粹為了維生。賺取生活資源只是其附帶的利益。事實上，人有創造，生命才感到充實，但由於沈重的生存壓力，或社會主流價值的驅使，在「不事生產」的訓誡下，人才捨棄創造，轉向維生。

人類創造與互動的趣向，使文明富麗多姿。只為了維生而經營的社會必定索然無趣。人一旦淪為純粹維生的工具，沒有互動沒有創造，壓抑便不斷累積，並帶來痛苦，人性將扭曲變形。如果人活下來只是為了維生，生命將單調枯竭，人對人的說教、人對人的支配將佈滿生命，交織成一張醜陋的臉。

要發展新文化，必須讓人內心尋求創造與互動的欲望得以伸展。在定位社區大學時，我思考的著眼點便是人性的原始趣向。社區大學不應排除維生，畢竟有物質資源，才能發展細緻的精神文明。因此社區大學可以開些技職與實用語言的課程，但它們不是主體。社區大學的主體要發展互動與創造。也因此社區大學應成為人的經驗相互對話的場所，公共參與以及批判[12]創造，都是社區大學發展的重點。

---

12 「批判」指人的主體經驗與客體經驗的衝突。經驗有衝突，其對話才會發展得真實。純然和諧的對話，只不過人云亦云，或從眾媚俗，無助於人的成熟。

2.4

　　相對於一般大學的通識教育，社區大學有幾個不同的特點，必須仔細思量：

　　—（長年單調的生活）學員已踏入社會多年，職場與家庭是一切生活的重心。一般說來維生變成他們生命中的絕對目標，他們單調的生活內容亟待充實，使變得生動而豐富。

　　—（新文化的功能）社區大學在現階段負有社會改革及發展新文化的任務。

　　—（抽象能力）社區大學為數不少的學員，從未接受較完整的現代教育，雖具多年「社會經驗」，但在抽象能力的訓練方面，確有不足。

　　對於前兩點，社區大學相較於一般大學，尤須釋放學員互動與創造的兩種趣向，充實其長年因維生奔波而變得單調的生活內容，同時在沒有維生壓力的新環境中開拓人際關係，從事學習性與公共性的社會活動（**互動**），釋放內心的創造欲求（**創造**），並進行價值思辨，從而為新文化鋪路。

　　至於第三點，人的抽象能力不足，將阻礙知識視野的拓廣，影響價值思辨的品質，並增加獨立思考的困難。

　　社區大學與一般大學的通識教育，亦有相同之處，其中最重要的相同點，是要培養人獨立思考的習慣與能力。從個人的獨立思考去建立自己的世界觀。現行各級教育皆著眼於替人的維生能力做準備，於是知識被工具化。作為

維生的工具，知識脫離了學習者的主體經驗，經抽象化、結構化、標準化，成為易於速食的「套裝知識」，供學校傳授給學生。結果是學生並不因所受教育越多，便越能獨立思考。相反的，學生學習套裝知識的時間越久，越習慣於套公式。**用套公式取代獨立思考，成為現代知識男女的通病**。大學的通識教育應致力於開創**獨立思考**的空間，使年輕的知識男女從套裝知識的束縛中解放出來，直接面對問題，面對活生生的世界。

另一方面，不斷強調主流價值的社會，正以各種管道向個人灌輸主流價值，個人並沒有太多空隙進行獨立思考。社區大學作為經營社會生活的休息站，應成為社會主流價值之外的流放島。在這塊汪洋中的孤島，人可以**靜下來重新思考一切價值**，發展獨立思考的能力。

但是獨立思考如何培養？誰來教獨立思考？怎麼教獨立思考？

我的看法是：**沒有人可以教導，也沒有人應該教導**別人如何獨立思考。獨立思考是個人內在的思維機制，不可以由外力介入。人進行獨立思考的基礎是，**知識視野、意義思辨**與**抽象能力**。教育者應該做的事，是創造人發展獨立思考的環境，催化其機制。

社區大學與一般大學的通識教育都應該著力於兩件事：
—拓廣知識視野
—進行意義思辨，尤其進行價值思辨

藉由這兩件事，去培養去發展人的獨立思考。至於抽象能力的培養，牽連較深，前文[13]已有引論，下文仍將繼續探討。

3. 獨立思考與主體經驗

3.1

不論是通識教育或社區大學，其核心課題都在於發展人的獨立思考，並促發人藉由獨立思考去重構**屬於自己**的世界觀。

所謂**獨立思考**，並不是閉門造車的思考，而是不從眾，不人云亦云的批判性思考。人必須深度了解世界，必須深化自身的主體經驗，由主體經驗出發，不斷與客體經驗碰撞與辯證，才可能發展出不從眾的批判性思考。所謂批判性思考，指的是：當人本身的主體經驗（包括接觸、觀察、思維與感悟）與客體經驗（包括外在世界的回饋及任何時空下別人的經驗——含教學或閱讀材料之內容）發生衝突或不協調時，人本身所進行的探索與思辨，而這種探索與思辨，必須在人處於**高度的自覺狀態**，批判性思考才得以產生。

今日教育的主要內容是以維生為導向而設計出來的套裝知識。從套裝知識訓練出來的大批知識男女，在學習過程中沒有主體性，沒有**自覺**本身主體經驗的存在，更沒有

13　見篇二之二及之三。

嘗試用自己的主體經驗去碰撞，去懷疑，去印證客體經驗，便直接把客體經驗輸入於自己的認知網絡，當作是自己的經驗，而反過來把自己**客體化**。

　　例如依靠記憶背誦，或依靠抽象推理，爭取成績，以謀求較好的出路，造成為數眾多學歷高，但無法獨立思考的知識分子，充斥於市，並日日在主導人類社會的發展方向，這是現代教育最大的危機。理由是：套裝知識的汲取，以記憶背誦及抽象推理的方式學習最為迅速有效。若為了發展獨立思考，人便必須不斷用主體經驗去批判探索，固然也能表現出良好的學習成績，而且其成效宏大，並能造就出深思成熟的人格，但它不能速效，不適合套裝知識速食式的餵養。

　　獨立思考的孕育，需要長久的時間才能顯現效果，就像香醇的酒需要年久月深在地下窖裡醞釀一樣。但略掉主體經驗，只遷就套裝知識的學習，不發展獨立思考，學校教育便成為人被社會主流價值馴化的過程，成為只在複製舊一代的思維，失掉批判創造，失掉從批判去創造新文明的功能。

3.2
　　讓我把依靠記憶與推理的學習方式做進一步的說明。

　　一般體制的教育，人肯「背誦」而又能「理解」，便可有不錯的成績。在各級教育中，尤其高中、大學，我們都可以看到一些「理解力」強的學生，表現優異。在套裝

知識的學習過程中，除了以必要的「記憶力」當作起碼的基本條件之外，「理解力」有助於迅速掌握套裝知識。理解力是以抽象推理為基礎，了解套裝知識之抽象形式的能力，最多只是把套裝教材的內容，化為學習者可以感知的經驗，它不必進一步以主體經驗的整體去檢視客體經驗，不必將客體經驗拿來比對印證，甚至懷疑批判。它只須從主體經驗中抽出思維支架，便能迅速消化而接受客體經驗。例如抽離出推理或類比（analogy）的方式，便敷所需。「理解力」只涉及將客體經驗消化接受，經常連與主體經驗本身是否衝突都不自覺。因為人的認知圖式，可以在抽象的架構中離開主體經驗去攝取客體經驗，把客體經驗上架，將它們有條不紊地陳列在自己的認知圖式中，就像商品只要依其屬性分門別類便可以整齊的放在置物架上，並**不須拆開它的包裝**，以檢測其內容能否與主體經驗相容。

這是抽象推理的本質。我舉學習數學的例子來說明，尤其能闡明人運作抽象推理的內涵，因為數學最依賴抽象推理。

許多數學系的學生，用這種方式攝取公理化的學科內容，在一段時期內反而得心應手。他們經常可以在試卷上重新演練某個定理深奧的證明，嚴謹精確，而且把幾個定理輾轉套用得毫無瑕疵。要運用得如此得心應手，顯然不能專靠記憶，必須具備一定程度的抽象推理能力。可是，請他們舉一兩個例子說明定理的某些條件不可或缺，則瞠目結舌[14]。

若只為求取考試成績，靠抽象推理的能力已綽綽有餘。事實上數學研究工作中，也時常有類似的現象。有些抽象結構從推理著手，可以相當深入。但要製作幾個有代表性的例子（正例與反例），卻看個人造化。經常是那些能掌握有意思的（nontrivial）例子的人，才是真正了解結構本身而有犀利直覺的研究者。

　　要在標準化的教材之外，舉定理的正例或反例，必須訴諸主體經驗，只在這時才有印證、懷疑、批判，甚至創新。重要而影響深遠的研究工作不能只靠抽象推理，研究者的直覺與洞察力尤為關鍵，而直覺與洞察力則建立於種種特例的剖析，建立於主體（思維）經驗的高度自覺。

　　事實上，抽象推理與直覺並非截然無關的兩種能力。抽象推理的能力是由直覺長期累積而成。另一方面，進一步把抽象推理推往較高層次的抽象世界中去探索，又會在那較高層次的抽象世界裡，發展出進一步的直覺。抽象推理與直覺的關係，就人長期的心智發展來說，原來是相互辯證發展，彼此不可分割的。但在短時期內，抽象推理可以脫離直覺，而逕自運作，不管主體經驗是否同步發展。

14　讓我舉個自己深刻體會的例子，來說明這件事。1960年我初進數學系，隔年春系內前輩楊維哲拿Jacobson的《抽象代數》讓我讀，這本書從純抽象定義的「群」開始演繹。一開始我日夜苦思，卻茫無頭緒，不知所言何物，直到有一天我放棄原有經驗，不再從實際經驗世界中去尋找相應的意義與實例，純粹當它是邏輯推理，於是順利看完上卷，也解出所有習題。半年之後修「高等代數」，從不上課，考試亦表現不錯。可是我總覺不對，對代數有一種學得很不紮實的感覺，後來細讀Kurosh的群論、一些古典群及方程式論，才與自己的主體經驗接合起來，因而感到紮實。這種紮實不紮實的感覺當時是有的，自己能夠分辨，但不知道那關鍵便在於客體經驗與主體經驗有無接合與印證。

至於直覺則是主體經驗的直接產物，必須時時刻刻扣緊主體經驗。

當然，熟讀抽象推理，也可以發展出一種直覺，但這種直覺是**形式直覺**。二流的科學研究者用形式直覺，真正好的研究者，則需好的**經驗直覺**。兩者不能同日而語。

3.3

兒童時期的抽象推理不是憑空而來，而是歷經無數次的探索與嘗試錯誤，歷經主體經驗與客體經驗來回不斷的相互印證[15]，才逐步形成。在此階段，兒童所面對的客體經驗，通常是這個直接的，活生生的世界，而較少來自套裝知識的經驗內容。因此，兒童對世界真實的圖像發展出良好的直覺，而進一步累積成初級抽象推理的能力。文明社會的兒童到十二歲左右都會自然擁有這種初級抽象的能力[16]，只是或遲或早，會因人而異。

可是進入中學之後，套裝知識更加形式化，學習者所承受套裝知識的壓力也更大。套裝知識佔據大半時間，學習者無暇直接體驗世界，主體經驗受到壓抑，直覺（指經驗直覺，以下皆同）的發展也因此而阻滯。原有的初級抽象推理，漸漸離開直覺而單獨演化，以適應套裝知識的格式。

事實上，在進入中學階段的抽象推理與直覺仍應密不

15　即Piaget所說的同化與順應。
16　亦見Piaget的著作。

可分，兩者才能繼續往前發展。以平面幾何的學習為例：

　　平面幾何的論證是純粹的抽象推理，只有嚴謹的抽象推理才被認可，被接受為正確的論證。論證中不能摻雜直覺，但直覺卻在幕後指引論證的方向。沒有幕後的直覺，抽象推理無法深入問題去演繹。而演繹平面幾何推理的經驗，經長時期的累積之後，又能發展出較高層次的直覺。

3.4

　　對於中、大學教育所提供的套裝知識，把抽象推理與直覺的紐帶割離，只用兒童時期發展出來的抽象推理，再稍經加工，便足以應付。因為套裝知識只不過是知識的骨架，而抽象推理的一個重要面向是分「層」別類。只要擅於分「層」別類，便容易把套裝知識整理歸位而條理分明。

　　上文舉數學學習為例，只因數學一科學習者常感困難並易於挫敗，且數學所含抽象推理的成分最多，最需花工夫「理解」。因此舉數學為例以說明其學習過程，亦最有代表性。事實上，各級學校教育中語文、歷史、地理、法律、經濟甚至自然科學皆然，只要運用抽象推理與記憶力，大致便能應付自如。倘應付不了，若非生理缺陷，便不外下列幾種情況：一因抽象推理的能力發展，每人進度不一，受文化刺激及語言刺激較少的兒童，其抽象能力容易延遲發展。二因套裝知識的內容比較嚴肅無趣，不易吸引兒童用心學習，如果學校要求的功課太多，有自主意識的兒童尤難適應。三因經濟或其他外在因素。

某些深具代表性的現象，不容教育者忽視：許多學習者到研究所做論文時，才比較清楚知道自己在做什麼，自己想要什麼。這意思是說，他們在接受各級教育，學習套裝知識時，本身的主體經驗一直被壓抑不能顯現，也因此主體經驗沒有隨所受教育越多而日益發展，獨立思考的能力迄未培養。直到研究所做論文時，才意識到主體經驗的存在。只是這時所做的研究由於專業分工細密，研究內容狹窄，無法對自己過去未經印證、未經懷疑便不斷輸入的許許多多客體經驗重新解構，而發展出自己的批判性思考。況且那些客體經驗已把自己客體化，在自己內心建立了許多牢固的信念，使自己反過來變成客體經驗的副本。

　　同樣，許多中小學的教師在大學畢業後進入學校教書，才慢慢摸索出過去所學的知識有什麼意義，才發覺自己過去懵懵懂懂，只為應付考試而讀書。這種現象也經常出現在從學校進入社會的人身上，許多人受過十多年學校教育，直到進入職場，才察覺自己首次在面對問題、解決問題，才察覺到自己開始在活學活用，為什麼十多年學校教育中，自己從來沒有過被問題吸引，沒有過活學活用的感覺？為什麼步入職場之後，自己才開始專注去了解、去思索、去找尋解決問題的方法？這不就意味自己整整十多年的青少年時期，並未在學校教育中進行獨立思考？

　　不重視獨立思考的學校教育，使學生的心智延後成熟，或甚至永遠青澀。

4. 學校教育經驗化

4.1

學校教育應該更重視主體經驗。教育內容應該回歸知識的本來面目,把知識還原為人與世界互動的經驗,而非疏離於人主體經驗之外的概念與資訊。學校教育應該引進經驗知識,大幅度增加它所佔的份量,並鼓勵**套裝知識經驗化**。套裝知識有助於學習者在最短時間內,窺得知識的骨架,但它們究竟不是知識的血肉。

在前文[17]中,我已舉例闡明知識骨架與血肉之分。這裡我再多加補充。以文學為例,學校教育只教語文,即使涉及文學,也以語文教學為主要內容。語文教材中,偶而羅列的小說或散文皆屬短篇,不易使人深度融入作者的經驗及其所刻劃的世界。文學是作者在不同的時空下,以不同形式不同手法,對人世的感悟,所刻劃出來的深度經驗。它是**經驗知識**的一種重要類型。在套裝知識的訓練中,學生對荷馬、屈原、莎士比亞、曹雪芹、歌德、托爾斯泰、雨果、赫塞、史坦貝克、川瑞康成、馬奎茲、昆德拉等一長串的人名都耳熟能詳,但有多少人深入他們內在經驗的世界,去印證並延伸自己的主體經驗?

培養獨立思考需要進行價值思辨,文學便是人重建價值的最佳經驗知識。當你隨著史坦貝克的描述,來到20世紀初年加州Salinas的山谷,細細體會John Hamilton一生的

17　篇四之一。

際遇，你心中自然會湧起種種價值的問題。在史坦貝克的筆下，這個愛爾蘭的青年移民不信仰上帝，卻始終心存悲憫；赤貧如洗，卻別具匠心，雙手靈巧，經常發明機械幫助鄉人解決疑難；命運坎坷，卻以清晰的洞察力陪鄰人度過困厄。你彷彿近身看到這人栩栩如生，看到他如何面對命運，如何掙扎，如何把他的智慧感染鄰人，如何隨著歲月隨著世事逐漸老去。這便是價值思辨的源泉。價值思辨不是憑空推理，不是正反兩方拔河辯論，而是**根植於人類同情**的感悟，從感悟中去比對主體與客體的經驗，批判性的吸納客體經驗，以延伸並壯大自己的主體經驗。

同樣，在昆德拉的《生命之輕》，你看到孤絕獨立又通達世情的女畫家用鏡中清澈的眼神，洞察人性。在D. H. Lawrence《查泰萊夫人的情人》中，你看到一個抗拒資本主義浪潮的青年，自我放逐，去看守查泰萊的莊園，孤伶地想在餘生留住人性中最後一點珍貴的東西，卻再度被社會流放。這些無一不是價值思辨的題材。Lawrence在書中寫道：

　　—人可以對別人的私事好奇，傾聽別人訴說心中私密。但他的心情必須出自對別人生命奮鬥的歷程由衷敬重的心情，必須出自一種細緻而有鑑別性的同情。即使像諷世劇都是人類同情的一種形式。人類同情如此來回流動，刻劃著我們的生命。

當你夜裡獨自在燈下，靜靜地讀著史坦貝克，讀著昆德拉，讀著Lawrence的小說，同情便在**你與書中人物之間流動**。這裡沒有特定的價值，但有孕育價值的情境。

4.2

　　價值的根源在於同情（sympathy）。同情亦即感同身受。人生下來，了解世界的方法是同情。從同情、從感同身受，一步步脫離認知上的自我中心，逐漸學會從不同角度去了解世界，去掌握世界的普遍性。由於擴大並深化同情，一方面人開始一步步掌握事物的普遍性，抽出同類事物的共通性，發展出人的抽象能力。另一方面，人因同情而開始了解別人的感受，開始建立待人處世的態度，建立自己的價值觀，甚至進一步建立自己的世界觀。在這種意義下，求真與求善之路**合為一途**。

　　在教育領域中，討論價值，討論善，是危險的事。教育者很容易把特定價值、把善、甚至把愛、把同情本身，當作既定的美德來宣揚。這樣，價值、善、愛與同情，**都會流為教條**。學校應該思辨價值，但不能宣揚特定價值。因為價值、善、愛與同情，必須發自內心，絕不能也無法外加。價值、善、愛或同情，只要來自外加，都無法內化為人的主體經驗，而使人信守不渝。

　　價值與善一經強加，人容易變得偽善。愛與同情，尤其**不能公眾化**。愛與同情是個人內在的東西。只有屬於個人，愛與同情才可能發自內心，但它不是與生俱來的，必須從人的內心慢慢萌芽，慢慢成長，慢慢學習，愛與同情才能隨著年歲逐漸成熟。教育者不能揠苗助長。

　　由於同情是世間一切價值、善與愛的根源，教育者能做而且該做的只是**選取鏡頭**，讓鏡頭**聚焦**在世間那些掙扎

奮鬥，或受苦無依的人身上，讓學習者把自己投射在那些人物身上，由自己內心去同情，去思辨，去發展他的價值。教育者只能從旁協助討論與思辨的進行，不能越俎代庖，要替學習者做結論，替學習者建立他們的世界觀。深刻的文學在進行價值思辨的過程中，經常提供了良好的素材。同樣，深刻的藝術、電影、戲劇皆為價值思辨的題材，教育者選擇這些題材，只能採用取鏡，而非選擇特定價值，讓學習者進行思辨。

事實上，歷史、社會、政治、經濟、生態甚至科學，凡是涉及意義，涉及思想，涉及影響人類社會、影響世界的題材，無一不是價值思辨的必要佐料。人在進行價值思辨的同時，必須把套裝知識經驗化，藉以拓廣知識視野，發展獨立思考。

5. 結語

讓我用圖解來做本文的結語。

學校教育要經驗化。經驗化的意義是雙重的：第一重指的是：套裝知識的教學，不能只談定義、事實與論證，更要談意義、談問題，談人如何發現這些事實，如何得到這些論證，甚至談思想、談價值，使學習者的主體經驗能在套裝知識的學習過程中浮現，並與套裝知識中所記載的客體經驗接軌，相互印證及產生批判。

第二重意義則為：學校教育要大量引入經驗知識，鼓

勵讀雜書，寫報告，例如在語文學習之上，更重視文學內涵，又例如以專題方式深入討論生態環境、人文重要思想、歷史重大事件、少數民族文化等特殊議題，或以問題為中心，討論科學研究歷程等。文末附圖F1表示理想的學校教育，應為經驗知識與套裝知識交錯而辯證地呈現，使主體經驗壯大，培養學習者獨立思考的能力。圖F2則顯示現行各級學校教育以套裝知識牽制學習者思維，輕忽學習者主體經驗的現象。

大學通識（才）教育，尤應加重經驗知識的份量（見圖F3），在大量閱讀典籍資料（我反對替通識課程另行編寫標準教材）的基礎上，探討人類當前面對的根本問題，例如戰爭與和平、個人與集體、開發與環保、自然與文明、科學與玄學、創造與學習、支配與解放、化約與複雜、單一與多元等諸多議題的辯證關係。一方面拓展知識視野，另一方面進行意義思辨及價值思辨。由於迄今中小學教育完全被套裝知識所支配，大學又被限定為專業教育，在進入社會之前，至少大學的知識菁英應致力於復甦主體經驗，發展獨立思考。

目前台灣的大學教育屬初級專業人員的養成教育。但專業的養成不能太狹隘，人要做好專業必須有廣闊的知識視野。事實上，大學教育應重新定位，改成通才教育，附加主修學科。大學的主要職責是在人文學、社會科學、自然科學三個基礎知識領域之上，培養具有獨立思考能力的知識男女，為現代社會開創新文明。

至於社區大學，必須考慮成人內在與外在兩方面的特

點，從互動與創造的趣向，規劃公共性與生活性的課程。同時必須考量：太早中止學校教育的成人，抽象能力偏低，因此學術性課程尤須強調經驗化。套裝知識當然還有存在的價值，因為它迅速提供知識的骨架，使人易於窺得知識的概貌。但其所佔份量在社區大學宜少於經驗知識，例如三與七之比（見圖F4）。

最後，我藉此談一個具體的大學教育應該及早改進的建議。大學應立即將學年學分制，改成純學分制：學生入大學之後只要修完128個學分並滿足院系學分規定，便可以取得學位，而不必在六年上限時間之內。

大學不能用退學的威脅來要求學生讀書。如果大學教育的目的是要培養能夠獨立思考的知識男女，那麼大學應該提供的是自由學習的環境。限制時間的強迫學習，培養不出獨立思考的心智。經過中小學教育的長年壓抑，學生對套裝知識普遍呈顯倦怠。今天在大學課堂孜孜不倦在聽講在抄筆記的學生，其學習的動力是什麼？大多只是為了文憑，為了出路。他們面對知識的主體經驗早已萎縮困頓。如果大學不放棄培養知識男女獨立思考的目的，它首要之務，便在於使學生**對知識的主體經驗復甦**，恢復學生學習與思考的興趣。但恢復興趣，消除倦怠，須要假以時日。

近年各大學為了逼迫學生讀書，更施行二一退學的惡法：每學期學生修課成績不及格科目之學分，佔總修課學分之二分之一，則以退學處分。這些違反大學教育精神的惡法，其實反映前文所說：大學旨在為經濟建設製造人力

的事實。只有為了製造人力，大學才會採用管制品質，注重效率的觀點在辦學。

　　大學應該崇尚學習自由，讓青年男女徜徉其間，孕育自由的心靈。人不是學校工廠的商品。學習知識，要先有學習的動機。有學習動機，人才會忘情投入，專注心力於其中，經過專注忘情的學習，人才能脫胎換骨。眼前不想學習，就等五年、十年，甚至廿年、卅年之後再回來研讀，何妨之有？

　　孕育青年的自由心智與獨立思考，猶如釀酒一般，需要時間，需要等待。

經驗知識

套裝知識

圖F1　理想教育

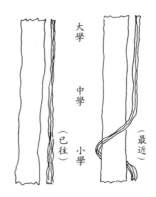

大學　中學　小學（已往）

（最近）

圖F2　一般教育

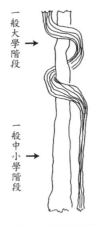

一般大學階段

一般中小學階段

圖F3　通識教育

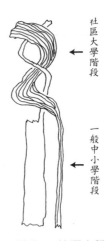

社區大學階段

一般中小學階段

圖F4　社區大學

（作者繪圖）

之三　理性的叛逆與解放

　　在哥本哈根研究所，我們經常說些笑話來自娛，其中有個笑話是有關兩種真理的古諺。這個古諺說：世上有兩種真理，第一種真理是眾人皆知的常識，它簡單明瞭，以至於它的否命題一眼便看出不能成立；另一種真理則為所謂「深刻的真理」，這種真理的否命題恰好也同樣是「深刻的真理」。

　　　　　　　　　　—— 引自Niels Bohr, "Discussion with Einstein"

　　—通識教育的真正意涵是什麼？
　　—科學的工具理性是什麼？
　　—科學活動有無可能從技術趣向中跳脫出來，發展其語言的特徵，並進行批判與解放？
　　—科學在通識教育中如何定位？

　　通識教育不是博雅教育，也非經典教育。本文要從認知發展的角度，去賦予通識教育一種新的意涵，並以**整體了解**重新為科學教育的角色定位。

　　批判理論（Critical Theory）對於科學養成的工具理性與技術意識，有深刻的批判。對於科學的研究計劃及其行政體系，更有嚴厲的指控。法蘭克福學派不斷在責難科學實證論的獨斷，責難科學對人、對自然的宰制，尤其不遺餘力的批

判科學表面上中立，本質則維護現有體制，維護資本主義體制。

如果我們認同法蘭克福學派對科學的批判，把那些過錯當作科學的本質，那麼
——科學教育不是恰好與通識教育為人求得自由與解放的目標相違背？

我的這篇文章寫於1991年秋，在第二屆民間科技會議上發表。次年我負責台大通識教育的規劃工作。文中所提的理論，是當時我思考規劃工作的核心概念。

當前大學太早分科，造成大學教育趨於技術化、片面化與工具化的流弊。為扭轉此一趨勢，必須重視全人的發展。但我不認為科學與人文失去相互對話的機制，是問題的根源。文中我提出人失去對世界的整體了解，才是癥結所在。一如科學技術化、工具化的流弊，現今的人文教育本身也同時陷於技術化與工具化的泥坑，並失去批判體制的功能。

文中第一節粗略介紹批判理論的觀點。從批判理論引發的衝突點出發，我在第二節介紹有關通識教育的一些論述。到第三節，我開始提出本文的主要論點，說明人的認知發展中有**整體性了解**與**分析性認識**的兩種發展軌道。所謂的整體性了解不是曖昧神祕的直覺，藉皮亞傑與喬姆斯基未有定論的爭議，我指出整體性了解與人類幼兒學習語言的關聯。這種論點，在我其他文章中有較詳細的論述

[H]。用語言學習佐證整體性了解的動態運作及其本身的存在之後，我試圖探討工具理性在此架構下的內涵，指出除科學（以下皆專指自然科學）之外，社會科學與人文的其他領域，也有整體性了解相對於分析性認識的兩種認知方式。任何一個領域的知識若抽離了整體性了解，尤其把分析性認識再加以化約為操作性訓練時，必然只剩**技術意識**。科學如此，法律、經濟、語言、文字訓詁亦然，連詩詞歌賦也莫不如是。這是大學教育最大的困境，也是通識教育真正該做的事。人**不會因為**讀了荷馬史詩、莎士比亞，懂了巴哈、克雷（Paul Klee）就有人文素養。其實人文素養蘊藏於人對世界（自然、社會與人）的整體性了解之中。科學裡頭有人文素養，文學藝術中亦有人文素養，因為知識便是人與世界的對話活動。科學在這種意義下，可以視為人與自然對話的活動，科學不只含有哈伯瑪斯所說的技術趣向，也含有在人文科學中以語言為特徵的實踐趣向，並含有以批判為特徵的解放趣向。在第四節中，我交代了這些，並提出科學**美麗**與**醜陋**的**兩個面向**，借用 Freeman Dyson 的話，我們應該引領學生，同時看到這兩個面向，然後由學生自己去探察其美麗與醜陋。

1. 批判理論對科學的批判
2. 有關通識教育的一些論述
3. 從認知發展看通識教育
4. 科學作為通識教育的一個領域
5. 從理論到現實

1. 批判理論對科學的批判

20世紀30年代以來，批判理論學派對於科學主義（Scientism）迎合資本主義的需要，並宰制現代人的思維，提出嚴厲的批判。霍克海默（Max Horkheimer）指責孔德（Auguste Comte）以來的科學實證論（一）把具有活動能力的人類看成機械決定中的事實與對象，（二）只從呈現在直接經驗中的現象來理解世界，未能區分本質與現象，（三）在事實與價值之間，設立了絕對的分界，也因此把知識與人類趣向（human interests）隔離開來[B]。

霍克海默在他著名的一篇文章〈對形而上學的最新攻擊〉中，寫到：

一形而上學向人類提供一些無法以科學方法證實其存在的東西，卻企圖以它們作為未來的希望來餵養人類，這當然是錯誤的；但當科學自以為是的，認定自己是唯一的知識理論時，他本身便落為它所蔑視的形而上學。

一與今天人類能夠達到的知識水準來做比較，科學所含有的那部份「實在」，不論就廣度或深度而言，都是有限的。正如通不過實驗檢證的科學結果，不能成立一樣，只用科學語言思考與表達，是膚淺而偏狹的[HM]。

而在《啟蒙的辯證》中，霍克海默的批判逐漸深化。他批判的重點，已經不只在於反對把科學主義當作科學哲學，而直接責難科學及技術本身——批判科技注入在資本

主義社會中的「技術意識」（technological consciousness）
及「工具理性」（instrumental reason），尤其對於工具理
性的批判，成為法蘭克福學派對科技最切中要害的批判。
60年代青年反叛哲學的貢獻者馬庫色（Herbert Marcuse）
進一步指出：

—自然科學認為自然含有潛在的工具性（potential
　instrumentality）。在這種科技的先驗觀念之下
　發展，一旦對自然的改造包涵了對人的改造，
　一旦人造的產物出自而且返回社會，則科技的
　先驗（technological à priori）便成為政治的先驗
　（political à priori）。最後技術理性是在維護統治
　階級宰制社會的合法性，而不是在取消其合法性
　[MH]。

Tom Bottomore解釋道：
—由科學與理性的行政系統所產生的體制，有它內在
　的邏輯。這一內在的邏輯能在個人或特殊的社會群
　體背後，自己運作起來。而且這一情形可以出現在
　任何一種型態的現代社會之中——不論資本主義、
　社會主義、極權主義或民主主義的社會之中[BT]。

馬庫色則又說明：
—不但科技的應用，而且科技本身，都是對自然與人
　的宰制。這種宰制包含方法性、科學性、數量性以
　及數量的控制效果。而宰制的目的與趣向，並不是
　「後來」才從外面附加於科技之上的，而是科技在
　建構它自己的內容之初，便已經進駐其自身。

到寫《工業化與資本主義》時，他更直截了當的說：

——科技往往是一個歷史的與社會的計畫（a historical-social project）。在那裡頭一個社會及其趣向的主線如何面對人與事物，也落在計畫之中[MH1]。

法蘭克福學派晚期的代表人哈伯瑪斯，乾脆重建知識論，把知識根據人類趣向，劃分成三類。將科學知識及方法歸之於其中第一類：即根據物質需求而勞動發明的所謂「技術趣向」（technical interests）。這一趣向的知識特徵為「經驗與分析」（empirical-analytic）。

哈伯瑪斯所分類的三類知識形式，對應於社會生活的三種基本特質，即勞動（labour）、互動（interaction）及宰制（domination）。由於互動產生的知識為其第二類：即根據人類語言與溝通的實踐趣向（practical interests）所構成的歷史與解釋（histotical-hermeneutic）的知識領域。

而第三類知識則為源自社會階級與人的宰制及被宰制的解放趣向（emancipatory interests）所構成的反省與批判的知識領域。

在這種知識分類之下，哈伯瑪斯把（自然）科學局限於單純技術趣向下的知識，從而與人文學、社會科學等其他領域的知識分隔開來，把19世紀孔德、斯賓塞以迄維也納學派統一科學（unified science）的科學實證論或科學主義壓縮於一個角落，也把科學貶抑於技術探索與物質需求的層次。[HJ]

2. 通識教育的意義

　　在通識教育中討論科學教育，不得不面對像批判理論學派所提的批判科學的觀點。20世紀的科學**如果**只是局限於物質生活下衍生的技術，一如哈伯瑪斯所言，那麼科學教育應該**排除**在通識教育課程之外，而歸併於職業或專業教育。

　　又如果科學灌輸給社會的，果真像霍克海默與馬庫色所說只是工具理性與技術意識，而且一味在維護社會宰制的合法性，加深人在威權與經濟控制中的束縛，那麼科學教育不只是應該排除在通識教育之外，而且科學教育的本質，便**違反**了實施通識教育以達成人的自我且全面解放的目標。

　　面對批判理論的批判觀點，我們採取辯證的分析方法，來探討科學與科學教育在通識教育中的位置。例如，我們不能無視於事實，否認工具理性與技術意識的存在及其影響。可是我們將探討其來源。同時也將指出科學的其他**有利於人的自主與解放的趨向，指出哈伯瑪斯的偏見**。事實上**科學也是一種語言**，是人與自然對話的語言，它是實踐趣向下的產物，甚至也**兼含解放趣向**。

　　在做此分析之前，我們須先回來論述通識教育的意涵，才能定好科學教育在其中的位置。

Howard Lee Nostrand在替José Ortegay Gasset所著

Mission of the University (1946) 一書做序時，說：

　　—通識教育意指人的全面發展，而這種全面發展是在專業訓練之外的。它包含了把人的生活目標用文化來充實（civilizing of life purposes），把人的感情反應加以細緻化（refining of emotional reactions），也包含了使人對事物的理解趨於成熟，而這理解卻應該依據當代最佳的知識。

　　John Buchan 的看法，則另有旨趣：

　　—我們生活在一個令人沮喪而且混亂的世界。這是一個沒有人能預見其未來的世界，也是一個基礎已經動搖的世界。在這個世界裡，我們曾經替它命名為文明的諧和已經陷入嚴重的危機。生在這種時代，受過通識教育的人應該如何面對這種世局？設若教育不能在此一時刻給予我們一點引導，那麼教育又做什麼用？

　　Nostrand與Buchan的看法，多少已經指出通識教育的方向，不限於專業訓練，而是為了要培養人全面關照的能力，以應付生活中的變局，參與建立世界的新秩序。Buchan更指出通識教育（liberal education）應賦以人三種品格：humility，humanity與humor。為什麼成功的通識教育會帶來人的**謙遜**？因為：「如果我們是受過良好教育的人，我們**必然流連過人類思想的寶庫**，我們當然不可能太高估自己，一心想為自己手上的工作爭取回報，而奢求太多。」至於**人性化**，他說：「我們需要一種對人的本性深度的尊重，在那些用國家機器來抹煞個性，使每個人都變得沒有臉孔的人身上，是沒有這種尊重的。」[B]在這樣的意味下，通識教育薰陶人品格的方式，不僅僅透過個人的

生活教育，而是進一步與人類文化、政治、社會、歷史的大領域融合，在這種知性的融合中培育人格。而關於為什麼要有幽默，Buchan的回答是：

> ——在今天這樣的年頭，當宗教的繩結，叫人憂傷的已經鬆解，空隙中出現了一些大眾領袖，他們把自己抬高到聖者的地位，把自己膚淺的言語當作神聖的福音。面對這類愚蠢，我們唯有用笑來回答。

Buchan寫這些話的時間是1938年，正值納粹氣焰高張之時。但他的感嘆則回溯於西方自雅典時期以來，歷經中世紀教會一直實施的博雅教育的傳統。西方博雅教育（liberal education）事實上是菁英教育。在古希臘，博雅教育的對象更僅限於「自由人」，不包含工匠與奴隸[Y][BJ]。這種教育計畫的來源，較具規模的應始於柏拉圖。柏式教育分：初級部，含體育、音樂實習與學習字母；與高級部，含算數、幾何、音樂原理與天文學。經過希臘末期sophists（詭辯學派）哲學的影響，到了基督紀元已分成：文法（Grammatica）、修辭（Rhetorica）與辯學（Dialectica）的三支（trivium），加上幾何學（Geometrica）、算數（Arithemtica）、和聲學（Harmonia）與天文學（Astronomia）的四支（quadrivium），加起來，合稱為七通藝（seven liberal arts）。

與中國的「禮樂射藝書數」的儒家教育相比較，西方博雅教育顯然**多出理性教育**的部份。這一部份尤其表現在柏拉圖計畫中的「幾何學」。當時的幾何學所傳授的主要

是歐幾里德《幾何原本》（*The Elements*）的內容[1]。《原本》呈現的是西方古代數學思想的總結，卻以超越其他各民族文明的公理系統來表達。同時理性教育也表現在sophists所注入的「辯學」。

但西方博雅教育與中國儒家教育共通之處，則為施教的對象都是**少數的社會菁英**，基本上都是貴族教育。統治階級要代代傳承的，不只是生產技術，也要有典雅的言行，鑑賞音樂與運用文字的能力[Y]。

經過19世紀末與20世紀前葉，工業革命、社會主義運動以及納粹主義的橫行，人類社會承受到世紀的動盪，Buchan的感慨成為古典菁英教育最後的回音。二次大戰後期，美國Educational Policies Commission 報告，提出"Education For All American Youth" (1944)，強調拓廣視野的文化素養教育，應擴及**所有**青年，而不是把平民學生當技術人員與生產工具來培養。EPC的許多教育觀點源自杜威的教育哲學，而帶來了進步的氣象。與EPC報告相呼應的，有哈佛同年（1944）的報告 "Eudcation in a Free Society"[H.H]。

在冷戰期間，這樣的進步觀點沉寂了一段時日。70年代之後哈佛的文理學院院長Henry Rosovsky接掌哈佛通識教育核心課程的規劃，發動一場較大的大學教育改革。他對

1 　歐幾里德（Euclid, c. 300 B.C.）《幾何原本》的出現晚於柏拉圖（429–348 B.C.）的年代，但其內容則早在畢達哥拉斯（Pythagoras, c. 580?–c. 500? B.C.）已漸漸成形。

於通識教育的基本看法是：一個受過教育的人，

—應當能明晰流暢的思想與表達；

—對於人類求取知識，理解自然、社會與自己的方法，應當有批判性的鑑賞力；

—處在20世紀末期，已不能像以前西方的知識分子一樣還偏執於西方自我中心的意識與思維，而應當了解其他分支的人類文化，了解其他的時代；

—對於道德性的與倫理性的價值問題，應當有些理解，也應當有思考這些價值問題的經驗；

—對某些領域的知識，應當有深入的了解與研究[RH]。

這樣的看法，便構成Harvard核心課程的基礎，把如何達成Nostrand所說追求「人全面發展」的目標，進一步具體化；把柏拉圖以來的博雅教育平民化；也把Buchan一心想使人「透過通識教育如何面對世界與生活中的變局」的企圖，加以現代化。事實上Rosovsky的看法透露了強烈的西方自由主義的精神。他強調：方法、批判與汲取異民族的文化。對於道德與人格教育，他沒有忽略，但並沒有要讓教師扮演起教導學生人格與道德的主導地位。相反的學生仍然是主體，教育者只提供學習與討論的環境，讓學生「有些理解」，也「有些思考道德與倫理問題的經驗」。

3. 從認知發展看通識教育

從Rosovsky的基本看法中，看不出為何通識教育中不能排除科學教育，至少他沒有給出較深刻的理由。Rosovsky

本人是經濟學家，一方面他認為科學是人類獲取知識的重要方法，另一方面由於現代生活中脫離不開科學，一般人不能不了解科學，事實上，大眾對於科學如何與社會發生關係，例如核子武器與遺傳工程等這類攸關人類共同命運的問題，參與抉擇。這種觀點是一般通俗的觀點。

反對EPC報告的Morris Shamos[SM]則認為「透過理解科學，學生最能夠學得美學與知性價值」。這是另一場有趣的觀點，這點在後文我們要再回來探討。

不管是Rosovsky或Shamos都把科學當作知識的一個可以抽離或割裂的部門。**我認為**這類觀點無法突顯出，在通識教育中知識應視為一整體的精神。

主張「知識為一整體」最力的是庫里士南（Krishnamurti）[K]，他認為人之了解世界，是把世界作為一整體看待。只有這樣，人的心靈才能平靜。他認為教育的目的，便是要去除人的恐懼，使人自在。而分割的知識，卻造成人的恐懼，沒有對世界整體了解的專業教育，激發的是人擁有外在利益的欲望，與人擔心失去它的恐懼，這是世間紛擾的根源。

庫里士南的觀點，源於宗教精神對物質文明的批判，有它令人深思的涵義。可是亦由於這種對物質文明的反動，使庫里士南到了晚年，**完全陷入神祕主義的深淵**。

我不從庫里士南的看法，去強調「知識為一整體」的

觀點。**卻改從認知發展去建立知識的整體性**。又由於每一個人都曾經是小孩，如果把通識教育定位於小孩整體認識世界的延伸與發展，那麼通識教育便也值得適用於每一個人，擺脫貴族式博雅教育的格局。

同時，我也將一步步回應前兩節所提出的問題。在做回應之前，我先簡扼的提出幾個關鍵性的論點[H]：

（一）人的幼兒所面對的世界是整體的，這世界的內容是：自然、社會與個人。這三個領域對他來說是一體的。如果把現有的知識分成**相應的**三個主要領域：自然科學、社會科學與人文學，那麼對小孩來說，這三個領域原本是一個整體。日月草木、街鎮與母親，分別代表自然、社會與人，對小孩來說，三者是一整體，都是他（她）生活的世界。直到長大之後，由於專業分工的需要，也由於教學上的方便及教師本身專業訓練的限制，小孩才慢慢意識到各領域之間的分野，且更進一步也隨著選擇自己的專業或職業。

人對世界整體了解的特徵，尤其顯現在幼年的兒童身上。人的認知發展是雙軌的：一為進入文明的軌道，它的脈絡，基本上是依循皮亞傑的發展階段理論，由具體而抽象，由特殊而普遍，由簡單而繁複；另一則為自然能力的軌道，兒童擅於辨認事物的整體特徵，對周遭世界的理解是整體的。所有知識都有利於他的生存，因此對於知識，他沒有偏見，也沒有挑食的排斥其中的某一部門。對於天地萬物，人世風情，他無一不好奇。而且他認識世界的方

式是訴諸直接的體驗。複雜詭譎，富於變化，最適合幼兒整體性的理解。在自然能力的軌道上，人的認識一開始便是尺度空間（metric），是三維的活生生的世界，具體、特殊、複雜、多變的是它的主軸。只有在文明能力的軌道上，皮亞傑從拓樸而尺度，從一維、二維，才三維、高維的觀察，才是對的。

（二）**喬姆斯基與皮亞傑爭論的焦點**，在於兒童如何在三歲前，還處於皮亞傑前操作期的幼稚階段時，便學會一套複雜的語言？根據喬姆斯基的分析，語言遠比一般人所想像的還複雜，本身潛藏著所謂「深層結構」（deep structure）。一個小孩連一、二、三的數目意義都混沌無知的時候，怎麼能駕馭且運用一套語言，說出一口精準流利的母語？喬姆斯基因此把語言能力歸之於人類這一物種早經演化完成的遺傳程式，認為人天生便有語言的普同設計（universal device），就像許多鳥類生來便會築巢一樣。

皮亞傑**當然不同意**這種說法，那麼問題出在哪裡？

問題似乎可以拉回到兒童有掌握整體特徵的自然能力這一件事上面。幼兒可以很快把他（她）所聽到的語音串（sequence of sounds）與那一刻的情境關連起來，掌握到情境的整體特徵，然後用**成套**（package）**與取代**（substitution）的方法來學得語言。這個過程須輔以不斷的**嘗試錯誤**。至於成人學習新的語言，所用的方法則為**分析**（analysis）**與組合**（combination）。兩相比較，幼兒學習語言的整體性方法，比起成人的分析性方法，遠為優

越。後者（指分析性的方法）屬文明能力，是符合皮亞傑的軌道發展起來的：前者則屬自然能力，是人天生擁有的能力。語言能力只是自然能力高度表現出來的一環。

（三）**文明能力是分析性的**，為人類發展文明最重要的手段。從具體中抽象，在特殊中尋找普遍，透過微觀追求規律，復以組合去拼湊宏觀。科學連同人的文明是這樣建立起來的。但嚴謹的分析訓練中，人時常失去了整體觀，失去了創造與浪漫。整體並不等於部份的總合。

自然能力則是整體性的，是人創造力的基礎。尤其是文學藝術的源泉。在語言學習上，整體性方法遠比分析性方法優越。**但如果不借助分析，人無法**從鳥類的飛翔中找到飛行原理，製造出飛機，人進不了分子原子與粒子的世界，人永遠不知道DNA如何左右自己的生物性行為，不知道能量可以轉換，也無法探討哲學，無法建立起近代世界中，以理性為基礎的法律、政體與典章制度。

通識教育**與其說是在調和**「科技」與「人文」兩種文化間的對立，**不如說**如何在經驗的拓廣上，**維持**「自然」與「文明」這兩種能力同時保留在人的身上，使人在兩方面都有較健全的發展。

（四）在人的認知發展上，早期運用的是整體性的自然能力。這種認識世界的方式，帶著好奇、體驗與沒有偏見的態度，使人的幼兒能在幾年之內從不及於蚯蚓、螞蟻的智力水準，發展到人類智力的水平，說得出一口流利的

母語。在新移民的家庭中，我們看到幼小的第二代，開口說當地的語言，甚至微妙的避免了父母的語法錯誤。這段時期，幼兒的學習特點是整體的、與成套的、不斷嘗試錯誤的，同時也是最具創造性的學習，因為他所面對的是對他完全陌生且處處是陷阱的世界。如果允許把人個體的**心智發生史**與**人類物種的演化史**來做某一程度的比擬時，我可以看到小孩與原始部落的族人有著一些相同的特點[H]。

事實上，幼兒在發展與運用自然能力的同時，也同時在發展他的文明能力。關鍵在於他如何逐步脫離天生認知上的自我中心，從別人的角度與其他不同的觀點去看世界。循此發展下去，開始認識「**不變性**」（invariants），從而建立起客體世界與普遍規律的觀念，也因而從具體進入抽象，從整體進入分析。這便也步入了皮亞傑的軌道。

但當教育過份強調分析性學習的時候，人的創造力會快速衰退。這是因為早年整體性的自然能力消失的緣故。一個研究所的學生，也許很擅於從事操作性的專業工作。但做研究時，卻無法面對變化或生疏情況，而想出因應的對策，或從更宏觀的角度重新檢討問題的提出（formulation）是否恰當。這種現象，常與整體性的自然能力，在過度、或重複、或規格化的分析性訓練之後，**早已消失**有關。

（五）「工具理性」事實上也是這種情況下的產物。「工具理性」不僅僅在科技訓練中發生，也在狹隘的法律或管理的專業訓練中發生。固然科技訓練中蘊藏著工具理

性的灌輸，但工具理性的根源還是來自壓抑整體性的理解，只側重分析性訓練的一種工商價值與教育制度。換句話說，科學中的「概念理性」倘若抽掉對世界整體性的理解，便容易淪為哈伯瑪斯所稱第一種純技術與物質趣向的奴隸，矮化成「工具理性」。

（六）通識教育的意義，是使人在靈活而交迭的運用「整體／創造的自然能力」及「分析／抽象的文明能力」的基礎上，打開人的知識視野，拓廣人的經驗網絡，以求得知性的成熟，再由人本身將知性的成熟，過渡為人格的成熟。

Rosovsky講過一句重要的話：「受教育與未受教育者，最關鍵的差別便是一個人的生活經驗是否足夠拓廣。」他提出這見解，為的是要強調在通識教育中接觸異民族文化的重要。可惜他未曾進一步引申，去發展此一見解。

事實上，以人本主義的觀點來看，人對知識的認知，不過體現為人的經驗網絡。未受教育者的經驗網絡或許非常牢實，但卻狹窄，因為他得來的每一件知識都透過他自身的觀察思索與體驗，可是他的世界終究只限於他生活的範圍。另一方面，受教育者的經驗網絡或許較大，卻可能鬆散。因為他可能被灌輸許多不同時空下的知識，認識幾個世代前的人名及其事跡，熟悉幾千里外發生的事件及其始末。可是這些增加的見聞，並沒有透過體驗、思辨與批判，沒有與自己切身的生活經驗相互印證，所以他的經驗網絡大而鬆散。

太狹窄或大而鬆散的經驗網絡，都無法促發人的知性成熟。受教育者，在受教育的過程中，如果很快便由特殊跳入普遍，由具體躍進抽象，沒有經過直接體驗，又未經印證消化，他的經驗網絡會處處**呈現斷層**。未經批判、思考以決定取捨的普遍原理與規律，不論屬於科學或人文，都會使人在知識中異化。

通識教育**不是要**拉大一張張鬆散的經驗網絡，增添無法消化的知識。正好相反，通識教育要做的是透過各個知識領域批判性的思辨，相互印證，觸類旁通，去填補經驗的斷層，去發展成熟的知性。

至於人格教育，**不應該**直接教導。依靠外加的教誨，無法培養出成熟與自主的人格。尤其在大學，教育者沒有也不應該去負責起人格教育的直接任務。人格的成熟要由知性成熟去過渡而完成。在東方專制文化仍然宰制著眾人思想的東方社會，讓通識教育直接去擔負起人格教育的工作，會扭曲通識教育的目的。

（七）通識教育**不是要**表面的全面化，不是要道德化，也不是要膚淺化、庸俗化。人對於知識的兩三分支，有忘情的投入與深入研究的經驗，才能領悟創新與工作的意義，才能融入人類文明的艱鉅創造中，也才能深刻體會知識的內涵，而趨於成熟。又由於這個緣故，通識教育與專業教育**並非**對立。相反的，兩者是相輔相成的。

同時通識教育本身**並非**概論式的教育，也非止於一般

性的介紹。對於散置在不同領域的點做深入的了解,可以促發學習者本身,**自己將知識連結成線或面**。在哈佛的核心課中,像「法國文學中以幽默呈現的社會批判」、「非洲資本主義的出現」、「浪漫主義與視覺藝術」、**「悲劇與人類衝突」**、「蘇聯革命」、「自主與異化」等皆為典型的通識科目。在科學方面,可開設「機率、必然性與秩序」、「運動、動力學與能量」、「變動中地球」、「宇宙中的物質(matter)」、「演化論」、「能源與環境」等課程,透過這種特殊深入的論題,去談論自然界的普遍原理。在哈佛核心課程的說明中,有一段關於科學核心課程的話:

> —這些課程不只談論科學家所相信的事實,也探討這些事實如何被發現被承認,如何因此建立起科學的法則與原理。此一過程中,觀察與實驗的批判性角色,將要被強調。

在通識教育的科學課程中,強調科學知識的發展、批判、整體性創造與自我修正的面向,將有助於消除科學分析性訓練所帶來的工具理性的影響。事實上,這些被人忽略的面向,才是科學的精神。

(八)Caleb Nelson曾就此核心課程,抨擊哈佛的改革。Nelson在哈佛核心課程科目表中,從六個領域中各取一二較偏窄的科目,例如從外國文化中取「17世紀幕府政治」,從歷史中取「中古歐洲的權利與社會」等列出一張科目清單,指責哈佛學生所受的教育偏頗不全。事實上,Nelson沒有注意到核心課程只佔去學生一至二年的時間,

其他時間仍有選修與主修科目的要求。到底全面的灌輸所有領域當代的精華知識比較有教育效果，還是由點、線、面去學習，其實是他們爭論的焦點。

4. 科學作為通識教育的一個領域

人的幼兒出生之後，環繞於他周遭的世界是自然、社會與個人。小孩對日月雲雨、蟲魚鳥獸的好奇與親近，有益於他對周遭世界的認識，也有助於他的生存。人類作為地球上的一個物種來說，也是這樣。好奇且親近自然，與自然對話，**從自然中學到是非曲直**，同時利用自然的蘊藏，發展生產技術，使自己與整個物種存活並發達起來。這便是科學活動。

（一）科學**不單單只有**哈伯瑪斯所批判的技術趣向，科學其實也是人與自然對話的活動，它具有語言的形式與實質，滿足了喬姆斯基對語言的定義。只是這時由人與自然對話的語言延伸到科學社群內部與對外之間的語言。像喬姆斯基把人文語言當作一個由語音串對應到意義（meaning）的函數，科學的自然語言亦從科學符號語彙對應到意義。人文語言中的**語法結構**，則相對應於自然語言中的**方程**或自然規律所界定的**運算／陳述的結構**，同時科學的自然語言，也有人文語言中溝通（communication）與解釋（hermeneutic）的功能。關於人文語言會有深層結構出現，源自下列幾個原因：

(1) 喬姆斯基的語言函數的定義太過簡略。把語言函

數的定義域視為語音串的集合，**其實太簡化語言**。每一個語音串皆有它的屬性。如同樣是名詞，cannibals表人，midnight表時間，略掉這些屬性，便使得語意變得曖昧。因問題表述（formulation）的曖昧，而歸之於人先天有辨識語意的深層結構，**是不恰當的**。事實上語言不是單一的函數，而是一串函數的合成（composition of functions; iteration of functions）。

(2) 人認識世界與運用文字材料的方式，依賴於整體與分析的兩種能力。語法結構（grammer）屬於分析。但整體性的直覺**先於**分析形式。後者夠用而不至引起混淆時，就不一定要再訴諸分析的形式去加以區別。深層結構其實便是這種整體性的直覺。所以，喬姆斯基所訝異的深層結構，其實便是這種整體性的直覺，這種直覺是基於人秉乎自然的一種辨認整體特徵的能力。科學，作為自然語言來說，當然也有這種整體性的直覺。這種整體性的直覺，在運用自然語言的科學社群中，潛藏於其中少數或多數人的身上。有些時候只限於愛因斯坦、Bohr及Poincaré這小圈子的人物，有些時候則普及於科學大眾。

（二）科學的研究，不單是實驗、觀察、歸納、演繹的分析性過程或操作性的工作。Root-Bernstein在〈科學中的藝術〉一文[RB]提到：

——一般人誤以為科學家只是邏輯問答中的機器，他們作經驗的觀察，提出並檢證假說，然後簡潔地導出解答。有人或許要說：科學便是要消除個人的、直覺的或是主觀的預設，使世界的客觀分析不致受到

干擾。但這種科學的印象，其實是因科學的直觀必須要表達與溝通（只好訴諸科學的符號、方程及語言）所造成的結果，可是這中間卻擦拭了科學研究的真實過程。

事實上，科學研究中重要的是整體的敏感與創造。科學研究者時常會有一種經驗；陷在符號、方程式的計算中，一無所得。如果一直待在那分析的叢林中，檢查、思考與徘徊，人將困頓萎縮。這時候退回一步，讓整體的感覺慢慢升起，或許會有偶然的亮光閃過，問題便豁然開朗了，或至少人已走出那叢林。叢林中的所有細節一剎那也都分辨得出它們的輕重。換句話說，**分析的困頓被整體的直覺解決了**。Shamos談科學中的美學時，強調「科學的理解，最能使人學到美學與知性的價值」指的便是科學研究的一連串創造活動，使自然界蘊涵的最美麗的結構展現，使人在與自然的對話中，表露了獨特的手法、語言與詮釋。而這正是文學藝術的本質。只是科學研究受自然的制約，游走在自然所界定的邊緣，人要發揮最大的想像力與創造力，才能把人類「理解自然的已知疆域」往外拓展。

Root-Bernstein在前述的文章[RB]，收集了許多著名科學家對科學創造的親身經驗所作第一手的描述。Root-Bernstein指出「最好的科學，源於分析心智與美學敏感的結合，對這一結合我們或可以稱之為sensual science，教育者應該授與學生的便是科學的這種帶著人主體色彩的面向」。

歷史上一長系列的科學家，Euclid、Archimedes、祖沖之、Fermat、牛頓、Laplace、Gauss、Bohr、愛因斯坦、Gödel、Cartan、Weyl、Poincaré、Smale、Griffith、Feynman 等人的研究與他們認識世界的態度，無一不具有他們個人的風格。他們每個人研究工作風格的獨特性，與巴哈、莫札特、梵谷、貝多芬、克雷、畢卡索從作品所散發出來的，並無二致。

（三）由於科學是人與自然對話的活動。自然本身雖然奧妙詭譎，但它在複雜豐富的演化脈絡之中，蘊涵一種叫人驚嘆的一致性（consistency）。人的理性孕育於自然，人在自然中生活，從自然的回應中建立是非。古代的傳說與近世的歷史不斷的揭示一條普世的原則：大自然的規律，**不因王侯將相的意志而轉移**。從人的社會組織逐漸嚴密之後，統治者的威權便也隨之樹立在人之上。統治者製造的神話，時常蒙蔽自然的是非。科學社群在統治者餵養之餘，經常會對統治者的神話質疑。在這意義下，科學**會具有批判反省**的**解放趣向**。伽俐略被判刑之後所說：「可是地球確實是在轉啊！」的名句，標誌著科學對威權的抗爭，這是科學的本質使然。

（四）科學的**解放趣向**，表現於啟蒙時期的概念理性。盧梭《論人類不平等的起源》、伏爾泰《論容忍》及狄德羅的百科全書，對教權與君權逐步崩解，有正面作用。即使在孔德的實證論之後，科學的重要結果，進化論、非歐幾何、或然率論、測不準原理、不可辨真偽的數學敘述（Gödel）、相對論、混沌理論等，皆對Laplace的古

典決定論，對絕對真理以及先驗的上帝信仰提出質疑，使人的思想逐步解放。另一方面科技發達之後，生產能力大幅提高，才促使個人從封建的生產體制中釋放出來，間接激發人道主義、自由主義甚至女性主義的興起。Bertrand Russell對科學的解放趣向，做過細緻的探討。關於思想方面的解放，在 *The Impact of Science on Society* 一書中，他指出因為科學的興起，使人類慢慢相信自身的觀察重於世俗的權威，使人類對自然世界的理解首次得以自主，使人類捨棄了亞里斯多德以來的目的論，也使人類知道本身在宇宙中的定位。而談到生產力對人生活的解放時，他指出在英格蘭即使到19世紀末期，

> 一兒童一天工作十二到十七小時，他們常在六歲或七歲便開始工作。為了不讓他們因疲困而「怠惰」，他們時常被鞭打，許多兒童因工作過度，瞌睡而摔落機器中，斷肢殘廢或因而死亡。父母明知這種慘劇的威脅，也不得已送子女去工作，因為他們自己也生活在悲慘的絕望之中。[R]

這段描述是工業革命之後，生產力尚未大幅提高時的情景。而在這時期之前，瘟疫、貧困、饑餓、死亡隨時在威脅著人類的生存，許多原始部落，一家八個小孩，夭折五六個是常有的事。在工業革命之前，歐洲婦女因生產而死亡的比率，遠比今日高過十倍以上。

事實上在物質條件方面，技術趣向的發展使生產力大幅提高，也含有解放趣向的功能。至於工業革命之後，人自身在生產線上異化，被一波波的商品吞噬掉自主性，則

又是20世紀的「現代」與「後現代」的問題。

（五）前述的說明，我們企圖在指出：科學事實上不像哈伯瑪斯所說那樣只限於物質需求下的技術趣向。科學**亦具有**以語言為特徵的**溝通趣向，也具有**反省批判的**解放趣向**，這是科學原有的面目，也是科學美麗純潔的一面。在通識教育中，我們應該引領學生看到科學這美麗純潔的一面，甚至看到科學創造的美學內涵。

但是我們也不能不揭示科學醜陋的其他面向。馬庫色認為：「科技本身在建構它自己內容之初，便把它宰制自然與人的目的與趣向，一起進駐科技自身。」這樣的批評，至少在科技與帝國主義、與獨裁政權、與集體主義，或與資本主義的經濟體制相結合的時候，是千真萬確的。19世紀之後，科學從伽俐略時代思想解放者的角色，從盧梭啟蒙時期人道主義的塑像，搖身一變，變成了宰制者的角色。

Freeman Dyson有一段關於科學與教育的話，說得平易感人：

　　一年輕的這一世代有三個很好的理由，叫他們轉身走開，把科學丟在他們身後：他們所目睹的科學，是僵化威權的紀律，與企業及營利的目的掛勾，又盡在幫忙製造集體殺人的武器。這三個恨科學的理由，是真實而嚴肅的。對我們的孩子假裝科學沒有這三個醜陋面，是沒用的。我們騙不了孩子。作為教育者，我們該做的是告訴他們，科學是一座六面

山，醜陋的三面之外，還有美麗的三面：對威權的顛覆，有藝術的姿顏，而且跨越國界人類一家，要吸引青年進入科學領域，只有讓他們看到科學這所有的六個面，而給他們完全的自由，去探察它的美麗與醜陋。[DF]

5. 從理論到現實

今天通識教育的呼聲，固然是針對長久以來大學專業分科教育所造成的流弊。但通識教育的意涵，似乎遠比調和「科學」與「人文」兩種文化的對立，還要深刻。我們無法相信學科學的人去修些莎士比亞、巴哈、托爾斯泰或紅樓夢，便會有人文素養，我們也很難相信學人文的學生去修些物理化學概論的課，便理解科學的精神。但是我們相信這是起碼該跨出的第一步，至少要打開眼前狹隘的分科職業訓練的格局，去接觸其他領域中一些較深刻的感悟或思潮。

這就像小孩接觸他周遭的自然、社會與個人一樣，三種領域對他來說是一個整體，也許他常看到蝸牛、蝴蝶，看不到熊與水獺，也許他住的是小鎮，從不知大都會的人怎麼生活，但自然與人文對他來說，是整體的。牆角的蝸牛，小鎮的風情與母親，這是一體的，是他生活的世界，是不能相互分割的。

但打開學生的知識視野，並不是要灌輸或單向的介紹各領域的知識。我們不是要每一個學生走過每一扇知識的

大門，我們只是要他不致太早**便關在一個小房間裡，在計算他的出路**；只是要他像兒時的情景一樣，同時喜愛自然、社會與人，每一領域總有一兩道門他有相當深入的涉獵。他不是要懂得所有的東西。我們只希望有一天他想懂什麼東西的時候，他知道怎麼去弄懂，然後可以真的弄懂，這便是**知性的成熟**。也就是說，我們希望透過打開學生的知識視野，去促發他知性的成熟。

人可以依靠浸淫在某一領域中，深度的投入與耕耘，達成相當程度的知性成熟。科學中有分析性訓練，也有整體性的創造（台灣的科學教育最大的問題是，連分析性訓練都降格為操作性訓練，這使得工具理性更露骨地淹沒了科學工作者的思維）。科學不只是技術、原理，**也有直觀與意義，有對話與風格**，甚至**有它的美學與哲學**。如果一個人浸淫科學，能從其分析性訓練到整體性創造，從技術面到科學本身的哲學（指其內在的反省，不限於時下外造的「科學哲學」）都有所領悟，那麼，他同樣會達到一定的知性成熟，會取得一定的人文素養──因為科學事實上是人與自然對話的活動，本身自然有人文的意涵。

與科學相仿，人文中有整體性的創造，也有分析性的訓練，文學藝術中固然有體驗、感悟與文化作為創作的背景，但同時也有運用文字的手法與技術，甚至還有結構與理性。終生浸淫文學藝術，也可以取得一定的知性成熟。

但以人類取得知識與創造作品的方法來說，幾個主要領域，各有旨趣與特色。連結幾個領域中的一些較深刻的

題材，會拓展人的知性體驗，靈活人的心智，更催化進一步的知性成熟。

科學的分析性訓練，尤其陷於其操作性訓練或陷於其組織性的研究計劃之中，會使工具理性與技術意識會抬頭，使科學工作者變成了宰制者，而協同「維護宰制社會的合法性」（馬庫色）[MH]，使科學工作者從人類的解放趣向中分離出來，變成維護宰制體制的工具。

這是因為前述科學整體性理解的成分，在科學的認識與研究中被抽除。同樣的技術意識（與工具理性）也可能出現在法律、經濟、社會學與政治學的社會科學領域之中。一個不從整體性理解，去研究法律的人，時常會落入條文的陷阱，致使從法律的訓練中產生技術與類似於科學操作與組織中的工具理性。

文學藝術，亦無例外。人文素養無法從文法、修辭學、拉丁文、八股、或訓詁學中的分析訓練中得到。連詩詞歌賦，如果剝離其整體性的了解，所剩的也只是技術意識。

無疑的，各門知識領域的技術或分析方法，是知識的骨架。但沒有血肉，沒有整體性的理解，該一領域便只製造出技術意識。科學中的理性，便在這樣的脈絡裡，從伽利略變成泰勒，從概念理性萎縮為工具理性，也因此**使理性背棄了它叛逆與解放的傳統。**

可是這樣的現象，也發生在其他任何領域，使得技術意識變成所有知識工作者身上共有的標誌。今日談通識教育，**不是要**知識分子回溯於過去博雅教育中，去裝飾起典雅的言行與鑑賞古典文學藝術的品味，而認同於統治階級；**也不是要**使知識分子變成勞動力的一部份，變成國家社會的工具，使他失去了對世界的整體瞭解，而只剩技術意識留存在他身上。

正好相反，通識教育是要透過多樣知識領域的深入涉獵，去回復**人對世界的整體了解**，使它拓廣他的經驗網絡，促發他的知性成熟，或更進一步說，從知性成熟過渡到人格成熟，**使人得到解放**——但注意是由他自己去過渡，由他自己去解放自己，不是要由教師去教導他過渡，也不是要由教師去解放學生。

站在通識教育的角度看科學教育，要把人從科技理性，從工具理性中解放出來，整體的面對世界，了解世界。在實踐面上，科學教育中的整體理解與創造，是在通識教育中實施科學教育最重要的部份，不論對人文或科學院系的學生，都應強調這一部份。強調的方式可考慮：

（一）探討該課程的**題材與文明發達**之間的**關係**，例如討論與閱讀相關歷史。

（二）用**批判的觀點**去看相關思想的演進，例如從「物理學的進化」（Einstein-Infeld）去談物理，而不是講「物理學概論」，同樣與其開「生命科學概論」，不如談「演化論與遺傳」。

（三）用**問題中心的觀點**，去回溯於理論及已知知識，例如從「恐龍為什麼滅絕？」（許靖華著），去引入古生物與地質的知識，並展現前人獲取知識、解決問題的方法。

　　（四）用**閱讀、寫報告、思辨**與**討論**的方式，讓學生主動去接觸相關知識。講演的授課方式，最容易使學生落入分析性訓練，甚至只停留在操作性訓練。只有從批判、思辨與克服困難中，學生才會激發其整體思維的能力，也才能縫補前述經驗網絡的斷層。

　　我們用Freeman Dyson的另一段文字來結束本文：

> 一作為一名科學家，意味著把Niels Bohr 的夢想推向它最後的目的：迎向開放的世界、禁絕殺人武器與終結戰爭。當貧民窟的孩子們向科學打開他們的心靈時，他們所需要的，不是讀更多小時的物理與化學，不是把科學與SAT測驗混淆一起，而是一種望向未來的視野。在這視野中浮現的是一個與過去不一樣場景：一個較好未來的夢，這才是我們的孩子們所需要的，也才是科學能帶給孩子們的。

參考資料

[B]　　*Havard Alumni Bulletin*, vol. 40, July 1, 1938. p. 1143.

[BJ]　Brubacher, J. S.: *On the Philosophy of Higher Education*, Jossey-Bass. (1982), 2nd Ed.

[BT]　Tom Bottomore: *The Frankfurt School?*, Tavistock

(1984), 中譯本廖仁義，桂冠，頁44。

[DF]   Freeman J. Dyson: "To Teach or Not to Teach?" *Amer. J. Phys.*, June 1991, vol. 59, No. 6, p. 495.

[H]   本文作者：〈人與世界〉，《人本教育札記》「教育與思想系列」（1989-1990）。

[H.H]   Hlebowitsh & Hudson: "Science Education and the Reawakening of the General Education Ideal." *Science Education* 75 (5), pp. 563–576 (1991).

[HJ]   Jürgen Habermas: *Knowledge and Human Interests*, trans. J. Shapiro, London: Heinemann (1971).

[HM]   Max Horkheimer: "The Latest Attack on Metaphysics." in his *Critical Theory*, trans. M. J. O'Connell (New York).

[K]   Krishnanmurti: *Education and Significance of Life*.

[MH]   Herbert Marcuse: *One Dimensional Man*, Boston, Beacon Press (1964), pp. 140–172.

[MH1]   Herbert Marcuse: "Industrialization and Capitalism in the Work of Max Weber. " *Negations: Essays in Critical Theory* (1968), pp. 66.

[R]   Bertrand Russell: *The Impact of Science on Society* (1952), Unwin Paperbacks (1976), p.32.

[RB]   Robert S. Root-Bernstein: "Discovering the Art in Science." *The Sciences*, Sept/Oct (1990), pp.44–47.

[RH]   Rosovky, H.: *The University-An Owner's Manual*, (1990) W. W. Norton.

[SM]   Morris Shamos的這段話，參見 [R] p. 117。

[Y]   葉啟政：〈通識教育的內涵及其可能面臨的一些問題〉，清大。

篇五
教育改革是一團迷霧？

之一　廣設大學有什麼錯？[1]

廣設大學沒什麼錯？若有錯，錯在浮濫升格；教改沒什麼錯？若有錯，錯在沒有面對關鍵問題。

1994年教改之初，台灣十八歲的青年，進入四年制大學的機會才只有18%。讓更多的年輕人不必為了擠大學窄門，困頓在補習班年復一年；讓這大學窄門的壓力，不致往下擠迫，扭曲中小學教育，戕害一代代孩子的心智。這樣的訴求有什麼錯？

廣設大學，是1994年410教育改造運動四大訴求之一。目的不只在紓解升學壓力，亦期望提升全民現代知識的水平。410民間教改的訴求是：台灣應該在五到十年之內，讓年輕人進大學的機會達到美國54%，甚至達到加拿大的60%以上。

如果大學能提供好的教育，讓更多的年輕人進大學接受現代知識的陶冶，拓展他們的知識視野。這項投資會**回饋於社會**，大幅提升未來的國力。

但我擔心當時的政府目光短淺，會便宜行事。早在1991年，我與朋友組里巷工作室，拍攝《笑罷童年》時，便藉那

1　初稿寫於2015年7月7日，2020年9月修訂完稿。

一百分鐘的影片，論述廣設大學的重要，且用很大的篇幅，說明我的擔心，擔心執政者會便宜行事，把高職專校升格為大學。結果將大幅降低大學的品質。

1996年吳京上任教育部長，提出「第二國道」的構想，果然要大量升格公私立技職專校。410教改人士到教育部前抗議，要求好好廣設公立大學，並指出公私立學校的不同定位：**公立學校提供人民就讀的機會，私立學校發展特色**。兩者定位一旦混淆，必定弊端叢生。

當時很多私立專校是高職升格的，品質就有很大問題，尤其1970年代起，許多人辦私立高職，是一種金錢投資，處處叢生的是學店。這些私立高職升格為專科，專科升格為技術學院，技術學院為升格大學，品質必然粗陋。私校收費又數倍於公立學校，這樣的第二國道**如何能**吸引年輕人就讀，紓解升學壓力？進這樣的大學，又如何能提升人民知識水平？

我找時任教育立委的王拓，去與吳部長陳述利害，可惜吳部長堅持如故。潘朵拉的盒子一經打開，教改便走上不歸路。很多私立專校背後都是民意代表及政府官員在支撐。「第二國道」一經通車，這些升格的技術學院與大學，便成了龐大利益集團，尾大不掉。它們的存在，阻擋了日後籌設新的、有水準的公立大學的任何提議。

今天面對大學浮濫的現實，我們必須釐清過去發生的事實與功過，但一味譴責過去並無濟於事。平心而論，許

多技術大學雖然粗糙，但能讓我們的青年都有大學可去，也是好事。只是如何提升大學品質，才是未來要努力的目標。不夠水準的私立大學應該回歸市場機制，政府有責任找較好的大學收容那些停招學校的學生，甚至藉這機會創辦有水準的公立大學。（後者一點都不難，詳見我寫過的《台灣教育的重建》一書。）

不要嘲笑我們的大學生程度太低，他們沒有在中小學受好的教育，也是國家的責任。教育的目的不只是培養人力，而是讓每一個人得到最好的內在發展。如果我是大學的辦學者，我會努力讓這些程度偏低的學生，在進入我的學校四年之後脫胎換骨，變成一個能思考、有視野的知識青年。這是辦學者與教授者的責任。

1970–72年我在密西根一所州立大學教書。我們教微積分的教授，被賦以一項任務：即使學生連國中數學的交叉相乘都不會，我們也要在一年之後讓他學會微積分。

事實上，我自己做到了。但不論有沒做到，這是我們拿薪水的教授對社會應盡的義務。作為教育者，我們不能嘲笑學生。

批評教改，不要忘了教改之前我們的孩子所受的苦。1974年我在彰中試教時的學生，因三次聯考不上而自殺身亡。這不只是一個特例。

另外，很多人指責廣設大學，擠壓技職系統，是對技

職教育的歧視。1994年教改之前，台灣國中畢業生有七成被迫進入高職，因為高中的入學機會只有三成。當時很多高職都是私立的學店，學生不只學不到東西，還被學校以建教合作之名，送到血汗工廠，提供超級廉價的勞力。畢業後經常學非所用，大批失業人口，流落街頭以擺地攤為生。

410教改要求增加公立高中，提高國中畢業生的教育選擇權。同時讓技職人力，回歸人力市場機制。供需平衡，技職畢業生才不會被企業與工廠剝削，才能維持起碼的技職尊嚴。

事實上，410民間教改聯盟，與官方的教改會提出籌設綜合高中與完全中學，訴求是：高中生每學期必須選修一定學分的木工、水電、美容、工藝、修車、修電器品等技職課程，養成動手做的能力。高中畢業後能有一技在身。這是全人教育的一環。可惜這些訴求，教育部並沒有採納。

往事已矣，台灣的教育一直深受政治介入，甚至被嚴重扭曲。教改只為了還原，讓教育回歸教育。**不要美化過去**。戒嚴時期，台灣教育極端變態。解嚴之後，經過二十多年教改的衝擊，比起威權統治的年代，教育環境是有鬆綁。

今天很多孩子在壓力較小的教育環境長大，相對變得擅於思考，心地寬廣。這是美好的事實。尤其到了2014年之後，是新一代的年輕人，在推動台灣向前走。

之二　教改中的左與右[1]

　　這二十多年教改是成是敗？**成了什麼？**（例如立法禁止體罰、教師的自主性提高了、學生的自由度增加了、教育基本法也通過了）**敗了什麼？**（例如升學壓力依然沈重、學生心智沒有普遍得到釋放、獨立思考不被重視，創造力仍被壓縮、多元入學變成增加低收入戶的負擔）？

　　為什麼成？為什麼敗？

　　還有一個更根本的問題，**什麼叫「成」？什麼叫「敗」？**

　　作為一個曾身處教改核心的人，我自認清楚其中某些關鍵，也寫過無數文章表達自己的看法。早在1995年初，我已充分認識到主觀條件不足與客觀環境不良，教改的前途堪虞[2]。但這個評估採用的是我期望中的標準。在許多方面，十多年過去，國家控制是鬆動了，相對來說，個體的自由度增加了，社會對教育事務的參與度也已提高。教改的這些成就，不能不加以肯定。可是教改仍有很長的路要走，當初教改的目標還遙遙無期。

　　到2010年回顧教改的成敗，十五年前所看到的一些關

1　寫於2010年3月27日。
2　〈再等半個世紀〉，參見本書篇五之四附錄。

鍵，確實牽動了其後的教改歷程。其中一個重要的關鍵，便是「左」與「右」的思想分野。台灣沒有「左思維」的土壤，這是二十多年來教改碰不到核心問題的思想困境。

二十多年教改歷程，牽涉到無數複雜的人與事，我無意也沒有能力在一篇文章裡做總結。本文的目的，只想討論左右兩種世界觀，在教改實踐面上如何拉鋸衝突，而且我只選擇「廣設高中大學」的訴求，做為核心議題，因為這個訴求是否落實，不止涉及**升學壓力**是否紓解、教育能否正常化，更涉及**人才培育**是否迎向未來，對於教改後來的成敗，有決定性的影響。

1　左與右的世界觀

左、右之分，對我來說，不只在於階級立場的認同，或對社會正義的支持度，而是兩種不同的世界觀。

什麼是「左」？什麼是「右」？每個人心中對左右的印象，各有不同，讓我先做一番清楚的界定（請先拋開原有關於政治立場的左右界定）。

「左」的世界觀，有幾個基本特徵：
1. 結構性：很多現象彼此之間不是沒有關連的。相反的，這些現象都指向一種底層的結構，結構是根本的。結構問題沒有解決，現象很難普遍改善。物質（含制度）是基礎，觀念與文化現象是物質的延伸。事物的發展經常存在著某種規律。必然性遠大

於偶然性。

2. 變動性：世界始終在變動，沒有所謂永恆的東西。而且變動的過程，是以不斷辯證的方式在進行，矛盾與衝突反而是進步的動力。

3. 後天性：對於心智的影響，後天因素遠大於先天。

相對的，「右」的世界觀基本特徵是**任意性、回溯性**與**先天性**。抱持右世界觀的人認為：現象經常是**任意的**。人的精神、意志與觀念便足以決定現象，決定世界的樣貌。觀念先於物質。現象改變，結構也就跟著變。事物的發展沒有所謂的「規律」。但世界**先天**蘊涵著和諧、一致、完美、絕對而永恆的秩序，這才是不變的真理。過去是美好的，古代是良善的。他們喜歡**回溯**過去，崇古貶今，他們相信人與人之間，在智力與性格上有顯著的，不可忽略的先天差異。

「左」的世界觀，因認定變動性與後天性，而相信每個人都有很高的可塑性，尤其在童年階段；不承認：人與人之間的優劣有著不可跨越的先天差異，故重視「平等」，重視社會正義與公平。但因其蘊涵結構性與規律性，不慎便會落入專斷與教條，甚至以結構與規律作為遂行**集體主義**的藉口，甚至走向極權主義。

而「右」的世界觀，因相信任意性與偶然，相信精神與意志，而相應的重視**個人自由**（包含高度的經濟自由），發展出某種意味的「個人主義」的精神。但因其深信先天差異，傾向**階級分化**與**人力規劃**，容易流為階級歧視、性別歧視與種族歧視[3]，而走向極右。因為他們相信人

先天有上下之分，會支持「聖人」統治、階級統治、貴族政體、專制政體；變成**種族主義、極權主義**，使極右與極左只剩一線之隔。

事實上，左與右兩種世界觀[4]的內涵，及其隨後的發展，遠比上述複雜，而且各自衍生出來無數的「變種」，或不同比例的「混血型」。甚至左與右，都只是相對的，可是明白指出左右兩種世界觀的原型，可以讓我們對人的思想行事，看得更真切。

關於左與右的相對性，以「自由經濟」之說為例，相對於「福利經濟」而言，**自由經濟是右**，因為福利經濟重視「**平等**」的價值，尤其針對生活資源的平等分配；自由經濟卻容易導致貧富差距懸殊。但相對於「傳統封建經濟」來說，**自由經濟卻是左**，理由則是它直接面對「**變動**」；相對的，封建社會重視社會秩序穩定。

弔詭的是，相對於前三種經濟制度，二十世紀共產國家所實施的「計畫經濟」反而是最右，因為它為了追求絕對平等的理想，卻**違反事物變動的內在規律**，用絕對的權力企圖把動態變成靜態[5]。

3　深信先天差異，例如上智下愚，使得自古以來貴族門閥維持其統治利益有了藉口，也成為近世殖民主義者與種族主義者用來欺壓弱勢民族的說辭。

4　有些人會以「唯物論」與「唯心論」來標示上述「左」與「右」兩種世界觀，但其意義莫衷一是，而且用辭容易招致誤解。唯物論會被誤解為：「一切現象（含精神）皆可以歸諸物質」，其實它的原意是：「物質是一切現象的底層結構」。

5　對我來說，二十世紀資本主義國家的思想哲學雖是唯心，但其發展則遵從唯物

左與右這兩種世界觀各執一是，在歷史的進程中卻交迭出現，辯證起伏，編織成人類今日文明的樣貌。

2　偏左的世界觀

每個人都有世界觀，只是有的比較嚴整，有的比較鬆散，有的比較一貫，有的比較任意甚至自我矛盾，有的明白自知，有的毫無所覺。但幾乎每個人看問題做人行事，都被自己的世界觀所左右。

基本上，我的世界觀偏左，但我認為連左與右都是相互辯證的。我相信很多時候現象底層都存在一種結構，結構問題若不面對，現象很難改變，但我不是決定論者[6]。尤其童稚世界無限，每一個人類的幼兒都充滿無限可能，每一個孩童都擁有天生的敏感、無邊的好奇、參與世界、體驗世界的熱情與原始的創造力。人是在他與世界無窮密集的互動中，變成他自己。環境不可能單向的決定人的樣貌。

對於**群體**，我大體是唯物論者[7]。但對於**個體**，很多

的過程。共產主義國家正好反過來，思想哲學是唯物的，可是卻用唯心的方法要達成目標。於是資本主義存活下來，共產國家則一一衰亡或變質。可是資本主義加速發達，最後遇到的問題是：整套以「看不見的手」作為信條的理論，完全忽略了自然資源的角色，以至於大自然反撲在即，人類文明的存續，到二十一世紀，將面臨極其嚴酷的試煉。

6　關於我個人的世界觀，較細緻而完整的看法除了在本書有所闡述以外，還可以參考《童年與解放》。用嚴格的科學語言來說，決定論不等於可預測論，混沌現象因存在蝴蝶效應而不可預測，但其本質仍為決定論。在這裡，我的意思其實是：不相信未來可以預測。

7　可是我仍然不是社會決定論者，我不相信社會發展存在著某種可以預言或控制

時候我則是唯心的，因為精神與意志在一定範圍內，可以改變很多事情。這是右派世界觀吸引人，而令人尊崇的觀點。因為這樣的觀點，使文學藝術的生命昂揚，為這沉悶的左派世界觀注入活泉。但是強調精神與意志，只能要求自己，不能拿來要求別人，不能變成說教。要求別人與對別人說教，若結合權威，便會壓抑多元的可能，並模糊結構的變革：以為每個人都可以靠自己的精神與意志去解決自身的問題，而忽略結構上的限制，不再面對結構的缺陷。

我相信世界**不止在變動，甚且是發散的**。人的世界，本質上是個「複雜系統」（complex system）[8]。誰都無法預測未來，未來有太多變數及不確定性，混沌現象無所不在，一開始一點點差異，後來的影響可能天壤之別。我從來不覺得人可以依照某條規劃好的軌道，走向「美麗新世界」。人的智慧頂多只能在這一刻，看出謀取共同福祉**最好的「切方向」**[9]，但下一刻的切方向，下一刻的路徑必須隨時機動調整。

對於兒童，我不相信我們可以從他早期的表現，斷定他的未來。性向測驗**只供參考**，不能據此強制他對未來要

的規律。人類的社會是個複雜體。

8　「複雜系統」是1950年代興起的科學新領域，有科學的界定。混沌現象是其中之一，例如某些氣候系統，其他許多自然或人文社會的系統皆然。關於人的成長過程是複雜系統，參見本文作者：〈千年記憶的大石〉，《童年與解放》，左岸，頁271–288。

9　這裡指效用函數瞬間變化率取得最大值的方向，或說梯度（gradient）的方向。以經濟學的術語，即preference vector。

走的路做出選擇。這是我反對在教育領域裡太早將人分類分等分級的理由。擴充教育資源，把餅做大，盡量讓每一個孩子，不分階級、種族與性別，充分發揮潛能，是教育工作者的職責。相對於其他領域，在教育上的投資，雖然回收時間較久，卻最值得。

「右」的世界觀，相信永恆與先天，始終希望世界是靜止的、時間停留，也喜愛美化過去、懷念往昔。由於年華流逝，青春不再，世事變幻，引人感傷，因而孕育出美麗的詩篇、音樂、文學與藝術。

由於變動把人推向陌生之境，造成不安全感，因此**多數人趨向保守，反對變動，反對改革**，除非生逢亂世民不聊生，或是遭受壓迫瀕臨絕境，人心才會思變。這是**右派**世界觀在歷史上**一直成為主流**的心理背景。

又由於多數人看不到這複雜世界中潛藏的因果關係，會傾向於把命運，把許多難以了解的現象歸之於先天，因此「上智下愚」之說，一直深入人心。上智下愚，使得階級分化取得正當性，也使得分類分等分級的教育政策不易撼動。

相信先天與永恆的世界觀，一直是人類社會的主流，也是保守力量牢固的基石。人類思想史上，只有希臘亞歷山大時期、文藝復興與啟蒙運動，是少數質疑並批判這種右派世界觀的時代。

台灣沒有經歷過一場思想上的啟蒙運動，便搭著消費文明的便車，驟然來到反啟蒙的後現代時期。人的自由度增加，這是進步的，但後現代「各自表述」的精神，使得後封建社會保守的慣性，無法攤開來仔細的被檢視，「左」的世界觀更無機會萌芽。我一直覺得這是台灣今日教育改革，社會改革與政治改革扭曲變形、困難重重的緣由。

左與右是相互辯證的，只右不左，結構不會改變，自然亂象叢生。

二十多年來這一波波的改革，唯一成功的，只是三十七年戒嚴時期威權控制的鬆動。

3　410教改偏左的訴求

我一向認為教育者只是園丁，若說學生是花草，那麼園丁要做的是：耕耘出好的土壤，澆水施肥提供養分。至於花草怎麼攝取養分、怎麼長，那是花草的事。

對於教改，我的看法亦然，要立即改造的，主要是**教育大環境**。教師與學生就像花草，他們怎麼經營教育現場，是他們的事，教改者只提供養分。

教育大環境就是底層結構，包含**升學供需、校園環境**與**教育權力的分配**。上層建築則為**教材教法**，**師資**，**課程**與**家長觀念**等。底層結構弄好了，亦即有了自在愉快而人性化的教育環境，這時良性的發展便「容易」向上滲透，

花草也得以欣欣向榮[10]。

　　換句話說，營造好大環境，用以釋放學生心智是教改的第一要務。學生的心智要先從**密集的考試壓力下釋放出來，從威權的管理控制下解脫出來**，讓學生與教師有較好的互動，也有較多自主的空間，去嘗試錯誤、探索、思考、討論、閱讀，不斷打開視野、不斷思辨，這時才能發展出自己的興趣、學會獨立思考，使心智隨著年歲日趨成熟。同時，大環境營造好了，多元入學多元教材，**才有可能**逐步實施，因為這時人人有機會，學生家長就無須事事計較[11]。

　　1994年，我與民間教改團體發起410教育改造運動，提出的四大訴求，便沿依這樣的思路，其中「落實小班小校」指的是教育環境的改善，「廣設高中大學」談升學供需的調節，「制訂教育基本法」則在確立教育的主體與目的，以擺脫黨國控制，為的是把權力重新分配。**這三者都是底層結構。**

　　「推動教育現代化」所包裹的眾多訴求，**才涉及上層建築。**

10　這是必要條件，並非充分條件。但有了好的教育大環境，人性的正面力量便會逐一浮現，經過一番正面運作與不斷調適，花草自然越長越好。

11　有人會說，今天大學已經大幅擴充，大家仍擠破頭在搶著進名校，所以問題出在學生家長的觀念不對。可是問題不在於大家搶著進名校，而在於大家不想花大錢進太爛的學校。因為十多年來，政府不肯認真調節升學供需，好好投入資源辦好公立大學，卻用最便宜的方式大量灌水，升格私立技職學校，以致教學品質浮濫，收費又數倍於公立大學（參見後文）。

當時我用「**教育改造**」，而不用「教育改革」，便刻意指向結構性、根本性的改造，而非表象的，或頭痛醫頭、腳痛醫腳的改革。

我不斷呼籲：410教改的訴求，是**結構性的教育改造**。許多訴求相互之間環環相扣，缺一不可[12]。例如升學供需若沒有調節好，廢除聯考、多元入學、教材多元化……等等必然爭議不斷，連中小學社區化、私校定位等都會跟著扭曲變質。

我深信人的能動性、人的主體性。每個人都有無限可能，一個好的環境、好的制度，能使人**正面的力量**充分發揮，一個壞的環境、壞的制度，則使**負面的人性**一一浮現。教改要營造的，便是好的教育環境，並為教育現場提供資源與養分。

很多概念都要辯證的看，像「**適才適性**」一詞[13]，本來是教育者要因材施教，重視個別差異，求取每個人內在最大的發展，卻被很多菁英主義者拿來限制學生的選擇，對學生作分類、分等、分級（而忘了「**有教無類**」）。前者是「左」的觀點，後者則為「右」。同樣，「文憑主義[14]」「家長升學觀念[15]」也都因左與右不同的世界觀，而有不同

---

12 參見〈台灣教育重建的圖景〉，收錄於《台灣教育的重建》增訂版，遠流，1996。
13 參見本書篇五之五〈教改怎麼辦？〉第14節。
14 《台灣教育的重建》增訂版，頁70–71。
15 同前注，頁16–17。

解釋。

我的觀點經常建立在偏左，但左右辯證的世界觀。

4　來自右派的反對聲浪

1994年之前，教育權力完全掌控在當時還一黨獨大的國民黨手中，政治干預教育的現象，是司空見慣。少數民間教育團體如人本基金會、教師人權會、振鐸學會、主婦聯盟偶而發聲之外，右派的保守力量主導教育領域，左右思想論戰乏善可陳。

1994年4月10日，410教改運動，集結數萬人走上街頭，首度站在結構性教育改造的立場，逼迫當局正視問題，進行權力與資源重新分配，作根本的變革。教育部才在壓力之下，提出「說帖」，辯護其一貫的保守立場。

410的訴求之一：「廣設高中大學」，一經提出，立即招來王永慶及朱高正的反對。他們的訪談與文章，在中國時報皆以半版的篇幅大幅刊登，其立論不外是社會需要階級分工，在技術職場上，大學無用。這是**典型的右派觀點**。隨之而來，便是行政院主計處公佈的「高學歷高失業率」資料，在各報廣為報導[16]，喧騰一時，幾家大企業主管公開表示高學歷的人才眼高手低，高學歷不見得高效率。

16　〈民國83年人力開發資源報告〉，1995年2月11日公佈。

教育部也順勢打壓「廣設高中大學」的訴求[17]。

　　我認為教育部應獨立於經濟部門，守護教育者的本份：協助每一國民求取最大的內在發展[18]，不應急於效忠經濟部門。況且高學歷高失業率只是短暫的現象，教育是百年樹人的事業，成熟的現代公民自然會去創造新的行業，新的經濟榮景，不能倒果為因。朱敬一亦撰文，試圖破解「人力規劃調節大專招生」的迷思。早在1994年初，張清溪即以實證論據說明高中職人力規劃的失敗。

　　何明修[19]指出教改初期，人本主義者與自由經濟論者合力對抗「人力規劃」的舊保守主義，這個論點確有事實佐證。

　　這是第一波的左右論戰。反對廣設高中大學的聲浪，來自右翼的舊保守勢力，隨後類似的批評仍此起彼落，大多在強化人力規劃階級分工的論點，甚至有論者擔心一旦大學廣設，大家會鄙視技職，從此不肯動手做第一線生產線的工作，於是「養出一批批好逸惡勞、百無一用的閒民，帶來禍國殃民的大災難」。最有趣的就是這些抨擊，都要替「廣設高中大學」戴上一頂「文憑主義」的帽子[20]。

17　《中國時報》，1995年2月12日，第一版頭條新聞及第三版。

18　參見〈高學歷高失業率的迷思〉，收錄於《台灣教育的重建》初版，遠流，1995，頁41–52。

19　何明修：〈教育改革運動的驚奇冒險〉，2010。

20　例如郭慧英：〈滿街方帽子根除了文憑主義？〉，《中國時報》言論廣場，1995年7月8日。

這第二波的反對聲浪，夾著一種典型的右派論述。文憑主義這頂帽子背後隱含著「道德譴責」，在論戰中使用這類看似中立的道德性字眼，不需多費唇舌，便取得大眾共鳴。其立論雖似是而非，不堪剖析，但反駁起來則大費周章。右派文化一向是主流，原因之一是「善」比「真」更容易打動人心，可是這種善經常是偽善。明明這是個文憑社會，文憑的後面是一大堆附加利益，不同等級的學位，不同敘薪；明明文憑畫出階級的分界，卻假裝沒有階級差異，還反過來指責說實話的人有階級偏見，並指責「開放進大學增進階級流動」的論者，是在鼓勵競逐文憑。

　　相對的，左派的世界觀，需要懷疑既定觀念，需要辯證思考，才看得清楚變動世界的真相。它需要犀利的分析，複雜的論述，所以不易流行。

　　「文憑主義」是什麼？我希望大眾不要人云亦云，一聽到有人套用耳熟能詳的名詞，便隨著起舞。必須先深入名詞背後的涵義，公共論述才能對焦。410運動剛剛落幕，我便陸續寫了一萬多字，分四篇文章回應[21]，旨在化解右派對廣設大學的質疑。

　　為了具體說明這種偏左、非教條左派、又左右辯證的一貫立場，我在這裡摘錄當時一段論「文憑主義」的回

21　〈廣設高中大學的幾點爭議〉、〈高學歷高失業率的迷思〉、〈論文憑主義與廣設高中大學〉、〈再論文憑主義〉四篇，收錄於《台灣教育的重建》，遠流。前兩篇收錄於1995年初版，後兩篇在1996年增訂版。

應文字；同時也藉著它來呈現：在左與右，「真」與「擬善」的論戰中，「左」必須費力揭開複雜的真相，仍不易被聽見，因而處於不利的辯護位置：

所謂「文憑主義」一般說來有兩種涵義，第一種是人人追逐文憑的附加利益，文憑只是手段，有了「好的學歷」便可期待有「好的出路」。第二種涵義則來自傳統的士大夫觀念，空談理論不重實驗，重勞心輕勞力，好高騖遠，為高學歷而高學歷。

我認為第二種涵義的文憑主義其實因應外在條件而轉移，並不是什麼牢不可破的觀念。中國「萬般皆下品，唯有讀書高」的士大夫觀念之所以形成，是因為在科舉制度下，讀書考試係庶民階級欲晉身上層階級唯一的出路，眾人追求的不過是這種讀書的附加利益。而台灣幾十年來一般學生喜歡空談理論不重實驗，亦因為升學主義下考試領導教學，動手作實驗無助於提高升學機會，學校隨之不重視實驗，設備尤其簡陋。學生不喜歡動手，是新近的外在條件所造成的，不是來自傳統的士大夫觀念。

事實上，只要有「好的出路」，士大夫觀念便消失無蹤。「行醫」在士大夫觀念中屬技職百工，在古時是被看不起的，但今天醫科卻是最熱門的科系，歷久不衰。原因是它提供「好的出路」。其中外科是高勞動力的工作，一站就是五、六個小時，而且須要拿刀子動手的，但每年有多少學生擠破頭也想擠進這窄得不能再窄的窄門。所以說，士大夫高談闊論不肯動手的觀念，並不是什麼根深蒂

固的價值觀，第二種涵義下的文憑主義不過是食古不化的假想。只有第一種涵義下的文憑主義，才實際存在。

換句話說，多數人追求文憑背後的附加利益，才是問題的所在。即以勞心與勞力間的差距來說，重勞心輕勞力也只是浮面的現象，多數人屬意的還是文憑所指向的社經地位。但教育手段無法消弭人類社會的階級差距，我們能做的只是提高階級流動率，放寬進入菁英階級的門戶，例如廣設高中大學，使社經地位較低者的子女，比起以往可以有較大的發展空間。這並不是說我們主張階級差距，相反的，**階級差距是現實**，我們必須**坦於承認現實**確有階級差距，而主張在教育線上盡量保護我們的兒童，使他們在長大之前不致因其先天條件的不利而減少他們自由選擇教育型式（例如技職抑或大學？）的機會。

在前述第二波來自右派的反對聲浪中，還有一種貌左而神右的論點，值得一提。論者謂「廣設高中大學」的訴求有歧視技職之嫌，不重視職業尊嚴，甚且會擠壓技職學生的出路。對於這似是而非的說法，我早在1994年教改之初便曾如此回應[22]：

　　─目前技職百工不受社會尊重，是因「高中大學」
　　　門戶太窄，七成的國中畢業生大半被迫進入技職系
　　　統，所學既非所願，畢業後又「供過於求」，素質
　　　與待遇自然無法提高；相應的許多私立職校也不願

22　〈再論文憑主義與廣設高中大學〉，收錄於《台灣教育的重建》增訂版，遠流，1996，頁72。

意多作投資去改進職校品質……。廣設高中大學之
後，讀的人有心學習一技之長，才進入職校；技職
學校人數自然降低，又素質提升，學生畢業之後可
能倒過來「求過於供」，職業尊嚴才可望提高。

「廣設高中大學」的主張並非要擠壓技職系統，相反
的，只是要讓學生有自由選擇進高中／大學，或進入技職
系統的權利。

倒是前述這些貌左而實右的論點，被1996年6月上任
的教育部長吳京接受。同年吳京宣布開闢「第二條教育國
道」，要將現有職校與專科大量升格為技術學院。讓技職
學生也可以得到四年制大學的學位。

這種政策，若為一時之計，提供給現有在校或已畢業
的技職學生一條新的出路，我頗能贊同，問題是對以後一
代代國中畢業的學生，仍舊斷絕了他們的未來選擇權。這
種政策的立足點仍然是右派的人力規劃。更嚴重的問題，
是政府不肯挹注資源好好辦公立大學或技術學院，卻用灌
水與魚目混珠的方式，把大量品質浮濫的私立專科學校直
接升格，日後勢必尾大不掉，而且因私校收費昂貴又多數
品質太差，無法調節升學供需，對解決升學壓力毫無幫
助。

這是教改政策錯誤的一條不歸路。為此我請關心教育
的立委王拓出面，一起去見吳京，當面陳明利害，要求收
回成命，好好增設公立大學。可惜吳京部長主意已定，事

難轉圜。未幾410教改聯盟在第二任會長周志宏主導之下，發動示威，至教育部公開要求各縣市設立一公立大學。同日各大媒體記者由教育部出專車接送，浩浩蕩蕩隨吳京部長遠赴烏日成功嶺，大幅報導首批大專女兵受訓，引起社會矚目。至於在教育部前示威，要求廣設公立大學的議題，雖然影響至為深遠，而且聲震雲霄，但隔日輿論一片沈寂，無隻字報導。

事實上，1996年初，行政院教改會不辦公立大學的結論已經底定[23]：

> 一我國高等教育的量必須擴充。其擴充應以運用民間資源，且以發展側重實務性教育之校院為主。政府不再挹注大量經費設置公立校院……。至於「私立學校」，則應將「市場機能」還給他們。

根據此項結論[24]，「大學由私人依『市場機能』設置，且以技職校院為主」的路線已經確立。吳京以大量升格私立技職專科，作為「第二國道」，果為配合教改會報告書的建議。

對我來說，這項大量升格私立專科的灌水政策一旦啟動，想再回頭解決升學供需的結構問題已經無望，此因一兩百所的私校一旦下了大筆投資，數萬人的生計與投資者的利

23　《行政院教改會諮議報告書》，第二期第三章第五節，1996。

24　據吳京公開談話，其後繼任的教育部長林清江係執筆人，時任教改會高等教育組副召集人。

潤，從此與教改掛勾，變成上文所謂尾大不掉[25]。教改貿然跨過了不歸點（point of no return），再也難以起死回生。

5　教改會的左右光譜

對於教改會不正面處理升學壓力，教改學者中王震武與林文瑛[26]迭有批評。他們的論點基本上是結構性的左觀點，主張廣設（公立）高中大學，以紓解升學壓力，並強調社會正義。前述1996年赴教育部示威，要求各縣市普設公立大學時，王震武猶出面當記者招待會主持人。林文瑛曾任教改會研究組組長，在1995年為教改會辦過幾次論壇之後，甚為沮喪，一日偕教改會委員兼執行秘書曾憲政來訪。林說：她原以為廣設高中大學已為普遍共識，沒想到論壇出席者的發言普遍反對。我說：「**這是階級問題。**1994年聯合報民意中心調查，顯示絕大多數人民支持這項訴求，只有13%反對，但參加論壇的人士多半為中產階級，且已有大學學歷，他們的反對不能代表基層民眾的聲音。」我記得李遠哲在不久之後，亦公開表示：反對開放大學門戶聲音，多來自既得利益。

事實上1995年7月6日，我第二次赴教改會清大月涵堂會場，分析「廣設高中大學」的訴求，會後曾與李遠哲及曾憲政相談，我強調教改應重視社會正義，兩位皆甚贊同，並表示自己從年輕時即一直關懷弱勢。我了解教改會

25　參見本書篇五之五〈教改怎麼辦？〉第5節。

26　王震武／林文瑛：《教育的困境與改革的困境》，桂冠，1994；《另眼看教育改革》，桂冠，1999。

成員屬性不一，看法也不盡相同，後來報告書的結論，令人極端失望。

何明修[27]指出自由經濟學者的主張，使教改會在這議題上右轉。我相信這是其中一個重要的原因，但教改會內部保守人士的意見亦有關鍵性影響[28]。教改會內部成員皆一時之選，但偏左、偏右立場各殊，工作又分「教育理念」、「中小學」及「高等教育」等三組，個別研討並擬訂政策。由於中小學的升學壓力，恰好是跨越三組的議題，若下總結論之前，三組沒有良好的整合機制，那麼升學壓力，最終無法徹底解決，也就不足為怪。唯獨教育鬆綁在教改會內部取得共識，成為它最耀眼的成就。

只看林文瑛與林清江（繼吳京之後任教育部長）兩人估計高等教育數量時的角度，就會明白兩種立場上的差異。升學壓力主要來自四年制大學的不足，但林清江把它與專科一併計算，得到1992年大學粗在學率已達42%，居亞洲之冠[29]，好像升學的供給面，沒有短缺；林文瑛的估算，則凸顯了升學壓力的來源[30]：

　　一以民國90（2001）年6月的數字來看，國中畢業生30
　　　萬人，一般高中新生人數11萬8千人，升學率不到四
　　　成；而四年制大學新生人數9萬1千人，只佔18歲人

27　何明修：〈教育改革運動的驚奇冒險〉，2010。
28　我未參與教改會，只能從文獻與當時若干事實跡象去推測，需進一步訪談當事人佐證。其實教改會的報告影響巨大，內部如何運作，如何形成決策，值得社會學者深入訪談當事人，進行客觀研究。
29　行政院教改會：〈教改會諮議報告書〉，第一期第三章第二節，1996。
30　林文瑛：〈升學的壓力在哪裡？〉，《蜂報》，2003。

口數（37萬3千人）的24%。

照理，高等教育經過九年（從1992到2001）的擴充，進大學的機會亦已快速膨脹，但兩人估算，得到的論斷不一，原因在於立場相異，所強調的意義也就不一樣。

從教改會最後的諮議報告書中，及其後的發展看來，「左」的聲音十分微弱，**偏右的力量完全佔了上風**。

1965年西德聯邦政府也在教改風潮下，成立類似三十年後出現在台灣的教改會，可是他們得到的結論完全不一樣。西德最重視技職教育，幾十年來被台灣教育當局視為典範，但戰後經濟復甦，民間漸趨富裕，想送子女進大學的人數遽增。1965年聯邦政府成立教育改革審議委員會（Deutsche Bildungsrat），提出由政府擴張大學計畫，以因應民間需求，而且未雨綢繆，為其後的社會培育人才。至1975年已增至兩倍，由十年前的30萬人膨脹到70萬人。到1990年代更擴增至120萬人[31]。

我初赴西德Frankfurt參加「國際數學教育會議（ICME）」，是1976年的事。當時西德的大學已經開始在大幅擴張。席間有人問起：「西德技職教育不是做得好好的，何故要如此擴充大學？」所得的答覆是：戰後的西德是**民主國家**，政府不能壓抑人民的教育選擇權。人民知道上大學才可能進入菁英階層或管理階級，政府有義務要調

---

31 顧忠華：〈德國教育改革的理念與制度〉，《教改叢刊》AH22。

節升學供需，不能藉口人力規劃，限制人民的階級流動。

為什麼三十年後，這樣一個淺顯的民主概念，在台灣的知識菁英與社會主流的腦中，還絲毫不見蹤影？

不只在西德，在整個西方，我不曾聽到誰批評過人民想上大學，是文憑主義，是觀念不對。

6　來自左翼的質疑

410廣設高中大學的訴求提出之後，出現一種有趣的左翼觀點。在大學社會學研究所裡，有某些深具批判性的討論課，質疑這項訴求。他們認為大學是資本主義的意識形態對年輕人徹底洗腦，並加以收編的場所。讓更多的年輕人進入大學，資本主義這套邏輯會更為鞏固。乍聽之下，這種觀點確實有些道理，但我的看法是：近世思想革命的據點都在大學，只有掌握相當前端的知識，才可能從思想的根本，去質疑社會主流或統治階級的邏輯，挑出矛盾並加以批判，從而引發一次次社會或政治的重大變動，帶來人類社會的進步。即以這些深具批判性的討論課來說，若非它屬於大學，怎會有這樣從根本質疑資本主義邏輯的聲音出現？

大學的功能是被主流社會收編？抑或批判？結論顯然。多年後的太陽花學運即為明證。姑不論大學的品質如何，不論其私立或公立，由於廣設大學，2014年青年進入大學的機會已無虞匱乏，因抗議兩岸政商關係的黑箱，各

大學學生相互串連，學運臻於高潮之夜，僅台北一市有50萬青年學生走上街頭，終於扭轉國家重大政策。[32]

另一波左翼的批判，來自私校學生反對高學費政策的抗爭。他們認為經濟條件好的家庭，通常社經地位較高，子女升學競爭力也因而較強，容易擠進公立大學，享受低學費。相反的，窮人的子弟只好進入高學費的私校，父母的血汗錢再次被搾乾。「社會正義」在哪裡？他們嚴厲批評410教改的訴求，只顧站在中產階級的立場，要求改革，未能考慮弱勢學生的處境。

410隔年，1995年7月9日，「709教改列車」發動，許多教改支持者自各縣市北來，齊聚台北市大安公園。代表私校弱勢學生的「兔槽隊」，突然出現在會場，舉牌嗆聲抗議，全場錯愕。410有些工作人員對鬧場的手段不以為然，我則另持異議，認為「兔槽隊」是弱勢，他們不藉著410的大型活動，很難發出聲音；不打不相識，若因此次鬧場，兔槽隊的聲音能匯入410聯盟，讓410進一步更廣納私校的訴求，對教改只有好處。

早在1994年籌備410萬人遊行時，我便採用「深紫色」[33]作為當天全場活動的基調，意欲以中產階級的形象，包裹弱勢階級的訴求，結合面才能強大。410訴求中，廣設大學、反對人力規劃（如反對高中職強制分流）、提倡

32　此段為作者於2021年2月本書出版前夕加註。

33　多年之後，簡錫堦成立「泛紫聯盟」，亦採紫代表弱勢立場，應與410無關。

弱勢者的主體教育、要求政府無條件發放低息助學貸款，皆直指社會正義，替弱勢發聲。若有弱勢學生團體加入聯盟，隨後的訴求更能突顯弱勢利益，廣納百川，410才稱得上真正的全民教育改造運動。

隔日我請廖美[34]接洽兔槽隊夏樂祥等人與我聚談。這時我並非410聯盟會長[35]，不能代表410，我只以會員個人的身份與他們詳談。席間我分析四大訴求與弱勢階級的關係，頗獲共識。我提到在教育領域裡，無法解決階級問題，能做的只是促成階級流動，並要求政府無條件提供低息助學貸款。對於貸款日後需償還，與會者多人反對，認為是沈重負擔。我的看法是：當時上大學者仍只15%，大學畢業之後，便屬於少數菁英，社經地位提高，將大學就讀時期向國家籌借的學費還諸於民，理所當然，除非台灣已像西歐國家那樣富裕。只有當大學真正大幅擴充了，數量足夠讓大多數人民都有機會上大學，要求由國家完全付費，才具有正當性。

至於私校高學費的抗爭，就當時情況，我當然支持，但我認為五年十年之後，等公立大學足夠普及，人民都有機會進入公立大學，就不能再管制私校學費，如此「公立學校保障求學機會，私校發展特色」的定位，才能釐清[36]。

---

34 時為台大社會所研究生，為410教改運動核心幹部。

35 會長為台大農化系教授張則周，張教授支持弱勢，比我更積極，例如社區大學成立，他一直極力主張低收入學員免費。

36 事隔十五年，我已無法確認這段話，在與兔槽隊聚談時是否明白點出，但其後兔槽隊即加入410聯盟；我亦多次透過410聯盟工作人員林學淵傳達這種立場。

後來的發展未如我期待，因為**政府放棄了現代國家為人民辦大學的責任**。由於公私立大學定位不清，造成今日政府為減輕私校學生負擔，管制學費而提高補助私校的經費，又不能監督私校，品質多數浮濫，學生學費仍然偏高，中小學升學壓力無從紓解；另一方面，從私校立場來說，學費一旦管制，財源受到限制，亦無法提高品質、發展特色，市場調節機能必大打折扣。諸種弊端，亂成一團，皆肇因政府放棄廣設公立大學的責任。

事實上，早在410遊行之時，我撰寫〈廣設高中大學的幾點爭議〉，文中已經明白提到[37]：

一政府不能管制私立大學……。學費充足，私立大學才能辦出特色，但其先決條件有二：其一為廣設高中大學………在美國，公立大學與私立大學學生人數之比為4:1。國家認為辦大學是現代政府的責任，私立大學之存在，純為發展特色與保留人民興學之權利。在台灣公私立大學人數之比，則反過來是2:3。………政府〔應〕直接承擔廣設大學、補足國民進入大學之願望，而非把進大學的機會推給民間。當進大學機會足夠充裕，學生選擇學校的市場機能，才可能發揮。第二先決條件為：政府應無條件提供大量助學貸款……。

在幼兒教育的議題上，1996年我撰文主張由政府發放教育券，以代替廣設公立幼稚園。這項主張違背了上述公

37　該文後來收錄於《台灣教育的重建》初版，1995，頁37–38。

私立學校不同定位的立場，引起幼兒教改界的質疑，認為我忽略社會正義。何明修亦婉轉指出我的矛盾[38]。

我這項主張在當時，是教育理念與歷史脈絡下的判斷。對我來說，幼兒階段最重要的是在生活中的互動與遊戲。我一直反對國民教育往下延伸至幼兒階段。過去僵化的國民教育沒有包含幼兒階段，對幼兒來說，是幸運的事。幼兒太早進入規律的集體作息，只會壓抑幼兒的本性，更壓抑他們天生的創造力與想像力。如果考量現實，父母上班工作，幼兒必須托付照顧，那麼進附屬於國小之下的幼稚園，是最後的選項，尤其公立幼稚園由國小校長兼主任，管理的目的會大於讓幼兒自由成長。很多現實的例子，可以佐證我這層顧慮。

另一方面過去三、四十年來，民間已出現為數眾多的私立幼稚園或托兒所，其中不乏有進步理念的辦學者，只是水準參差不齊，所以發教育券，由父母自由選擇的市場機能，去提升品質，是最佳的選擇。公立幼稚園照樣可以成立，同時與私立幼稚園，加入競爭。在某些社區，則提供低收入戶免費幼托。可是後來政府大打折扣，只承諾發放每學期三千元，以致喪失原來立意，變成純粹補助。教育券唯有**全額發放**[39]，才會發揮市場機能，以提高品質。

因為教育的對象是人，在教育領域裡，「社會正義」與

---

38 何明修：〈教育改革運動的驚奇冒險〉，2010。
39 「全額」指相當於政府辦幼稚園的投資，平均分攤在每位幼兒身上的費用。

「自由放任」兩條路線之間，還存在一項更艱鉅的課題：了解孩子心智成長的秘密，並讓每一個孩子的潛能可以充份發揮，這件事是不分階級的，也無法當做商品，用市場機能去達成任務，因為教育品質的好壞很難一時看得出來，眾人一窩蜂想擠進去的學校，可能是最壞的，最會壓抑孩子潛能的學校。討論教改，在「社會正義」與「自由放任」之外，還有更深入問題核心、更細緻的第三條路線。

7　教改失敗？

2000年政黨輪替。2002年冬，反教改的聲音開始出現。

從1996年底教改會解散之後，教改的實權落在教育部。部裡雖新設教改推動小組，但終究屬諮議性質。這幾年，一些開明的教改人士，散落在各處努力。教育鬆綁與多元化，已取得一定程度的成就，學校也比從前開明而活潑，熱心的教師受到大氛圍的感染，開始在嘗試有別於傳統的教學。

但升學的壓力還是十分沉重，任何牽動升學機會的政策都十分敏感，教育鬆綁，挑戰幾十年單一標準的慣例，例如多元入學與開放教科書所「**內建的**」彈性，必然引起廣泛的爭議。這些困擾逐日累積，終讓政治的保守勢力可以藉公平之名，藉弱勢之名反撲，經由保守媒體推波助瀾，不久「教改失敗」未經任何客觀評估，便已深入人心。

2003年我試圖再度喚起社會大眾正視結構問題，又寫了近四萬字的長文〈教改怎麼辦？〉[40]，建議教育當局進行一些立即可行、但影響深遠的教改方案，惜未獲得有效回應。

　　教改的面向很廣。教育鬆綁雖逃避了主要的結構問題，但無論如何二十多年實施的淨效果，還是利多於弊，教育現場終究比過去活潑而寬容。但反教改的批評，既不談結構問題，也忽視這些成就，只指責某些弊端，例如多元入學費用提高，且申請入學諸多資料造假，開放教科書被指責使家長無所適從，必須多買不同版本以因應學測基測，徒然浪費金錢。於是教改變成「不利於窮人」的教改，反教改的聲音從而取得了道德的正當性。

　　這種批評能引起廣大輿論的共鳴，除了政治操作之外，更重要的是台灣根深蒂固的右派文化：「任意性」與「抗拒變動的心理（即保守性）」。任意性使人只看到點，看不到面，幾項弊端賦以道德譴責，便足以概括全部。當初排斥結構性改革，與現今聲稱教改失敗，都因為任意性。抗拒變動的心理，則植根於人對往昔秩序的眷戀與善於美化過去的通性，不管施行四、五十年的聯考與統一教科書曾帶來多少扭曲與傷痕，聯考的公平性與標準教科書的好處，又在這塊右派土壤老調重彈。

　　在「教改失敗」的定論下，連「大學指定考十八分進大學」都成了膾炙人口的笑話。但這事有什麼可笑？過去

40　本書篇五之五〈教改怎麼辦？〉。

多少學生因擠不進大學，年復一年流落補習班，或生活失去目標，徬徨無依，現在讓他們進大學，安下心來多學一些東西，這有什麼不好？台灣能為年輕人普設大學，使人人有機會上大學，這表示台灣已步入文明國家之林。原來值得驕傲的事，只因一念之差竟然變成羞恥。

我們應該關切的是：這些大學能否提供給年輕人像樣一點的現代教育？能否為年輕人打開視野，望向未來？如果上大學是好的，能得到好的教育，那麼讓我們的國民上大學只有好處。我們應該關切的是：大學考十八分是什麼意思？是這些課業低成就的年輕人什麼都不懂嗎？還是說考試沒辦法考出他們懂的東西？如果他們什麼都不懂，那麼責任在誰？只在他們自己嗎？過去他們讀的中學給了他們什麼樣的知識教育？

現在他們進了大學，我們是不是準備好讓他們快速彌補應有的知識，以協助他們趕上進度？1970年我曾在密西根的一所州立大學教書，學生有四、五十歲的人士，他們的數學不及國中程度，連交叉相乘都不會，但一年之後我必須教會他們初級的微積分，因此我得花三個月的時間先教微積分預備課程（Pre-Calculus）。這就是大學的社會責任啊！

顯然「菁英主義」一直陰魂不散，「文憑主義」亦然，就因社會主流認為讀大學，拿大學文憑是一種特權，有了那張文憑就高人一等，所以把「十八分進大學」當作笑話。如果大學的存在是為了提升國民現代知識的視野，培養青年獨立思考的能力，教育者該努力的是：讓那只拿

十八分的年輕人在四年之內多學多想，協助他求得日後共同經營現代社會的知識，而不是一味羞辱他，把這件事當作笑話，當作教改失敗的一個例子。

眾口鑠金，一個從未經過客觀評估的看法：「教改失敗」，竟然在右派文化的操作下，成了百口莫辯的定論。

在一片反教改的聲浪中，幸好出現了林文瑛一段發人深省的話[41]：

> 一重要的是，我們要相信人民的智慧。人民選擇念高中，不想念高職，不能硬說人民有「升學主義」；〔教育部門〕更不能一方面企圖用「考試方式」來引導教學內容，另一方面又倒回來指責學校「考試掛帥」。十年教改的經驗清楚顯示，「篩選技術」的改革，不能真正緩解升學競爭的壓力，技職體系的擴增並不能符合人民的需求。

「一綱多本」為什麼會出問題？因為它牽涉到國中基本學測的考試內容。「多元入學方案」為什麼會出問題？因為每個人都在計算哪種管道對自己最有利。這些被稱為「教改亂象」的問題，難道不足以讓我們認識到，如果不解決升學壓力，就來談課程改革、大學分類、國教向下延伸，很可能只會惡化今天的教育問題？報上說，企業界的代表反對廢高職，因為企業不想「付出更大成本聘請大學生、碩士生」。

---

41 林文瑛：〈升學的壓力在哪裡？〉，《蜂報》，2003。

諷刺的是，當整個社會因為政府不肯多辦高中，而必須繼續為升學競爭付出龐大的代價的，並不是企業界的代表們（當然更不會是他們的孩子），而是那些出不了國的國中孩子們，必須以他們變色的青春去承擔。

8　政治力與右派文化

教改本身是成是敗？**平心而論，有成有敗**，甚至**成多於敗**（除前述教育現場變活潑、師生的自由度與家長參與度提高之外，體罰也立法禁止了[42]，有些關乎社會正義的政策如繁星計劃、弱勢學生補助計劃也逐步實施，這些都是成就。**敗的**則是學生的心智並未獲得真正釋放）。

但教改，作為一種社會運動，的確是失敗了。

為什麼？何明修指出民間教改早在1994年410運動之始，未能在訴求上明確標舉「社會正義」，並強調廣設大學應以公立為主，以致這項訴求不久便為官方收編，而讓教改會及教育部改採「自由放任」的路線，以自由經濟之名，鼓勵私人興學，填補大學教育數額。民間教改雖於1995年在論述上開始左轉，但「為時已晚」。2002年之後，保守勢力更藉機以「社會正義」之名反教改。

就運動策略而言，也許明白標舉「社會正義」的旗

42　例如最近國語實小體罰事件，教育局依法明確處理，其後教師勇敢自承錯誤，相較於過去，顯然進步。反而是一些保守的家長，為袒護教師，發出漠視學生人權的雜音。

幟，對後來的發展會有些影響，但我承認自己未有先見之明，未能預知410的訴求，其後會被如此模糊扭曲；當時410訴求，雖未明白冠以「社會正義」的口號，但所著重的是訴求的實質：廣設高中大學與反對高中職強制分流，反對人力規劃，重視弱勢族群、階級、性別主體性教育等**都是社會正義的訴求**。

由於410提出**訴求的對象是政府**，當然廣設高中大學的主詞是政府。我相信這點是當時410參與者的共識；我也多次為文指出：政府有辦大學的責任，並竭力反對升格[43]。

當時匯整410訴求的過程是民主的。由參與的教改團體在1993年底，經兩次長時間的討論決議產生。會議是我出面召集的，因參與者十分尊重我的意見，我一提出構想，很快便凝聚共識，史英[44]又極力支持我。倘若當時提出的訴求在運動策略上，未盡周延，我應負全責，因為那些訴求是在我主導之下作成決議的。

我同意當時的訴求，如果**直接標明**廣設「公立」大學，410之後官方要扭曲訴求的原意，需要多費力氣，但我也相信即使當時如此標明，最後還是會被扭曲，官方還是會用最廉價的方式，大量升格私校，敷衍民間。其關鍵在於「政治力」與背後龐大私立專校的利益。

43　《台灣教育的重建》初版，遠流，1995，頁10、37、175–176。
44　人本教育基金會主要負責人，二十年來為教改持續付出巨大心力，貢獻卓著。

我甚至認為：縱使1996年教改會的報告支持廣設公立大學，政府會不會為此編列上千億的預算，一點都不樂觀。舉個例證：就在那年，教改形勢還一片大好，教改會總召集人李遠哲，便曾公開呼籲政府編列600億教育特別預算，可是石沈大海，一直未獲得行政院正面回應。

　　相對之下，民間教改的聲音，更是細弱難辨，只在1994年410運動前後，一兩個月之間獲得社會重視。後來教改會不支持廣設公立大學及小校政策，民間失去盟友，更使主張結構性改革的410訴求，**迅速被輿論消音**。

　　關鍵在於支持教改的「政治力」不足。經濟開發與兩岸關係一直是政治菁英最關切的議題。在台灣，文化教育、社會福利與環保，從來都處於政治邊緣，對於教改最好不花分文，只靠改動法令，重新擬出一套分類分等分級的升學政策，變革一些不合時宜的課程，便已仁至義盡。就在1997年7月教改聲音還未退潮之時，國民大會已動手修改憲法，刪除「教育科學文化經費不得少於國家總預算百分之十五」的條文。民間曾發動數千人走上街頭抗議，亦無補於事。

　　1996年前後，台灣政治已初具民主的形式，總統直選也已完成。政治力之所以不支持教改結構性改革，是因為**右傾的聲音終究是社會主流**。

　　右傾的主流思維，並非不能左移，以促使左右的聲音辯證出現，推動社會進步。但左移的條件至少要發展公共

論述。解嚴後台灣雖有了政黨政治的民主形式，但民主政治的運作遲遲不上軌道，原因在於兩三個主要政黨**一律右傾**。教改的困境亦然，右傾的思維掩蓋一切。從文獻上看來，二十年教改的歷程中，前述左右論戰似乎一來一往，事實上，這兩種不同觀點**並沒有**在主流媒體上適時對焦，進行論辯。

　　原因是兩三家主流媒體本身也都右傾，表面上台灣有了言論自由，但媒體握有選擇言論的權力，它所選擇的依據，不只是言論的品質，更涵蓋言論的性質。舉個例子說，1995年「709教改列車」之後，民間成立「教改論壇」，每兩週舉行一次，討論內容於會後寫成一篇短文，尋求主流媒體定期刊登，卻未獲同意。又我曾向主流媒體建議提供篇幅，發展教改論戰，均得不到支持。主流媒體所持的理由，皆為言論版「不能安排與演出」。

　　我個人比較重要的文章，則限於前述「右簡左繁」的不對等關係，不易以短文呈現（少數應景的文章除外），很難刊登於主流媒體，尤其「左」的世界觀對台灣社會還十分陌生，任何相應的論述必須周延，才有說服力，所以我唯一能做的便是寫書。我想起十八世紀法國啟蒙運動時期的伏爾泰、盧梭、孟德斯鳩、狄德羅，他們都用寫書來進行思想論戰，但今日書籍的影響力已大為減弱，而且很快變成消耗品，賣書的熱潮一過就已絕跡，像唐文標的文學批評、羅葉的詩，迄今仍有重要價值，卻都早已絕版。我寫的《台灣教育的重建》也早在市面上消失多年。

2003年我的一篇訪談錄〈教育改革要發展公共論述〉[45]，就強調要有發展公共論述的場域。缺少這場域，論戰無法對焦。二十年教改，事實是略掉了這場左右思想的論戰。教改運動會失敗（不是教改失敗），是必然的事。

9　兩種教育觀

什麼叫成？什麼叫敗？

成敗必須依據「教育的目的」來評斷。先釐清教育的目的，才能分析教改的成敗，才能替下一波的教改指出方向。

對我來說，教育的目的是要讓每一個人求取最大的內在發展，發揮他的潛能，使他學會靈活運用知識、獨立思考。學習知識必須源自人天生對世界的好奇，源自人想與世界互動，參與世界的渴求，把這些可貴的內在需求轉化為對知識的熱情，而不是把它們禁錮起來，另外再運用外在的壓力，依賴考試競爭的逼迫，強力記誦文字公式，學得知識的表皮。只有透過內在需求，人才學會思辨，學會判斷，所學到的知識也才是活的，才不致生搬硬套，人云亦云。也只有這樣，教育才能促使人的心智趨於成熟。一個社會若由許許多多成熟的心智組成，這個社會便會有競爭力，會開創出多元活潑的新行業、新生機、新面貌。世界是不斷在變動的，競爭力不過是成熟心智的產物。

45　收錄為本書篇五之四〈當前教改問題對話錄（二）〉。

可是今日台灣多數的主流菁英不這樣想，他們相信人力規劃，追求表象的「卓越」、一時的競爭力，他們渴望安定的秩序，深信人生來不平等，上智下愚、各司其職，而分類分等分級則是教育者責無旁貸的事。他們甚至不認為紓解升學壓力是好事，因為他們自己便是在升學壓力下才努力讀書，通過一連串的考試，晉身菁英階層。對知識的內在熱情，是他們經驗之外的事。他們擔心變動，害怕陌生，把自己的不安全感，時時刻刻投射在孩子身上，並且不自覺的美化自己的過去，同時要孩子複製自己。

這是相應於一左一右，兩種不同思維的教育觀。教改是成是敗？依據不同的教育觀，便得到不同的結論。

410教改運動四大訴求之一「制定教育基本法」，已於1996年12月12日立法，其精神大體屬於第一種教育觀，但諷刺的是：這基本法一直被束之高閣，社會主流盛行的仍然是第二種教育觀。

對我來說，教改若要成功，一波波的思想論戰不可避免。如前所述，教育的對象是人，教改所涉及的意識型態，不只是「社會正義」與「自由放任」。更核心的問題是人成長的秘密，人天生的能力與動力，這是不分階級、不分性別、不分族群的。二十多年教改歷程，我前後寫過幾本書，心中想做的事，就是為第一種教育觀，建立一套完整的思想基礎。

1992年我寫《童年與解放》，從數學、自然科學、認

知心理學、哲學、社會學等各個面向切入，指出人原始的創造特質，探討兒童成長的秘密，並分析思想解放的意義；1995年為了闡明410教改訴求的涵義，並建構教改的圖象，又出版《台灣教育的重建》；2003年我再寫《學校在窗外》一書，析離出人類存在的原始趣向，並結合文明的特徵，把這些論述落實在學校教育，釐清學校教育的定位，以「打開經驗世界，發展抽象能力」作為教育工作的經緯，來協助學生溶入文明創造，進入文明世界。

這是學校教育該做的兩件事。如果還有第三件事，那麼便是「留白」。我用一生的時間摸索，觀察體驗、閱讀思考、行動與實踐，終於理出這些頭緒，清楚認識到每一個孩子都可以造就，可以是天才，每一個孩子都是人類的希望，這不只是空談，還有許多實證的例子。教育者必須放棄管控與說教，而改換成另一種態度：從旁協助，「提供」養分（有形或無形的養分，資源或知識），與他討論，來回思辨，當他的朋友，同他一起悲喜，陪他走過迷惘困惑的成長歲月。

我寫這些東西，也為了替下一波教改的思想論戰，作好準備。

2009年「全國家長聯盟」發動十二年國教遊行，聲勢規模雖不如十五年前，至少維持了民間教改的命脈。所提的訴求，亦指向紓解國中學生壓力的結構性改革。我走在遊行隊伍中，內心充滿無奈與悲戚，十五年了，教改前途仍然渺茫，甚且愈走愈窄。西德1965年教改一經發聲，政

府與社會菁英便立即回應民間需求，去除階級偏見，捨棄人力規劃的迷思，認真調節升學供需；並著眼未來，挹注大量國家資源，替未來社會培育大量共同經營現代社會的人才。十年之後大勢底定，國家競爭力趕上西歐各國，到1980年代，更快速竄升，馬克變成強勢的國際貨幣。反觀台灣，410教改之後十五年，主流菁英的控制照舊，社會正義面目模糊，升學壓力仍然沈重，學生心智得不到釋放，教改猶東填西補，家長與教改運動者還需走上街頭，藉粗陋的喇叭發聲。兩國主流菁英之間，究竟隔著什麼樣的思想落差？

遊行之前，我受全家盟會長謝國清的囑託，寫了一篇短文：〈十二年國教與教育複製〉。文中指出教育的本質其實是複製，這一代人試圖把自己所知所想一一複製到下一代的大腦皮質。但複製的結果，必然一代不如一代。教改的任務，便是要降低教育複製率，使得下一代有空際能望向未來。於是教改運動便陷入最尷尬的處境，因為掌握教育支配權的，正是自認「成功」，並急於將其成功經驗複製下去的主流菁英。只有主流菁英有自我檢視的能力，以及望向未來的視野，教改才可能成功。

在台灣，這還是一條漫漫長路。

後記

寫這篇文章，起初是為了回應何明修的論文。明修與我，因他近日批判教改的論文而相識。他的論文寫成之

後，我們有個愉快而真誠的交談。其後他做了若干修改，我很高興他保留一些歧見，這樣我們才有對話的空間。

我曾對明修談到教改運動主客觀條件不足的問題。客觀條件不足已如本文所述；主觀條件不足，則涉及我個人的角色與個性的限制。讓我用點篇幅，作些說明。

幾十年來我以一個數學專業者，介入教育、環保、社會、政治，並不是因為使命感，而是因為**看不慣**，我頂多有責任感而已。我一生關注的是「真」，不是「善」。我看到世間很多事情如果這樣做，便可以好得多，可是大家偏偏不這樣做，於是我忍不住出來講了幾句話，出一些點子，但點子一出，自己便不得不參與，而且越陷越深。

可是我沒有使命感，這使得教改運動更難開展。有使命感的人，會投入其中，貢獻所有心力，要把理想在手上完成。友輩之中，像張國龍、陳師孟、史英，都是有使命感的人，但我不是。我雖然強調公共事務無比重要，但不希望自己被它綁死，對於公共事務我只盡到一名公民的責任。我不是「理想主義者」，也不是「唐吉訶德」，這點我是自私的，我希望自己有較大的自主空間，做自己喜歡做的事。我的興趣只是求「真」，我認為「真」的極致，自然包含著「善」，但「善」不是我所追求的東西。我的社會形象與真實的自己，有很大的落差。

我對明修說，我的擅長是經營論述，不適宜當領導人。但因緣際會，在教改運動中，我扮演了核心的角色。

推動410，我原來預期：藉遊行公開提出民間教改訴求之後，事情就告一段落。如果執政者無法回應訴求，便再度發動下一波的示威，直到訴求實現。這樣，民間教改的陣營，反而掌握主動權。我的政治敏感度清楚告訴我：成立410聯盟無濟於事，「政治力」不站在民間這邊。成立聯盟只是一個空殼子，各教改團體不會希望頭上有個太上組織。一旦成立聯盟，他們推動410訴求實現的熱情會降低，因為那是聯盟的專責；而要長期維持一個聯盟辦公室，經費也不容易籌措。況且教改團體各有自己成立的宗旨及奮鬥目標，很難同心協力為410的訴求拚命。聯盟的組織是大而無當，成立了反而會孤立，會與各團體疏遠。

聯盟對外的處境亦然。民間沒有籌碼，教改熱潮過後，便很難發出聲音。後來的發展果然證實了我的預估。但1994年4月上旬熱潮湧升之時，410幾位核心幹部認為我的想法太消極，如果熱潮過後410組織就宣告解散，便是對台灣人民「不負責任」。於是4月14日，我召集410檢討會議，同時成立410聯盟，選出第一屆會長，由素孚眾望的張則周教授扛下重任。核心幹部們答應我可以卸下職責，只以個人會員的身份參加聯盟工作。

事實上聯盟人力單薄、資源短缺，張則周備極辛苦，局面才得以維持下去。這段期間我的工作，只是把410訴求的內涵深化，寫成幾篇文章四處散發[46]。同年10月我罷

46　如〈廣設高中大學的幾點爭議〉、〈為什麼要落實小班小校？〉、〈教育自由化是什麼意思？〉等文，後來集結收錄在隔年出版的《台灣教育的重建》一書中。

患重病，肝癌已達末期並擴散至肺部十多處，瀕臨生命終點。朋友們極其關懷，給予我無限溫暖。在教改的公共事務上，則多方體恤我，對於我經常拒絕公開露面，總替我解釋，說我因病才消極，事實是我除因病無法赴會之外，又生性孤僻而疏懶，總想逃離公開場合。

　　社運是社會不斷更生的源泉，但在台灣做社運尤其艱辛。社運組織要長期耕耘下去，必須有很強的行動力，不斷創造議題引起媒體關注，並持續開拓資源。教改運動亦不例外。1995年709之後，410聯盟要維持一個小辦公室已非常困難。我個人條件的限制，加上組織力量單薄，無人善於籌措經費。而在論述上，教改陣營中又少有勤快而能立即回應主流挑戰的寫手，這些就是我所謂的主觀條件不足。

　　誠實的紀錄這段反思與經驗，提供社運工作者參考。

之三　當前教改問題對話錄（一）

訪談者：CSS
訪談時間：2003年11月

1

CSS：讀你前文蘇格拉底與安底思兩人的對話，有人會感動、有人會哀傷，但是不是有更多的人看了會反彈？因為你好像貶低了學校與教師的角色。

黃：我不知道讀者會怎麼反應。但不論怎麼反應，有反應比沒有反應好。當我寫這些有關學校與教師的東西時，我是把自己定位成一名教師的。我一生大半的時間都在學校裡渡過。正因為我自己是學校的一份子，也是一名教師，當我在批評學校與教師時，連帶我自己也是被批評的對象。我覺得人的自覺很重要，時常去察覺自己在周遭、在世界中的位置，它的重要性可能比其他事情，比那些語文數學的功課還根本。本書從大江健三郎談的「與世界連結」開始，我就在討論人了解自己在世界中的位置，是一輩子的功課，是永遠的功課。

CSS：你真的覺得你自己作為學校的教師，也有很多該被批評的事？

黃：在這本書的所有論述之中，我並不批評任何特定的個人，我批評的是：目前學校的主流價值與教師正在扮演的角色，其實不利於學生心智的成長，它們嚴重壓抑了學生的想像力，扭曲了學生的價值觀。我談的不只是中小學教育。大學教育一樣都是一丘之貉。我自己在大學講台站了半輩子，常常慚愧自己在扮演的角色。我會加入提倡通識教育，正因為這層自覺。目前學校教育的主流是把知識片面化、工具化。我希望在這主流思維之外，能給予孩子另一面窗。

CSS：你扮演著什麼角色，使你感到慚愧？

黃：我明明知道學生從我的講課中所得有限，可是我還一直在講課，講了二、三十年。每學期在整整四、五個月的講課中，大部份的學生都只坐在那裡聽，坐在那裡抄筆記，他們努力想要聽懂什麼，想要記下來什麼，可是所得有限。原因是靠聽講，學生的學習是被動的，若沒有自學與討論，學生在學習時不易察覺自己主體經驗的存在，學習者沒有機會把自己的經驗拿來與外來的知識相互印證。每個人思考的步調不一，當你一個人靜靜看書，你可以用你自己的步調去思考書中的東西，甚至讓心思馳騁於書本外的世界，去找尋種種連貫，你會有問題，會有心得，這時拿來課堂上討論，便會得到東西。當然教師在學生自學之前，應該提出大問題、大方向，讓學生去想，至少讓學生知道這門課要處理什麼大問題。在某些人文課程中，教師要事先讓學生知道教材內容發生時的背景與相關的爭論。這樣，引導學生自學與討論，效果便會很不

一樣。我明明知道這樣做才能使學生學到東西,可是我還是一直用演講的方式在講課,講了二、三十年。

CSS:但很多教師都抱怨學生很被動,不肯自學,你指定材料,要他上課前讀完來討論,他卻是不事先讀它,這樣就討論不出什麼東西來。

黃:妳很清楚學校的實情。但學生不肯自學,便表示他還沒準備好要學這門課程,那麼為什麼我們要逼迫他來坐在那裡聽課?然後逼迫他應付考試?然後等他考過試,隔不多久把所有聽來的記來的東西都忘光光?我們大部份人都受這樣的教育長大的,可是有一天等我們自己站在講台上,卻很少有人願意向學生誠實招供,告訴他們:我們這些當老師的,從前也這樣沒學到什麼東西就長大了。在前文中安底思的一番自白[1],其實是我們多數人的經歷。妳是不是這多數人的例外?

CSS:我不是例外,不過我的數學學得不錯,現在我還可以教女兒國中數學呢!

黃:那真巧,妳的經歷與安底思很像。

CSS:為什麼你替他取名叫安底思?

黃:蘇格拉底有個門徒叫Antisthenes,他有一顆善良的心,富於社會同情,他與富有的柏拉圖、阿爾息比亞第斯(Alcibiades)的菁英主義立場不同。但前文的對話錄

1　見篇〇之一〈唐吉訶德的眼睛黑白分明〉。

只是寓言，無關史實，安底思的名字也只是借用。

CSS：回到原來話題吧，對那些還沒準備好要學習的學生，你怎麼辦？

黃：學校本來就要等待，或要主動去激發學生的興趣，讓學生準備好要學才來學，勉強逼迫學生學習是學不到東西的，頂多學到一些訓練性的技術，學不到真正的知識。不要限定學生修課的年限，台灣的大學採「學年學分制」，規定學生最久六年一定要畢業，不然就退學，這是不對的，應該改成「純學分制」，學年學分制與二分之一退學制都與建立**自由學風**的努力**相違背**。學生沒有強烈的學習動機，想先到外面去做事，或去經歷新事物，求取新經驗，就讓他們去嘗試。人的學習不能只限定在學校圍牆之內，連學習的動機也是學習的一部份。

CSS：你不能採取「自學與討論」的教學方式，而一直沿用演講教學，是因這個制度上的緣故嗎？

黃：另一個原因是：許多大學部的課，修課人數常達六、七十人，有些課像微積分還高達百人，沒有助教協助帶討論，看作業。演講式的上課，你講得再清楚，也只有那幾個內心真正想學東西的學生獲益，其他學生縱使一時**知道**你教的東西，可是那些東西對他來說，只弄清楚推理，或輸入記憶，還不構成意義，隔不久就忘了。不過這種有大班上課無小班討論的情況，都還是小事，更根本的問題是：大學教育的定位在於為培養專業人才，只重視形式的知識，在於用謀求好的

出路作為學習的誘因，強調表面的競爭。

CSS：這就是你剛剛說的知識片面化、工具化？

黃：是的。分割的知識，純粹當作工具的知識，這就是學校教育的主要內容。這樣培養出來的知識分子自己也被「維生」工具化。

CSS：在這種大環境下，你覺得你自己的教學沒什麼成效，因此你感到慚愧？

黃：我時常會接到好多年前上過我微積分課的學生寄卡片或信給我，上面寫類似這樣的話：「老師從前教我的微積分已忘得一乾二淨，真對不起，反而是那些你偶而在課堂上談到的哲理迄今記憶猶新。」讀這些字句，你能不慚愧嗎？我教的課是數學課啊！我已經算是會教書的人了，從在美國大學到在台大，前後三十年，學生對上我課所做的教學評鑑都還不差，但這些到頭來都是假的。當時以為是真的教出了什麼或讓學生學到了什麼，事隔多年回想起來，才弄明白教與學雙方都失敗。我非常同意伊里奇[2]的看法：人大部份的學習，都靠自己，而**非依賴**教師。教師最多只從旁協助，所以教育的重點，在於先**釋放**學生身上的壓抑，讓他回復童年時的好奇，讓他想學，其次是給他問題去想，讓他看到方向，**經營討論**的環境，最後才是所謂「教材與教法」。**教材教法**其實最不重要，可是教育界的人，最有興趣的便是搞教材教法。連談師資培

2　見篇二之一〈學校該做而且只做這兩件事〉。

育也都把焦點放在教材教法，不談教師的人格特質、教師的視野與教師必要承受來自社會的監督。

CSS：所以你不認為師資與課程改革，是教育改革的重點？
黃：對。……也不對。啊！師資重要，但重要的不在他積極方面的教學或教法，而在他先要**去掉**自以為是的**權威**，不要壓抑學生。在消極方面先學習「無為」，然後才在提供資料方面——例如前文歐倫老師提供歐幾里德的書給安底思讀——以及在啟發學生興趣方面，在引發討論、解釋疑惑等方面顯得「有為」，這樣就夠了。

2

CSS：你這些看法是不是都來自於大學教書的經驗，對中小學適用嗎？
黃：在大學裡會支持我看法的人，都少之又少。像二分之一修課不及格便退學的制度，大多數教授都贊同，大家都認為必須有退學壓力，學生才會拚，才不會一整夜玩電腦遊戲玩到天亮。前一陣子我向教育部長黃榮村說：「你能在任內把『學年學分制』改成『純學分制』便功德無量。」他回答說：「很難啊！」他說內心雖然也同意，但因為目前各大學教授都主張要嚴格把關，才能提高素質，所以他認為教育部若片面發佈改制，阻力必然很大。可是所謂嚴格把關，素質就能提高嗎？我非常懷疑。

CSS：為什麼？一般人都會同意嚴格把關，淘汰掉那些不想好好讀書的人，大學學生素質便會提高。一般人都會這樣看問題的。

黃：但國民平均素質並沒有提高啊！而且大學學生的素質也不見得會提高，因為那些被淘汰出局的人已失去學習機會。而留下來被退學壓力一路押著走的人，也不會因此素質就提高，為了應付考試，他們會花點時間去多記一點東西，多知道一點東西，但考過試不久也就忘了大半，更無助於他們心智的成熟。為考試學東西，是留不下什麼東西的。

妳相信嗎？有好幾年在大一微積分的課堂上，我檢驗有多少學生還記得三角函數的一些基本性質，這些東西他們在參加聯考之前都做得滾瓜爛熟，但考上大學不過幾個月，卻已忘記大半，更不用談有幾個學生曾仔細思考過三角函數的意義。要注意他們是台大的學生，一群聯考的優勝者。我失望的不是那些學生，而是巨大壓力下的學習效果，那些學生是這種篩選制度、這種考試制度的犧牲者。我們自認為用來提高素質的篩選制度，經常是在浪費年輕人的生命。

CSS：「浪費年輕人的生命」，好像十年前你就不斷以此在批評當時的教育制度，你覺得十年教改有沒有改變了什麼？

黃：先不要談那大問題，我們還是把退學壓力這個小問題談清楚。先集中在這小問題，比較能讓我們這些學校教師去覺察我們自己的角色，不然我們教師很容易變

成教改的阻力。教育改革首要之務，是釋放學生的心智。退學制度其實如前文蘇安對話錄所說，是以功課在束縛學生的心智。而且強大的退學壓力迫使學生計較分數，變成為分數而學習，尤其扭曲師生應有的互動關係。

目前實施學年學分制加上二一退學制，時常會有學生瀕臨退學邊緣，提出通融的請求，師生之間便衍成施捨與求乞的關係，這時讓學生通過便無法維持應有的修課標準，不讓學生通過，則斷絕學生好好再學的機會。不論怎麼做，都不符合教育的原則。本來教師的功能，只在於帶引學生學到一些好的東西。對我來說，只要學生哪天想學就該給他機會，今天沒學好，明天再來學，今年沒學好，明年再來學，若現在不想學，等想學了再來學。但要不要通過這門課，是你的事，我不是法官，你想學，也好好學了，你便通過這門課，我永遠給你機會，因為學習是好事，有人做好事，為什麼要限制他只能做一次或做兩次？好好教書，是我的事，但通不通得過，是你的事。你自己要去完成，我只負責協助你讀書，幫你解疑，分數不是我的財產，我不施捨分數。

分數不是老師的財產，也不是任何人的財產，分數像山谷溪底的水一樣，要取多少水，完全看你自己，但你要自己想辦法下到谷底去取，同樣要拿多少分數也完全看你自己，你不必也無法向任何人求乞。你只要準備重來一遍好好學到東西就好。給予學生充分的時

間與機會，學生才有充分的自主性，也才會由心底培養出對自己負責，由自己完成功課的積極態度。「有自主才有自律」就是這個意思。

給學生時間與機會，不要看學生一出軌就不順眼，就立即要把學生放回我們規定的軌道上，一些特立獨行的人是不能被放在軌道上的。愛因斯坦的特立獨行，使他在舉世聞名的蘇黎世技術學院幾乎被退學。偉大的數學家閔可夫斯基（Minkovsky）就看他不順眼，罵愛因斯坦是「懶鬼」。我們這群教授之中，誰能保證自己一定比閔可夫斯基更具眼光？

3

CSS：有些學生因失戀或家庭變故，一時疏忽，功課不及格便被退學，還有一些學生因從小到大從未有過自由，進入大學之後，忽然沒人管，大玩特玩，也都會有被退學的危險。

黃：自己為什麼要讀大學？大多數學生從來沒想過這問題，只是一路拚成績順利進了大學。這時能放慢腳步，回頭來重新思考，重新探索人生的學生，反而以後心智會比較成熟。歌德、赫塞……許多人都有過「徬徨少年時」的經驗。這段經驗是無限可貴的，鬼混也好，放浪也好，偷懶也好，這是許多人必經的陣痛，經過這番陣痛，人才得以掌握自己的未來，不致隨波逐流。可是現在的大學制度，並不容許你去探索，去經歷這些陣痛，所以台灣畢業的大學生，心智

成熟度偏低，這是不爭的事實。

學年學分制把學生的心智框住，限定六年內（包括休學期間）要畢業，不能讓自己心思飛馳，去做種種人生的嘗試。二一退學制更可怕，好像大學佈滿地雷，學生一不小心就會踩到，除了那些原本就品學兼優的學生之外，其他學生都必須識時務，小心觸雷，安排如何選課才能安全過關。這樣一來學生主動學習、自由學習的態度永遠建立不起來。

人生必須要有出軌的經驗，從不出軌的人，心智不會成熟。越早出軌，越有出軌去嘗試錯誤的人，心智越成熟。從小一直品學兼優，到後來仍能開創格局的人事實上為數甚少。小時了了大未必佳，就是這個意思。

我們這一代人，是平庸的一代，便因為我們的菁英，不論是知識菁英、社會菁英或政治菁英，年輕時多數是品學兼優的學生，都是擅於考試的學生，而我們的社會又是菁英掌控的社會。辦教育、辦大學，要期望下一代超越我們這一代，教育才有希望。前文安底思不斷談到教育是複製心智的有效機器，便在提醒我們，不要一邊在操作這機器，卻不知自己正在做的是什麼。

CSS：你年輕時候，難道不也是品學兼優的學生嗎？

黃：一半是，一半不是。到大四時便因二一退學制，差點被退學。但不要讓討論的焦點轉移到我個人身上。

我很清楚知道自己在做什麼。我談那麼多二一退學制
的事，並不因為現在心中還有什麼不滿，反因自己曾
是當事人，感覺比較深刻吧。事實上從學生時代我就
一直在想人為什麼要上學讀書？讀書為了誰？為了什
麼？成績排名對嗎？我教書之後，也一直在思考教師
的職責，教師有無義務打分數把學生排名？打分數是
教師的本分嗎？是教育工作範圍內該做的事嗎？教育
是要培育人才還是在規劃人才？打分數送成績的目
的，是為了教育，還是為經濟部門服務，為公務部門
服務，而在把人分級分類？這是教師該做的事嗎？在
這種篩選機制，這種監考制度之下，學生作弊是不道
德嗎？為什麼不先信任學生人格，先不監考，再來要
求學生不作弊？這些都是教育實踐的根本問題，我想
了很多，也嘗試過種種考試制度，包括不監考的信任
考試，或稱為榮譽考試。

這些比較根本的問題，不只大學的教師們要去想、去
探討，中小學教師也一樣。相較於過去幾十年，今天
中小學教師的自主權提高了很多，教師們在爭取自己
的權益之外，更要去想去檢討這些教育實踐的根本問
題。這才是人格教育、知識教育該做的事。考試制
度，成績排名的篩選制度，無時無刻不在捏塑學生的
價值觀、捏塑學生的人格。把人格教育定位在說教、
訓話、獎賞與懲戒，這是錯的。我們常用反教育的方
法在辦教育。

4

CSS：國外大學都沒有這些退學的規定，要修多少年的課全看學生，但每一門任課教授都有自己的要求標準，在每一門課程分別把關，而非由學校行政單位用退學的規定在控制品質。

黃：正是這樣。兩種做法看來差別不太大，其實所代表的教育意義卻是南轅北轍。「管制／規劃」的思維，在漢人社會一直是揮之不去的主流。近年許多人都在期待台灣出現一流大學，但大學不崇尚自由，不只教學搞不好，研究也不會好到哪裡。好的學術研究必須以視野與想像為前提，不崇尚自由的地方發展不出想像力，愛因斯坦說他自己像藝術家，思考科學時，想像力自由飛馳，他認為：「想像力比知識重要，知識是有限的，想像力卻無限開展。」

研究工作更重要的是想像力。做研究需要以專業知識的訓練為底子，可是做研究的人如果層次不高，常會以為訓練最重要，讓訓練凌駕於想像之上。台灣各大學最大毛病在這裡。不重視想像力與創造力，只強調知識訓練與技術訓練，怎麼樣也變不成一流大學，但培養想像力與創造力的前提又是崇尚自由。

CSS：一般人的刻板印象是學科學的人要會推理，有分析能力，要勤奮、有毅力。很少人會把科學與想像力連繫在一起。

黃：三十六年前，我剛受了五、六年嚴格的數學抽象

訓練，有一天聽到一個不錯的數學家在評論一個年輕研究生時，說他「充滿了想像力」（full of imagination）。**我嚇了一跳：數學怎麼也需要想像力？**在這之前的數學抽象訓練告訴我，精確與嚴格最重要，突然我長了另一隻眼睛重新去了解數學。慢慢了解不管在哪個領域——數學、科學、文學或藝術，到最後抽象與想像是分不開的。

抽象與想像都是人的心智在摸不到看不見的世界裡[3]自由飛馳，但自由飛馳不是無憂無慮，漫無制約的。這個制約便是回到真實世界，受真實世界的檢驗。就因為有制約，抽象與想像才凸顯出它的深度與難度，有深度與難度，東西才會變得好玩，也因此才會吸引無數心靈投身其間，因而創造出豐沛盛麗的文明。

CSS：你這番話使我想起你在這本書中所畫的雲梯。你所說想像力與抽象力相互加強，使人的創造工作越發豐富深刻，是這個意思嗎？

黃：是的。初時抽象與想像好像是互不相干，甚至是背道而馳的東西，抽象是分析性的，想像是整體性的，文明的發展以抽象為主軸，可是抽象不能脫離想像力。舉個例子說，愛因斯坦發明相對論之後，爭議四起，歐洲有人算過懂相對論的不出十二個人，這是因為它太抽象，可是要建立起相對論，尤其需要想像力。

3　見篇二之三〈在看不見摸不到的世界裡思考〉。

一提到20世紀的物理，人們便想到愛因斯坦，同樣，一提到20世紀的數學基礎，人們便想到歌德爾（Kurt Gödel），歌德爾使希爾伯特（Hilbert）對數學所立下的偉大計劃破滅，1931年瘦長憂鬱的歌德爾證明了：在目前的數學系統中存在無法判定真偽的數學命題。這個結論使幾千年來被人堅信最穩固的數學，所立足的基礎發生大動搖。歌德爾的論證比愛因斯坦的理論更為抽象難懂，所謂抽象，是在看不見、摸不到的世界裡思考，越抽象的東西，越需要想像力。歌德爾與愛因斯坦兩人時常散步在普林斯頓高等研究院的校園，當我畫著那個矗入雲霄的梯子時，我心中想的是他們的影子，那普遍世界的雲梯，正通往「柏拉圖的天空」[4]。

5

CSS：讓我們換個話題，從天空回到地面吧。你對最近教育部用SCI、SSCI、ECI三種指標對台灣所有公私立大學及技術學院做大排名，有什麼看法？

黃：這件事輿論已有很多討論，教育部公布大排名的用意也可以了解。我只談兩件大家沒談到的事。隨著70年代石油危機之後，資本主義的發展便像滾滾洪流一樣，排山倒海而來，無一點阻擋。「學術工業化」變成潮流所趨。越戰之前20世紀初期，學術工作者那種

4　見Ed Regis, *Who Gets Einstein's Office*，中譯名為《柏拉圖的天空》，天下文化出版，邱顯正譯，頁74–111。

帶著個人品味的，思考根本問題的，自主研究的悠遊歲月已成為過往煙雲。美國人思憶過去的美好時光，用 "good old days"，很能表達老派學術工作者的感傷。

資本主義的特徵是：把一切都商品化，連學術工作也都上了生產線，原來學術工作者之間那種透過質的互動，形成的一種自然競爭的工作壓力，現在簡化為量的排名評比。今日台灣多數的學術工作者，從小在一關關考試排名的壓力下長大，對學術工作的大排名，也許司空見慣，以致大家討論的，都是這樣的排名合不合理，大家爭的還是如何讓自己的排名能更忠實的反映自己的實力，就像求學時考試分數老師打低了，去要回分數一樣。

我更希望看到大家去質疑為什麼連學術工作的成績也要大排名？這整本書的焦點之一，便是反思「維生肥大症」。我提出人的原始趣向，除了維生之外，還有創造與互動。學術工作者內在的自我肯定，比起外在的評比表揚更為重要，因為人先天有創造的欲望，以及與世界互動的需求，人對事的競爭，比起人對人的競爭，愉快而自然。一旦純為排名而從事學術研究，必然扭曲創造的意義，就像為考試而讀書所得有限一樣。

學術研究圈內許多醜陋黑暗的事，都源於這種外在排名，這種維生肥大，扭曲創造與互動的現象。我不是說學術工作應悠遊自在，完全要排除壓力，但那壓力不應只是人與人競爭的壓力，更重要的是人對事競爭

的壓力，人生命的存在，在於克服困難，當你在困頓
的研究工作中，忽然看到新天地、新世界的那一刻，
生命最為真實。

CSS：你說要談兩件事，另一件呢？
黃：前面妳談到我寫蘇安的對話錄，或許會引起一些學校
與教師的反彈，這次教育部公佈大學研究排名表時，
政大師生也激烈反彈，我有些感觸。

年輕時看沙特寫的書講「人的存在」，他說：你不能
因為別人的成就偉大而感到與有榮焉，這是荒謬的
事，每一個人都是實有的存在，每一個人都要為自己
的選擇與行為負責。沙特這種存在主義的觀點，對年
輕時代的我頗有啟發。

我們是在充滿集體主義文化的社會裡長大，家族名
譽、班譽校譽、國家榮譽等不斷響在耳際。我們很容
易把自己認同於自己所屬的團體，一旦這個團體被批
評，我們便義憤填膺，集體起來防衛，無法再就事論
事，這時是非對錯已不重要，我們要護衛的是團體的
名譽，對團體的效忠變成高於面對事實對錯的道德，
這種效忠的道德光環淹沒了一切，讓我們閉著眼睛往
前衝。可是每一個人都是他自己。

我們如前所述，可以反對把所有團體排名，也可以拒
絕把自己等同於團體的排名，因為同一團體中的別人
研究工作做得好，與我無干，**除非**這團體恰好像球隊

那樣是個緊密進行合作研究（team work）的團體，我是我自己，**不能因**與我同屬一個團體的人研究做得好，我便與有榮焉。同樣，我是我自己，也**不必因**與我同屬一個團體的人研究做得差，而覺得洩氣。像教師這個行業也一樣，當有人指責教師這個職業對這社會所取得的報酬超過他們對社會的貢獻，對我來說，我不會因此同仇敵愾，我只會因而反省自己是否所得報酬高過所作的貢獻。

如果我自評兩者尚能相稱，我便不會因教師這職業所受的指責而憤恨不平，除非所責亦非事實。縱使所責亦非事實，我也必須就事論事，設法向社會說明，而非情緒反彈。這種集體反彈的情緒如果普遍存在，一個社會很難進步，因為大家無法就事論事，討論是非對錯，只好鄉愿，得過且過。

6

CSS：最近教改爭議不斷，這是目前大家都在注意的焦點，問題很複雜，你看法如何？

黃：問題確實很複雜，我年前寫了一篇長文[5]，對於這些年投入教改第一線工作的人，我始終抱持尊敬的心。我尤其不贊同有些輿論要簡化問題，將所有責任歸誰去承擔，說起責任，很多人都有責任，包括我自己。我認為這個社會看不到教改問題的癥結，是因為菁英

5　指〈教改怎麼辦？〉，收錄於本書篇五之五。

主義的意識形態，加上集體主義的文化。教育要弄好，一定要**重視個體發展，重視個別差異**，這是進步教育的本質。可是重視個體發展，正好與集體主義文化、與菁英思維相互衝突。「人力規劃」、「公平競爭」、「上智下愚」，這些觀念還深植人心。

教改要走對路，要花一大筆錢去扭轉目前惡劣的教育環境，可是社會輿論──注意所謂社會輿論基本上是社會菁英主導的輿論──並沒有準備好，所以必須要發展公共論述，深入問題，老實說，這也是我寫那篇長文與這本書的目的，但也因為這樣，我對教改的前途依舊是悲觀的。

CSS：你在前文藉安底思講教育其實是在複製人的心智，這點很特別。別人談教改，都在談教改應該這樣做，不應該那樣做，但因為你看到了教育複製的本質，**於是你談自覺**，大人要先自覺自己的成長過程中，哪樣東西發展得好，哪樣發展得不好，也就是說，大人要先分析自己，忠實的分析自己，不能加以美化。之後才會知道應該給孩子什麼，才會知道給孩子什麼樣的教育。

黃：妳講得很好，要點在分析自己時，不能加以美化。人變成「大人」之後，在孩子面前，**都會美化自己**，說爸爸從前多麼勤奮，多麼厲害，所以你也應該要求自己勤奮，不斷上進。這都是假的。我一直記得我從初一時每次寒暑假之前都訂下計劃，要完成什麼事，讀哪些書，可是弄到初中畢業，從沒有一次成功過。

我知道太強迫自己的事，很難成功。高中之後，我便不再相信那些鬼計劃，我找我喜歡的事做，找我喜歡的書讀。我幸運的是，沒有一個會在我面前不斷自詡他有多麼勤奮多麼厲害的爸爸。我父親很開明，對孩子從來不打不罵。

分析自己時不能美化之外，第二件事要誠實問自己，滿不滿意現在的自己。若不滿意時，為什麼要下一代與你一樣，也過會使他不滿意的一生？當然你更不能要他替你去完成自己沒完成的事，這牽涉到你的權威性格，是另一種該自我反省的事。

CSS：如果大人又很滿意現在的自己呢？

黃：滿意到毫無遺憾嗎？也許你現在是個醫生，富有而滿足，而且每天看病，日復一日，解除人的病苦，生活富於意義。但你很確定幾十年中間，你心中從來沒閃過一絲人生其他的憧憬？如果有，就留那絲憧憬的空隙給你的子女，讓他們未來的生命還有點他們的夢想。

CSS：如果他說他真的從沒閃過這樣的念頭呢？

黃：那麼我只能為他的子女悲哀，因為他們倒霉的出生在他的家庭，因為他們沒有選擇的選擇了一個沒有想像力的父親。如果他又想掌控他們的話，我只能祝福他的子女，期盼他們有勇氣脫離他的掌控，走上他們自己的路。

CSS：啊！你在鼓勵叛逆！

黃：有時叛逆是重要的，不然人類社會如何能進步？人如何能掙脫出一代代複製的命運？複製的結果是一代不如一代，是人一代比一代平庸，因為外在世界無時無刻不在變動，幾代之前，人針對當時的外在世界，找到了相應的生活方式，發展出相應的生活能力，形成了相應的思想與價值。如果在一個社會中人的思想與價值逐代複製，沒有叛逆，幾代過去，這個社會便會變得平庸，而容易被世界淘汰。文明中重要的創造活動，都由於叛逆。

CSS：這是為什麼你在前文蘇安對話錄中，把「馴化」列為核心問題反覆分析的原因嗎？

黃：就在昨晚，我遇到一個美國賓州大學的大三女生，她是台裔，在美國出生長大，今夏以交換學生身份來政大學中文，並修國畫課程。她主動談起她對台灣大學生的觀感。她說：「他們沒有什麼想像力，也沒有自己真正的興趣，這是不是與他們成長時沒有『空』（指空閒的時間）有關係？」

她又說：「他們沒有獨立性。不過我只根據所接觸的台灣同學，不知道這是不是普遍現象？」她的觀察一針見血。她說她只從外部看台灣教育，說不定不對。我反而覺得旁觀者清，她的看法比無數身處其中，長年在台灣教育環境裡的教師學生還清楚。相對來說，為什麼這個滿二十歲的年輕女孩，在她成長受教育的過程中，有遠大於台灣的自由空間，便能這樣成熟的看清楚問題？她指出的這些，不正是台灣教改應該面

對的問題嗎？為什麼這麼久以來，大家不斷在爭論的都不是這種核心的問題，而是升學機會如何分配，教材要不要開放等等這些支流的問題。

7

CSS：這個大三女生指出的問題，與你所說的馴化相關嗎？

黃：當然，功課的壓力，從所謂「儀容」到作息，多如牛毛的校規，打罵懲罰，學生完全沒有自己的時間，沒有自由，當然不會發展出自己的志趣，不會獨立思考，更不用說發展想像力。

CSS：怎麼辦呢？

黃：禁絕體罰，無論如何是比任何教改方案都要迫切的事。十年教改，只要看許多學校，尤其一些國中與私校，都還經常在打學生，就只有承認徹底失敗。體罰是暴力教育，教育者沒有任何藉口可以施加暴力於學生身上，世界上沒有一個文明的國家像台灣這樣可以容忍體罰到今天。這是兒童與少年的基本人權啊！

從前我有學生頗有教育熱情。畢業後去當老師，有一天她告訴我她為了學生好，只好打學生，我的回答直截了當，哪一天等妳不打學生，妳再來見我。對這種以暴力荼毒弱小心靈的事，我絕不妥協。一個教師若依賴體罰才會教學生，他（她）就沒有資格當教師。沒有任何一派教育理論支持體罰。大人沒有辦法經營

出好的教育環境（例如小班小校），以致秩序管理變成教師的負荷。教師該向學校、向社會、向國家反映，甚至抗議，而非把大人的困難轉嫁到孩子身上，施用暴力要孩子安靜。

不要打孩子，大人沒有任何理由可以打孩子，任何打孩子的理由不是**來自編造**便是**來自無知**。人內心最珍貴的東西，就是**自我價值感**（self-esteem），人內心深處真正肯定自己的價值，比所謂「自信」、「自尊」、「自我肯定」都還深入一層。它像珍珠長在你內心深處。自我價值感不是建立外來的對自己的評價，也不因自己展現某些能力得到自信之後才衍生出來的自我肯定，更不是把外表的尊嚴內植於心所呈顯的自尊。自我價值感是本然的東西。人如果缺少這顆長在內心的珍珠，他對自己存在的價值就會錯亂，會失去信心，他隨時要借助外來的肯定，借助權力金錢社會地位，借助別人的讚美，才看得到自己。當他得不到這些，便可能會轉而用負面的言行，甚至破壞劫掠，引起外來對他的重視。

自我價值感固然與生俱來，但最早它只是一棵芽苗，須要與世界不斷有正面的互動，才會慢慢長成。自信有助於自我價值感的成長，但自我價值感先於自信，而為健全人格系統的核心。一個自我價值充分發展的人，自然會珍視別人的內在價值，而尊重別人的感受，了解別人。

當你打罵孩子，你要清楚意識到你正在摧毀這孩子的自我價值感，你正在侵犯他人格系統的核心。也許你會說：「沒那麼嚴重啦！我們自己還不是這樣被打被罵被管教長大的。」

人的內在成長是一輩子的功課。有些人到一定年紀，有了安定的工作與生活，內心便不再成長。他失去敏感，失去了解，留存在他內心的是那些經自己美化過的記憶與世俗社會的教條。

你不妨先丟開眼前那些已成為你信念的種種成規，讓自己回到童年，去回想當時你對被大人體罰打罵的感受。請慢慢回憶，先召回往事真實的細節，你才能召回當時你真實的感受。那麼告訴我：你覺得童年的你，真的須要挨打才可能學到一點道理嗎？挨打之後，你真的只有懺悔自己不該，還是你有但書：「如果老師或爸媽能了解我的心情……」？還是你只在嘀咕下次要聰明點，幹這種事絕對不能被發現？

你真的覺得當時不挨鞭子，你就會冥頑不靈永不回頭嗎？真的？那麼我再請問你為什麼歐美許多國家的小孩，小時大人沒有對他體罰，只有尊重與說理，他們長大之後，人格發展也不遜於我們？共同經營出來的社會秩序也不比我們差？

人不能忘掉自己的童年，就像一個社會不能不讀過往的歷史一樣。對學習歷史我們會大聲說：「鑑往知來」，

為什麼對自己童年，我們就可以遺忘、美化或變造？只因那些往事，那些真實的記憶，沒有落成文字？

只有回到童年，你才能變為成功的教師或父母。不要再打孩子。大人不會比孩子真誠，不會比孩子敏感，不會比孩子善良。我從來認為大人的人格不會比孩子高尚，至少我知道自己的人格不會比孩子高尚。人都有美好與醜陋兩面，大人的醜陋不會遜於孩子。大人有更強烈的不安全感，更多更僵硬的教條，更麻煩的面子問題。

當我們揮起鞭子打在孩子的身上，我們不在教孩子人格，我們只在強迫孩子遵守大人要求的秩序。許多教師因督促學生課業或維持在校秩序而管教孩子，甚至體罰孩子，並非真正為了孩子好。相反的，只是為了證明自己在同事之中，書教得比較好——因為學生被逼著多背多記一些東西，可得到比較好的考試成績——或為了證明自己擅於管教學生。許多教師體罰學生是為了**拚自己的業績**，其他的教師則因為**無知**，以為他這樣做真的為學生好，其實摧毀了孩子內在的自我價值感，也摧毀了孩子人格系統的核心，連帶壓抑孩子獨立思考的發展，也磨鈍了孩子的敏感及想像力。

當你把棍子打在孩子身上，你要知道你正在製造未來的暴力。這孩子有一天會在「不為人知」的角落裡打他的妻子或小孩，會在暗巷劫掠或殺人。如果有一天

他擁有體面的社會地位，他會用看來文明的手段，欺壓他的同行或屬下，權威性格終生烙印在他身上。當然還有一種可能，這孩子有一天變成一個不會思考只知服從的社會工具。

8

CSS：我聽出你的聲音裡有點情緒。

黃：對不起。禁絕體罰是教育當局立即可以動手而能有效執行的事。只要明令禁止，向教師說明這是學生基本人權，不是那些被稱為老師的人可以討價還價的事。不能體罰學生是取得教師資格的先決條件，那麼觸犯此禁令，便吊銷教師資格，這是理所當然。具體做法是：成立家長學生申訴中心，作業過程中**絕對保障申訴人身分**，不得外洩。調查時，不宜就該特殊個案調查，因為這樣做很容易使受害者曝光而被孤立，應先直接去了解作為當事者的這位教師平日有無體罰學生的行為，這種日常行為很容易透過個別家庭訪談，弄清真相，當然最後仍應約談教師，聽教師解釋。

另一方面教育當局須派遣流動專員，不定期到學校訪查，務必要做到弊絕風清。這事沒什麼困難，該做就做，不能鄉愿。台灣要變成文明國家，這是老早該做而未做的事。只因為兒童沒有聲音，兒童「有耳無嘴」是台灣社會的規矩，所以體罰迄今仍然十分猖獗。

CSS：最早你談過大學自由學習的看法，對中小學也適用嗎？

黃：對啊！自由學習的原則是一體適用，不分年齡的。只是小學教師心性要比較有趣，人要多點熱情，要更喜歡長時間陪孩子，適時啟發孩子的興趣，協助孩子打開視野。不論哪個階段，學習的主體都是孩子本身，不能太依賴教師。我對小學中低年級的教學比較生疏，至少高小之後自由學習便可以實施。讓我先把教師的定位說清楚：教師該做的事，不是演講性的上課，那是最無效，而且最浪費學生時間，壓抑學生好奇心與想像力的教學方式，應該早早淘汰。

學科教師該做的是這四件事：

    提出問題，指出方向

    提供閱讀資料

    經營討論及解惑

    與孩子做朋友

至於抽象能力的訓練怎麼辦？我覺得中學之後都可以採用我在下文詳談自學實驗學校[6]的模式。以今日台灣的文化及師資，要釋放學生心智，遙遙無期，不如把學校改成「學習活動中心」。

學科採用CD教學，沒有課表，沒有統一生活作息的時間。學生可隨時來學校看CD，或在家學習，學校二十四小時開放。學生來學校辦社團活動，選修體

6　篇五之五，〈教改怎麼辦？〉19.2。

育、音樂、藝術、舞蹈、戲劇，搞讀書會，聽一般性校內外演講。學科採用的CD教材，由教育部與出版社合作，各科製成深、中、淺不同程度的三套，學校無限供應，賣價因銷售量奇大，可壓到最低。教室用玻璃板隔間，改成許多小放映室，可容五人到十人，中有討論桌，學生自己分組，必要時由教師協助，組成小組討論班，一起看CD，一起做作業，一起討論。

CD可借回家，由於程度深、中、淺不等，學生可挑選適合自己程度的CD教材，看不懂隨時倒帶或換另一套比較。各學科找全國該學科最好的教學群（由教授與教師組成），編成教材、CD、作業簿及測驗卷。如此縮短明星學校與一般學校的師資差距，也縮短城鄉教學資源的差距。因為每個人都隨時可以接觸到全國最會講課的人上課。學科教師不再負責特定班級之學生，只輪流在校值班，解答疑惑並做剛剛所提的四件事。

學制也改成純學分制，每一門學科每學期分兩階梯，學生隨時可要求考試，不妨用測驗卷的題庫。考過便算及格。修業年限不拘，什麼時候想畢業，學生須自訂計劃。這個自由學習學校的模式，我在〈教改怎麼辦？〉一文中有較詳細的描述。它的好處之一是讓「管」與「教」脫鉤。

CSS：你這種構想是大膽的教育實驗，一般輿論會指責教育者不能拿人來做實驗。

黃：這種說法似是而非。目前大家習以為常，行之有年

的學校教育，就是人類有史以來規模最龐大的教育實驗。相對於人類文明發展的歷史，它的存在非常短暫，由來不過百年。它的出現非常唐突，它改變了人對「童年」的概念，改變了人對知識、對世界的認知。這個大規模的教育實驗，百年下來已出現許多後遺症，大家卻視而不見，不去面對，不去修正，仍認定它是最正常，最有正當性的教育方式。

本書在前文對這種學校教育已提出種種批判。教育怎麼能不實驗？現在人的選擇只有兩種：要繼續接受目前這種學校教育的實驗，還是要另起爐灶，讓孩子接受其他方式的教育實驗？問題是前者比實驗更危險，像台灣學校教育半世紀以來已出現無數嚴重的弊病，我們卻**實而不驗**，不去驗其成敗，加以修正，反而視之為正統，而排斥其他修正的教育實驗。

當然任何教育實驗都要先找試點，等累積經驗後再考慮推廣。不能一聲令下，就要全面實施。

十多年前我在北縣教育研習營上提出這種自學學校的構想，許多教改的朋友都把它視為天方夜譚，期期以為不可。但我一直相信人學東西必須靠自己，教師只能從旁協助，可是今日學校的教師站在主導地位，把學生牽著鼻子走，使學生失去學習者的主體性，從而臣服在教師與知識的權威之下，這是錯誤的。1970年代我寫一本書叫《老師，我們去哪裡？》就已開始在反省這種主客顛倒的教學。自學學校的模式，只是

回復原來主客定位的一個起步，可是我相信它是正確的一步，三十年或五十年後我猜想會有更多的人，與我一樣反省目前學校教育的根本錯誤，而認同像伊里奇、弗雷勒（Paulo Freire）與我的看法。

9

CSS：大學呢？大學可以採取類似的自由學習嗎？

黃：大學更有條件改成自由學習。目前大學部許多必修課程都動輒五、六十人，教授在台上演講，學生在台下抄筆記，這同樣是在浪費年輕人的生命。何況大學師資更良莠不齊，即以入門的大一微積分來說，幾十年來我私下去旁聽過幾所大學的上課，離譜得讓人難過。許多教授整學期都只在玩弄抽象符號，沒有意識到微積分的主要內涵。把這種課採CD教學，找學問較好的教授講課，製作成CD，學生可以在任何時候，任何場合（用PC或大螢幕）自己學習，這樣效果一定比現在好。各校教授只帶討論，負責解答學生疑惑，或多做詮釋，或提出新問題，談新關聯。這對於提高師資有很大幫助。

演講式的課，誰都會教，你只管準備一套東西在台上一直講，不懂也不太會出差錯。但在討論課，教授就必須有真才實學。1994年我生病，請假一年後又回台大教課，系裡同事體恤我，免除我教大班必修課，只帶小班的閱讀討論。我第一次看到大學部的學生怎麼開始自學，怎麼學會討論，怎麼學習自由思考，怎麼

慢慢開竅，怎麼激發內在探索數學的興趣。過去這現象只發生在研究所的課上，現在我看到大學部的學生也在改變。這是一段愉快的教學經驗。1999年因辦社區大學而提早辦退休，我真捨不得離開呢。

CSS：今年八月間有百位大學教授連署，發表聲明質疑當前教改方向，你有何看法？

黃：有問題，有爭議，這總是好的。只是我看那連署聲明所談的，還是限於大家的舊經驗，覺得自己是以過去那種方式學習東西長大的，這一代也不能太不一樣。他們的說法，部份是對的。這些年教改集中在開放教材與升學方案多元化，新教材是有太簡化的問題。由於考試標準統一，教材進度**未因人而異**，造成集體平庸化的現象，這是真的。但問題還是在於目前教育制度**不重視個別差異**，這些我在下文[7]會有討論。

但這裡我要談的是，目前民間批評教改的聲音，也不把重點放在釋放學生心智這上面，不把重點放在發展下一代的想像力等這類更根本的問題。其實我們這一代是平庸的一代，包括學術界作研究的創造產值，都與大家付出的工夫不成比例。原因便在於我們早年所受的教育，一如現在的教育，都在束縛我們的心智。老實說，我們這一代的學術工作者，文化工作者，並沒有發揮什麼高超的想像力。我們辛勤的經營，但成就有限。我希望下一代的想像力能超越我們。

7　篇五之五，〈教改怎麼辦？〉。

10

CSS：我們快要結束這篇訪談了。我可以稍替你的看法做
　　簡單的總結嗎？你希望教改從外在方面要強調釋放，
　　內在方面要著重自覺。對嗎？

黃：對極了。不過我希望妳這樣把自覺拿來與釋放並提，
　　不會讓我陷入唯心主義。我在〈九二八與教師自覺運
　　動〉[8]會再談教師自覺，但談的視角側重社會面，一
　　連兩年的928，我看到教師為爭取權益，集體發聲的經
　　過，我想講兩句心裡面的自覺。作為一位教師，我常
　　想我們憑什麼被社會厚待一輩子？我們所依據的只是
　　一點專業知識。如果我們沒有創新，又不真正替學生
　　著想，只把肚子那麼一點東西重複講一輩子，我們的
　　貢獻值得社會那麼多人辛苦工作，來供養我們這一大
　　批知識分子嗎？

　　以今日的科技與資訊，當CD教材上市之後，我們存在
　　的價值在哪裡？我們可能被大量裁員，只留下極少數
　　真正有能力解惑的教師。我們是不是要有一點自覺，
　　看清楚自己所扮演的角色，創造自己新的價值？至
　　少學學文明國家的教師，放下手上的棍子，放下所謂
　　「師道」的權威，這是十年前410運動時我提「教育現
　　代化」的意思。

　　放下你的身段，放下與同事競爭表面成績的心情，與

8　收錄於舊版《學校在窗外》（2013）篇四之五。

孩子們平等做朋友，真情陪他們走一段成長的歲月，從他們身上，你會學到很多你過去沒想過的東西，你的生命將比今天更充實愉快，你的笑容將比今天更美麗燦爛。

11

CSS：最後兩個旁外的，關於本書的問題。你在《童年與解放》一書中談的是人的自然能力，包括人天生的想像力與創造力。這本書談的則是人的文明能力，尤其強調抽象能力，你是不是把這本書當作《童》書的續集？當然，在這本書中，你更強調現實的教育問題，而且表達的方式也比較平易近人，不像《童》書那樣談太多的哲學。

黃：就妳看到的兩種能力的呈現來說，這本書確實有互補的意涵，但在論述抽象能力這件事，尚不夠深入，對我最大的困難是：要深入分析人抽象能力的發展，必須以數學或物理作為模型去深入分析，因為數學或物理中，才反映出高度抽象的文明。但數學與物理對一般讀者來說，遠比哲學還陌生，我找不到通俗的語言與一般讀者溝通。如果真的想談清楚，恐怕要寫比較專門性的書籍。

在這本書中，我也強調抽象能力與想像力到越高的創作層次，越需合而為一。這一點很重要，也因為這樣，教育哲學不能偏廢其中之一。

這幾年我觀察體制外的理念學校，目前苗栗卓蘭山上的全人中學，是其中唯一的中學，學生從十歲到十八歲。全人中學也是目前台灣唯一能觀察抽象能力與想像力兩者發展到青年期的實驗學校。在全人中學，學校給予學生極大的自由，學生的想像力普遍發展得很好，遠遠超過一般體制學校的學生，全人保存的一些學生的文學作品及繪畫攝影[9]，可以證明這項觀察。全人學生的人格發展，亦遠優於一般學校，論事說理的能力都十分突出。但進一步抽象能力的發展便略遜於某些體制內菁英學校最上層的學生。這是因為全人的課程，較少抽象語言的操作訓練。對學科知識的抽象過程，也較少涉及。學校沒有帶動起深入學科知識的風氣。一些學生雖然在想像力與人格方面的發展不錯，但由於抽象語言訓練較弱，在目前升學競爭中，容易挫敗，影響其自信。

全人學生都有強烈的自我價值感。但到少年後期若因競爭挫敗而打擊自信，自我價值感也多少會打折。不過這件事尚屬我的猜測，並未經證實。最近全人辦校者也意識到早期創校時或太浪漫，開始加強抽象能力的培養。我覺得全人所進行的實驗教育，意義深遠，值得教育者密切注意。我對全人的看法，多少與弗洛姆（Erich Fromm）對夏山學校的評論相類似。

CSS：最後一個問題了：為什麼你把本書書名取成「學校

9　參見成虹飛；國科會研究計畫報告。

在窗外」？是不是因為你先前所說，學校應該在主流思維之外，給予孩子另一面窗，讓孩子望向世界？還是因為你在本書前幾篇所談的概念：學校應走入真實世界？不能自我封閉？

黃：妳講的都對。取這書名的好處是：它可以任人想像，讀者怎麼詮釋都好，我不希望書名界定了讀書的想像，我喜歡孔尚任在《桃花扇》中安排柳麻子唱詞的餘韻：

一歌聲歇處已斜陽

　猶有殘花隔院香

窗外讓人覺得是一種「超越」。妳看過馬蒂斯[10]的畫嗎？我的研究室裡掛有一幅朋友送的複製品〈坦吉爾的窗外〉（見圖3），不過顏色褪淡了。事實上，馬蒂斯一生不斷的在畫窗外。〈藍窗〉（1911）、〈克里奧的法式窗戶〉（1914）、〈黃色窗簾〉（1915）、〈對話〉（1908），還有較早期的〈開窗〉（1905），這些畫多半在近景的窗內景物豐富騷然，遠眺窗外則慵懶簡約。馬蒂斯自己說：「在我的意識中，窗內窗外已融而為一。」在那幅〈坦吉爾的窗外〉中，是那樣的一扇大窗，窗台上放兩座花瓶，窗外有摩洛哥的藍色風景，馬蒂斯用很鮮麗的色彩捕捉北非艷陽下的光影。對我來說，那強烈對比的光影每每會出現熟悉的童年記憶，畫長人靜的那種安定的感覺，安定中有著對未來不定的憧憬。那種童年悠遠靜謐的畫面，在現世裡已非常遙遠，卻在馬蒂斯的窗

10　Henri Matisse, 1869–1954.

外出現。

CSS：你是這樣理解馬蒂斯的嗎？
黃：不，我是這樣理解自己，我看到了自己的窗外。
　　（目光盯著另一幅〈克里奧的法式窗戶〉〔圖5〕）

之四　當前教改問題對話錄（二）

受訪者：本書作者
訪談者：陳振淦[1]
訪談時間：2002年7月

陳：大學聯招今年（2002）起，全面改用多元入學方案。
入學多元化是行政院教改會的具體建議，也廣受教改
人士的支持和肯定。但這項新方案卻招致強烈的反
彈，上百位立法委員連署要求廢除，連帶對這些年來
的教改方向予以嚴厲批評。你覺得問題出在哪裡？

黃：據我觀察，多元入學方案與九年一貫課程計畫，是目
前教改的兩個重大措施，兩者相互扣合。多元入學方
案的目的在使升學管道多元化，九年一貫則使教學多
元化。由於考試領導教學是不能忽視的現實，我猜想
教改會的思路是想用**多元**入學方案，來影響教學，使
教學也**多元化**，不致像過去因聯招**一元式**的考試，連
帶教學也**一元式**。事實上，這裡有兩套東西。過去大
家批評教學僵化，是因為教學受一元式的聯招領導，
一元教學與一元聯招，這是配在一起的一套東西；現
在教改會想出另一套東西，便是多元教學與多元入
學，要放棄多元入學，恢復聯招，便意味著恢復一元
教學。這點社會大眾不能不先弄清楚。也因為這樣，

1　訪談者原為文山社區大學講師，訪談時任全人中學副校長。

教改人士大聲喊出：「教改不能走回頭路！」但雙方的考量，都可以理解，雙方都有道理。

依我看來，多元化這套辦法比較進步，但實施起來，條件不足。換句話說，在升學供需失調的問題還沒有解決，教育環境還沒有充分改善之前，對於多元入學與多元教學這一套思維能否有效落實，從而改善台灣的教育，讓孩子們充實而快樂的成長，我並沒有太大信心。

去年五月教改總檢討會上，李遠哲先生曾提出「升學減壓必須面對」的看法，這是重要的事，可惜這看法沒得到回應。許多人認為這些年大學數量與高中職的數量都已急速擴充，升學壓力應已解除，若升學仍有壓力，那是因為觀念偏差，因為大眾都想擠入明星學校的緣故，所以該改變的是大眾的觀念。可是事實真相如何？教改者是否該更仔細的去探討升學壓力的來源，從供需失調去詳加分析，而且務實的去面對？1994年民間「廣設高中大學」的訴求還未提出之前，台灣的升學現象是「供不應求，學生壓力沈重」。經過八年大學容量擴充之後，則變成「供需失調，學生壓力一樣沈重」。另外，國中升高中的瓶頸仍未打開。台灣中小學距離「讓孩子紮實學習、快樂成長」的目標仍有很遠的路要走。但要達成這目標，牽連國家資源的大量挹注，也牽連社會主流價值的改變。教改者須先看清楚問題關鍵，抓對教改大方向，積極發展公共論述，再尋求社會共識，不然前途毫不

樂觀。七年前教改會諮議報告在媒體公佈時,我看了其中主要方案便公開表示教改前途不容樂觀,並在中時副刊寫了一篇〈再等半個世紀〉,就是因為教改會報告妥協性太高,沒有認真去解決結構性的困難,包括(一)不主張增設公立大學,(二)談小班不談小校,(三)不做社會動員,激發社區及基層的參與,(四)未做財務需求的總估計,明確要求中央政府撥款執行。現在我仍然認為以目前教改方針來看,教改前途依然悲觀。

陳:1994年你與教改人士發動「410教育改造運動」,要求台灣進行全面性的教育改革。你當時對教育改革的期待是什麼?或者說,你所想改革後的台灣教育是個什麼樣子?

黃:回歸教育的目的。教育的目的在於透過教育的過程,使每個人求取最大的內在發展。這裡所說「最大的內在發展」,指的是個人的能力知識與人格的成熟,而不是錢財或資產。可是台灣半個世紀以來,教育的用意不在這裡,而在於第一:國家人力規劃,規劃國民成為國家經建的工具;第二:馴化,讓每個人都馴化成為社會主流價值的擁護者;第三,培養專業知識的菁英。這是錯的。每個人能力加強了,知識寬廣了,人格健全了,自然有利於國家社會,會合起來替未來打造較好的社會。求取每個個人發展是教育的目的,不能本末倒置,不能讓教育倒過來服務經濟與政治的目的。教育改革要做的便是回歸教育的目的。可是從1994年「410」以來,雖然以往那種僵化的、愚民的、

以「規劃─馴化」為主軸的教育體制確實有些鬆動，但教育改革的著力點還無法回歸教育的目的，也就是為了使每個個人求取最大的內在發展，直接去創造一個最佳的教育環境。即使以教改已經進行多年的今天，推動多元入學方案，引發恢復聯考的爭議事件來說，所牽涉的都還只是教育機會的重新分配。最多只是「多元─鬆綁」的教改路線。

升學方案會爭議不斷，弄得人人緊繃，顯然問題出在教育機會長期供需失調，這時只依靠教育機會重新分配，必然弊端叢生。像開放教材，一綱多本，原本是對的，但因多數人後來要參加考情緊繃的全國性考試，結果學生負擔反而加重，不同版本的多元性失去意義，以致爭議不斷。我們應該藉由爭議風波，追本溯源回來處理教育機會供需失調的問題。眾多學生想尋求一個良好的教育機會，來提昇他們的能力，這是好事，我們應該鼓勵。記得武訓興學的故事嗎？武訓當乞丐沿門托缽，長跪門前不起身，為的是央求鄉人讀書。現在台灣有這麼多人想求學，想多讀書，我們為什麼忍心指責他們，指責他們中了文憑主義的邪？文憑滿天飛有什麼不好？如果每一張文憑背後都代表一位國民學到了現代知識，得到了一起經營現代社會的能力，那麼更多人得到文憑，有什麼不好？我們該做的事，不就是為想多讀書的人，創造良好的教育環境嗎？這是值得舉國家之力，共同去開創的事。國民的普遍能力及素質提高了，國家不就富強、社會不就健全了嗎？升學不減壓，教育一定無法正常化。

「410」遊行當天，有人用歌聲唱出「讓學校變花園，讓孩子擁有童年」，這便是教育改革的願景。以目前教改的方向，我不知道這樣的願景，哪一年才會實現。

我非常敬佩這些年來，為了教育改革奉獻付出的許多教改人士，但什麼是教改節骨眼的問題？一定要針對節骨眼，弄對方向。方向對了，即使迫於現實，進度緩慢，也會漸入佳境，不然我們會反反覆覆，紛紛擾擾，卻只在原地打轉。

陳：你覺得問題出在哪？

黃：我覺得問題出在菁英主義的意識形態，限制了教改主流的視野。1995年遠流幫我出版《台灣教育的重建》[2]時，我便不斷批評菁英主義的錯誤，質問「是菁英主義，還是公眾主義？」教育改革是在國家體制內全面進行，當然要去考慮每個國民最大的內在發展，而不論他的出身貴賤。

表面上，升學機會是平等的，但「出身好」的家庭、社經地位高的家庭、文化資本雄厚的家庭……，這類家庭長大的孩子，平均說來升學競爭力自然強過攤販、貨車司機、工人、農民的兒女。人的社會固然充滿競爭，但教育者應該努力保護**每一個孩子**，使他們在長大成人之前，盡量減少因自己先天因素所造成的限制，而朝向讓每一個孩子，求取最大的內在發展，

2　作者：《台灣教育的重建》，遠流出版，1995初版。

為此去開創最好的教育環境，這便是公眾主義，是平民主義。

陳：可是從1994年教育改革廣受注意以來，影響教改路線的，不就是參加「410」的民間教改團體與同年年底成立的行政院教改會嗎？今日的教改主流不就是這兩股力量在主導嗎？你的意思是說這兩股力量走的都是菁英主義路線？

黃：我個人作為「410」教改運動的發起人當然有責任，朋友常批評我，點了火卻沒有持續的奮戰下去。我承認自己的疏懶。但我自始便反對教改走菁英主義的路線。問題還是出在社會條件不足，整個社會認識問題的能力有相當限制。菁英主義一直是台灣社會的主流，教改主流除非走出菁英階級的界線，去發展公共論述，引發思想論戰，讓公眾參與，讓教改團體、教改菁英有機會去反省菁英主義的意識形態，否則教改的方向必然會偏離教育的目的，只在技術性的泥坑裡打轉。

讓我舉個例子說明菁英階級與公眾的差異。1995年聯合報民意調查中心做過一份民調，結果顯示80％受訪者主張擴充上大學的機會，可是教改會委託林文瑛教授在教改會所辦的各種教改論壇得到的強烈共識，卻是大學不應增設。有一次林文瑛來訪，很沮喪的說她不理解為什麼會這樣，原來她以為增設大學會最受歡迎的。我記得當時我的回答是：「這是階級問題。」我所說的階級，是指菁英階級。台灣人口中約有10％

的人受過大學教育，這些人的社經地位平均說來高於未受過大學教育的人民，基本上構成了我所稱的菁英階級。去參加教改會所辦的教改論壇，大體是這10％的菁英階級。雖然90％的人民希望大學開放門戶，讓他們與他們的子女能平平順順的進去，接受較完整的現代教育，但10％的菁英階級並不那麼開明，願意讓更多的人也廁身菁英階級，分享大學畢業生的特殊利益，他們最常用的理由是「大學品質會下降」。我記得1998年左右，李遠哲先生也批評這是既得利益者的心態。要知道今天大學人數暴增，不是因為菁英階級已放棄既得利益所做的讓步，也不是因為教改主流超越菁英階級，改用開明的態度去開放大學門戶，而是因為教育當局便宜行事，一方面仍執迷人力規劃，另一方面又遷就利益團體（例如許多公私立職校或公私立專校）的既得利益，所造成的結果。因為菁英主義的心態始終沒有放棄，才會造成今日升學供需失調的混亂局面。

西方人文主義的傳統與東方的平民思想，都肯定每個人皆可造就。基督教談上帝按照自己的形象造人，深層的意義是說：每個人都有神性的一面，每個人的心中都隱藏有上帝的智慧等待發掘。禪宗講：明心見性，直指佛心，也是這個意思。每個人都可以造就，這是一種根本的信念。但社會流行的卻是「人有上智下愚」的菁英主義。有教育學者堅持：「很多人抽象能力就有先天限制，他們沒有能力讀大學。」有教改菁英主張：「社會需要分工，如果讓多數人讀大學，

那麼誰來做土水（泥水匠）？誰來打掃馬路？」也有文化學者說：「台灣社會有文憑主義的文化，進行教改先要改變學生與家長的升學觀念，讓學生『適才適性』的發展，不要讓他們追求高學歷。」這些都是輿論上耳熟能詳、天天在宣揚的論述。有了這些看法在主導教改，教改者便不會認真思考去面對教育機會供需失調的問題，認真去為每個人創造較好的教育環境，不會努力去讓每一個想在知識與能力方面得到較好發展的人，滿足他們的願望。因此升學壓力始終沈重無比，考試的陰影始終壓迫在孩子們的心上，教育的目的也勢必扭曲、變形。對菁英主義的這些問題，我早在1996年增訂《台灣教育的重建》（遠流出版）時[3]，已用兩萬多字的篇幅分析。

陳：你還沒有回答我的問題，「410」聯盟中的教改團體，後來不都參與教改決策？行政院教改會的「教改諮議報告書」，到1998年林清江部長上任之後，也都被納入「教育改革行動方案」，並編列預算逐年執行。你認為這兩股力量，走的都是菁英主義路線嗎？

黃：是的，這兩股力量後來走的都是菁英主義路線。我不避諱這樣說，但我們能不能先不談誰該負責任的問題，而先退一步來談社會共識。因為社會共識不足，決策的方向會模糊不定。

陳：你所說社會共識不足，或社會條件不足，是什麼意思？

3　作者：《台灣教育的重建》增訂版，遠流出版，1996。

黃：社會條件是教改決策的背景，讓我們先談社會條件。所謂社會條件不足，指的是社會主流價值是菁英主義，而大眾的思維，沒有機會深化，因而隨著主流意見搖擺。其實這現象不只在教改的領域出現，在其他領域亦然。真正的公民社會，一直未曾在台灣形成一點氣候。這也是1998年之後，我的心力轉向「社區大學」的緣故，我希望社區大學普及化之後，公共論述可以在民間形成，不致跟著社經菁英及政治菁英的屁股後面走。唯有這樣，台灣社會才會真正進步。

教改路線要轉向台灣教育的結構性問題，先要面對菁英主義。但民間沒有足夠的論述空間去產生自覺，因此無法形成力量，去扭轉菁英主義的觀點。前面我已經指出，菁英主義的特徵之一是：不能認識每個人都是主體，而貿然想用國家的權力去進行人力規劃。這是台灣教育一直存在的問題。除此之外，菁英主義還有幾個思維上的特徵。第一，**公平論**：不承認菁英階級既有的優勢地位，認為自由競爭是公平的，而把競爭的結果解讀為上智下愚的必然現象，並用「適才適性」來粉飾競爭不公平的本質。第二，**觀念論**：認為民眾的觀念改革為首要，民眾的觀念對了，制度也就健全，民眾的觀念錯了，再健全的制度都會出問題。第三，**責任論**：只有菁英階級有能力，而且應該扛起責任做成決策；反之，讓民眾參與決策，只會治絲益棼。這種菁英主義的思維，非常深入人心。許多教改的朋友，做事很積極、肯奉獻，為人也十分誠懇，但談起教改的問題，則無法超脫這種思維。台灣、中

國，甚至東方的主流文化，一直籠罩在這種菁英主義思維之下。

這八年來，教改的路線也不自覺的深受這種思維所左右。在這種菁英思維之下，任何改革都碰不到問題核心。對我來說，教改該做的是針對升學機會供需失調的現象，調節好升學供需而大幅增加升學機會，讓多數人可以順利而充實的完成他們接受完整現代教育的願望，紓解升學壓力，同時全面改進教育環境例如小班小校、中小學社區化等。至於課程、教材、教學與入學考試等，則讓中小學、社區與民間各自去發展，當局只管評鑑與審議；但政府要大幅改進教育環境（含升學機會），需要大刀闊斧去做，也需要投入大量資源，甚至需要社會動員。自1994年410教改運動代表民間提出這樣的教改方向以來，首先「廣設高中大學」便受菁英思維的質疑，例如延後高中高職的分流這件事，便因人力規劃、公平論與觀念論的作祟，以及「適才適性」、「社會分工」等的呼聲不斷，導致教改會所提普設綜合高中的方案始終無法落實。雖然上高中職五專的總名額足夠容納所有國中畢業生，但供需失調，許多國中畢業生想上高中進大學，偏偏教育當局不肯讓他們達成願望，一意要他們進技職系統，這就造成了第一關升學大瓶頸。1996年吳京「第二國道」的做法是大量讓專科升格為技術學院或變成科技大學，他以為這樣可以吸引學生考高職或五專，可是這樣做並沒有面對供需的問題，因為多數學生還是不希望太早分流進入這條技職國道。事實上，這種

便宜行事的措施，變成了今天的不歸路，衍生出今日更棘手的難題，因為這一大堆未成氣候便升格、換湯不換藥的私立技專學院除了少數特別的例外，多數水準落後，收費又貴，招不到學生，又無法整頓，變成了當前教改的燙手山芋。我要大聲質問，為什麼教改決策者當初不尋求社會共識，要求國家編列教改特別預算，好好辦一些像樣的大學，如美國一般的州立大學那樣程度的大學，讓年輕人多學到一些好的東西？台灣如果向國際世界徵才，包含延攬海外台灣的留學生及專業人才，並不是沒有條件辦好一些新的有水準的公立大學。問題只在資源。即使是資源的問題，如果做社會動員，土地取得可以非常節省。這些方案我在《台灣教育的重建》一書中都討論過。許多問題，包括政府應該扛起責任，大量挹注國家資源，規規矩矩多設公立大學；包括落實小班，更落實小校等，都要超越菁英階級，尋求廣大社會的支持。因此要發展公共論述，形成社會共識。教改者不必把一切決策的責任都扛在自己身上，而應該反過來，把問題癥結公開提出來談，把教改的大夢公開訴諸公眾，讓大家意識到今天不做大夢，不面對核心問題，教改此去仍將風風雨雨，看不到遠景。十年後，還是一樣爭議不斷，教育無法回歸正常。

陳：十年來大學從原來的50所，增加為目前的154所（含國防及警察院校），高等教育的容量已經大幅膨脹。這件事社會輿論頗有反彈，認為410「廣設高中大學」的訴求是個錯誤，你自己有什麼看法？

黃：1994年「410教改聯盟」提出「廣設高中大學」的訴
求，目的要紓解升學壓力，並為台灣進入現代社會儲
備人才，同時也全面提高國民素質。但當時教育部對
這項訴求是抗拒的。後來教改會也主張擴充高等教育
容量，教育部的回應則是：大量升格專科、使專科變
成技術學院，甚至再升格成科技大學或一般大學。這
是吳京任內推動的教改「技職國道」。教改會當時雖
然主張擴充高教，**可惜並未堅持由政府籌設新大學，**
教改會一些經濟學者主張自由市場，開放私人辦大
學。目前出現龐大數量的大學與技術學院，四分之三
（以學生人數計算）以上都是私立，除少數幾所品質
還能控制之外，大多數是浮濫的。「410」之前，民
間就不斷反對用升格的方式籌設大學或專校，政府鼓
勵升格是不負責任的，因為升格很難提昇學校品質。
早在1992年拍攝的影帶《笑罷童年》中，我們已經反
對升格且擔心升格。一個學校，除非極為出色，不然
升格後一定品質低落。想想吧，即使是建國高中，作
為高中來說，它是台灣最好的幾所高中之一，如果把
它升格為大學，它會怎麼樣？原有那些老師怎麼辦？
逼他們去進修做研究寫論文，就可以一個個升任副教
授、正教授嗎？少數有特別能力的人也許可以拋家棄
子並靜下心來，去重讀去進修專業研究的學位。其他
人呢？增聘一些新的研究人才進來，新人與舊人如何
互動？舊的人員與文化能否便改頭換面？還是反過來
會變成阻力？大學的風格在這種狀況之下怎麼建立起
來？升格的學校品質99％會粗劣不堪，這不是清清楚
楚的事嗎？另外，政府應為國民提供完整現代教育，

若政府逃脫這項責任，把辦大學交由自由市場，必然品質不良。

即使像美國這種資本主義極端肥大的國家，政府都承擔起辦大學的責任，美國全國有五分之四的大學生上公立大學，進私立大學的學生只佔五分之一，台灣則反過來，公私比為二比三。公私立大學的定位不同，公立大學目的在提供國民教育機會，私立大學則為了發展特色。可是台灣把這定位弄錯了，由於菁英主義的思維，政府不肯承擔辦大學的責任，卻用最粗廉、最便宜的方式，把一些專科升格，弄成大學，或由營利團體、宗教團體去辦一大堆大學，試圖紓解升學壓力。可是這樣做，私立大學的品質很難提昇。當公立大學漸漸足夠之時，政府便應該放手不管制學費，不干涉私校招生，完全放任它自由發展。在美國，大部份人想上州立大學都有機會，那麼私立大學想吸收學生，便需提高品質，發展特色，所以私立大學不只不成為問題，反而發展出許多一流水準的名校。台灣政府不願挹注資源多辦公立大學，造成大批學生被迫湧向私校，私校又受學費管制，不但無法發展特色，品質也普遍低落，這是升學無法減壓的原因。我們的學生不是虛榮，不是只想挑明星學校，而是他們不想進爛學校。這有什麼錯呢？他們只想吃一碗像樣的家常麵，並不是要吃山珍海味，我們卻強迫他們吃生力麵。他們不吃生力麵有什麼錯呢？高中升大學無法減壓是因為大多數的大學太爛。

1994年以前，台灣的大學是供不應求。現在大學數量暴漲，則變成供需失調，因為新增的許多大學品質差，學費又貴，於是大家仍一意希望擠進公立大學，這便造成高中升大學的供需失調，連帶的升大學的壓力往下傳輸，也會加重國中升高中的壓力，使大家更想擠明星高中，因為明星高中有較多的入較好大學的機會。事實上，當時「410」的一些訴求，都像「廣設高中大學」一樣被大打折扣，被窄化或被灌水。如果教改的方向，一開始便擺脫菁英主義，好好為每一個孩子創設良好的教育機會，由政府擔負起提供良好大學教育的責任，今日升學主義的壓力必會減輕。

陳：你認為發展公共論述非常重要，那麼在台灣，公共論述要如何發展？

黃：你目前正在進行的這個專訪，其實就是公共論述的一環。平常在大眾媒體上所談的東西，限於字數與版面，內容都無法深入。大眾（包括眾多政治菁英、社經菁英）無法隨著論述加深而了解問題的關鍵。我常聽到的論述都比較表面，人云亦云的論調到處都是。一個有作為的教育部長，即使知道問題關鍵，由於社會支持度不夠，也無法大刀闊斧的打開出路。多年來幾家主流媒體也只追求事件新聞，越腥羶越好，不肯提供足夠版面，長期而深入的發展公共論述。這確實是發展公共論述的困境，民間很難發聲，除非製造事件，拉布條、遊行示威，但這樣做非常費力的。決策者若有心進行結構性改革，像教育部長應找機會把教改的大方向、教改的困境以及他的想法，多加闡述，

在媒體上經營公共論述，讓大眾多了解、多討論，媒體會重視他的發言，提供討論的版面或管道。

另外，台灣確實需要一份至少像《紐約時報》或 *San Francisco Chronicle* 這種中間偏左，而可以引領社會發展公共論述的大型報紙。這個大型報紙不只發展教改的論述，其他像環保與經濟的矛盾、社會結構的問題、民權人權的根本問題，以及兩岸和平與世界和平等各方面的問題，都亟待深入發展公共論述，使台灣社會認識問題的水準早點提昇。

陳：你剛剛說，台灣大學生中有五分之二念公立大學，私立則為五分之三。事實上近年公私立大學的比例落差更明顯，以90學年度大專校院學生為例，公立學校的學生人數只佔26％，私立則增加到74％。你怎麼看待這種發展？

黃：其實已經尾大不掉了。現在情況很糟糕，許多品質差的，甚至以營利為目的的私立大學一直用私立大學的學生與公立大學的學生應該得到平等待遇，來要求政府大量補助私校。事實上，政府應該補助的對象是私立學校的學生，發教育券給學生，而不是補助私立學校。

我們應該仔細思考私立學校的定位。私校的目的是發展特色，不是來替國家扛責任，替國家提供就學機會。提供就學機會是現代國家的政府該扛的責任，但公立大學較無彈性，在國家監督之下須中規中矩，不易發展特色或實踐進步的教育思想，因此國家不應

該壟斷辦學的權利，反過來應完全開放並鼓勵私人興學。在這種定位下，政府應該完全放任私校用它的方式經營，不應管制私校的學費與招生等。學生如果因負擔不起昂貴的學費，他就不應該去讀私校，但這種主張的先決條件是有足夠的公立大學提供學生就讀。窮一點的學生去讀公立學校，那麼私校要收多貴的學費是它的事，它要怎麼招生也是它的事，政府不應該去管它。私校的學費高，才有充足的財源去發展高品質而有特色的風格，政府不能管，怎麼招生也是它的事，這裡無所謂公平的問題。換句話說，私校的經營應由市場機能去調節，政府只管提供就學機會的事，私校搶那些追求高品質而肯付高學費的學生，也搶那些不在乎品質，只想混個學位的學生，政府則讓一般人有就讀機會。

附錄：再等半個世紀[4]

兩年匆匆過去。風起雲湧的民間教改運動起而復落，眾所矚目的行政院教改會繼而成立，交了報告，也已煙消雲散。教改的焦點再度轉回教育部，部長吳京一人頻頻出現在媒體的鎂光燈下。種種改革措施被描繪成美麗的願景，但教改的路卻更形漫長。

這些日子，我對教改極端失望。等待了幾十年的機會，眼看便要流逝。台灣粗糲而一條鞭式的教育，積弊半

4　撰寫於1996年11月，原發表於《中時》人間副刊。

個世紀已由根腐爛。到這幾年，要大力改革的呼聲終在民間匯成風潮，並由下而上的形成全國共識。這是著手全面改革千載難逢的時機。可惜主導教改的知識菁英，無法從大社會的角度去分析台灣教育的病源，以謀求解決的方法，反而天真的試圖避開社會重建，避開政治。自我設限的結果，是蹉跎良機，辜負民間深切的期待。

民間教改的力量可能再聚集嗎？我不知道。台灣社會最大的隱憂是無法形成持續的民間力量。這是長年中央集權與政治控制的結果。四十多年的戒嚴解除了，但台灣並沒有出現過一段時期的社會重建，讓社會復原；更沒有開放過公共領域，讓人民積極參與公共事務去建立新社會的價值觀；從解嚴，經國家認同的紛擾，便跳過社會重建，直接進入今天政黨彼此分配權力的階段。民眾始終是觀眾。國家新秩序的重建，沒有民眾參與，便發展不出民間力量。沒有民間力量的所謂民意，是虛假的民意，可以隨時被操弄或製造。沒有民間力量的國家運作，必然失去有效的監督。近年來資本主義在台灣急速膨脹，沒有民間力量的監督，二、三十年內台灣將發展成全世界最惡質的資本主義國家。

我對教改的悲觀，只是對政治悲觀的一面。兩年半前，我曾寄望以教育重建去推動部份的社會重建，釋放出台灣社會的生命力。例如藉由中小學的社區化，成立資源豐沛的社區中心、社區大學與社區圖書館、體育場等社區公共空間，來促進社區參與，形成社區意識，作為未來建立民間社會的基礎。於今看來，掌握教改方向的菁英，並

沒有認識到台灣社會的大脈動。連順應民間需求，廣設高中大學這樣低調的訴求，都被凍結不顧。

什麼是國家的教育改革？國家教育改革不是個人講道、宣揚觀念重整或心靈革命，而是透過國家資源與權力的再分配（此即政治），使人在教育領域內擁有更充分的機會，因參與、批判、回饋與反思，而打開知識視野、釋放個人心智，增進人民才能，進而提昇整個社會的生命力。教育社會學家Rolland Paulston指出，所謂教育改革（education reform）是國家教育政策的根本變革，這變革必然伴隨著：1. 國家資源的大幅度增加或再分配，2. 各級教育人數在總人口的百分比有顯著改變，3. 各階級、族群與性別進入各級教育的百分比做大幅度的變動，或4. 課程目的與內容有重大變革。

這類較高層次的議題是國家教育改革起碼該碰該做的事。可是教改會的總報告與吳京部長的教改措施除第4項外都怕牽動國家資源與權力而避口不談。事實上現階段的台灣教育，還不能只限於上述改革。教育領域內的權力亦須下放到學校與社區。這點是基於台灣的特殊背景而不容忽視的改革。近半個世紀的戒嚴，使人失去自主，由上而下的管制，必須徹底打破，以「自主－監督」取代「防弊－管制」，來發展新世紀的教育。同時台灣長期被漠視甚而被打壓被遺忘的社會正義，亦應列為教育改革的重心。近月410教改聯盟的新書《民間教育改造藍圖》[5]，便提出以

5　410教改聯盟：《民間教育改造藍圖：朝向社會正義的結構性變革》，時報文

社會正義為主軸的教改路線。

但是從教改會到教育部的主流教改思維裡，我們找不到這些根本變革的影子，我們看到的只是小格局的考試方案多元化、小規模鬆綁，建立證照制度等這類沒有遠景的願景。

在這不得不悲觀的時刻，我增訂了去夏初版付梓的書《台灣教育的重建》，以備另一個民間教改的力量再度匯集的時候，增添一些討論思辨的議題。

但民間教改的力量還可能再度匯集嗎？我不知道。也許今年明年，也許再半個世紀。

<hr>

化，1996。

之五　教改怎麼辦？

　　這篇長文含上、中、下三篇，完稿於今年（2003年）初。從去年冬天開始動筆，想寫點文字為教改路線釐清方向，前後便耗掉三個多月。原因是對於教改的實踐，我已脫節多年，許多情況不明，須一邊觀察一邊收集資料分析思考，才能趕上腳步，弄清楚關鍵所在。

　　幾年前我還一路在注意教改的發展，不斷批評教改未走對方向。到1999年底我寫〈意識型態與教改的困境〉一文[1]，已覺自己多言無益，不論如何提醒，決策者始終陷於菁英主義意識型態的限制，無法看到問題癥結，輿論主流認識不明，也只隨風起舞。民間教改力量則早已消散無蹤，於是將關注點轉向以尋求草根的再造。其後把心力放在社區大學，也有為日後教改運動儲備能量的用意。早在1996年底，教改藍圖與種種教改措施陸續出籠之時，我便感到悲觀，於〈再等半個世紀〉一文[2]，我明白表達了自己的失望。

　　那時我覺得自己能做的事，便是把曾經思考過的事，包括教改的大方向與其具體實踐的方法，匯集成書[3]。以備另一個民間教改力量再度匯集的時候，增添一些討論思辨的議題。我私下以為這是自己最後能做的事。至於民間教

1　刊登於《中時》言論廣場，1999年12月。

2　此文曾刊登於《中時》人間副刊（1996），全文亦收錄於本書篇五之四〈當前教改問題對話錄（二）〉。

3　指《台灣教育的重建》（遠流）增訂版（1997），增訂版比1995年的出版篇幅增加三分之一，旨在因應兩版出書前後一年半教改情勢的變化。

改的力量還可能再度匯集嗎？我不知道。

時日飛馳，幾年匆匆過去，時序已入新的世紀，到去年教改議題紛起，我確有「樹欲靜而風不止」之慨。爭議是好的，可使壓在底下的問題浮現。但我更希望藉由這次爭議，眾人能看到問題癥結，能跳出已往的格局，改而進行根本變革。於是我又認真回顧一些資料，磨出了這篇四萬個字的長文。

本書一路談下來，到收錄這篇長文之前，我談論的都是人、知識與學校之間的根本問題。對於這些根本問題我有很大的空間可以隨意揮灑，但到了教改實踐面，尤其牽動將近三分之一人口，而且日日在實施的體制教育生活，我的態度則轉趨審慎。這篇長文中我談了很多實際可行的作法，在改革教育的結構與環境方面，我主張手筆要大，眼光要遠，但對於課程與教材教法的全面改革，我則主張腳步要緩，做法須審慎，由下往上，先累積經驗，再大肆更張。不過這並不表示本書前面所談的根本問題，到此實踐面，便戛然中止或束之高閣。尤其保障學生人權一事要立即貫徹實行，像體罰須全面禁止，直接施加在學生身體的暴力，及其伴隨的精神屈辱與馴服，是人權的問題，非關教育。這事至今仍日日在發生，到處在進行。體罰的存在，是台灣的國恥。教改十年無法釋放學生的心智，至少也應禁絕體罰。另外，文中提到像自學實驗學校（CD學習中心）、開放教育實驗學校、社區實驗學校，現在就應該立即選擇試點實驗[4]，以便幾年後擴大實施，進行根本改革。

4　參見本篇第19節。

這篇長文所含的某些論點與前文重複，但為維持其論述的完整，在收錄於本書時仍加以保留。

（上）教改的架構與菁英思維[5]

1

教改怎麼辦？

教改的對象分底層部份與上層部份。底層部份指教育大環境，上層部份則指教育觀念、教材、教學態度與技巧等。

我的看法是：全面的教改應著重於底層部份，然後讓事務發展由底層向上層滲透。這是我從1994年發起410教改運動時，所秉持的核心概念。這個概念貫穿於《台灣教育的重建》一整部書中。

換句話說，由中央政府透過地方發動的教改政策，應著重於：

1. 調節升學供需（不是擬定升學方案，分配升學機會）
2. 改善教育環境（如：推動小班小校，規劃自在愉快的教學空間）
3. 調整教育權力結構（如：學校自主，社區監督，師

5　2002年10月31完稿。

資自由化）

而先營造出人性化的教育環境。這便是底層部份的改革。

有了人性化的教育環境，學校裡教師（與家長）的觀念、課程設計、教學技巧等，便會慢慢發酵，慢慢成長。政府要做的是鼓勵有能力有熱情的教師，提出教學的改進計劃，予以補助，使好的教師能伸展抱負，能精益求精。不求進步的教師，慢慢在這種積極正面的氛圍中邊陲化。同時學校社區化（中小學），師資自由化之後，教師會有外在壓力，促其上進。

這便是教改由底層部份向上層部份滲透的一個例子。

當然事情不會那麼簡單。教育改革必須變成社會運動。讓眾人參與，蔚為風潮，十年、二十年之後，它才會契合於這個社會，甚至為這個社會注入活力。

底層部份的問題，便是我所謂的「結構性」問題。結構性的改革，須由中央主導來推動。但上層部份的改革，例如課程與教學的改進，則須反過來由下而上，在學校與社區發酵成長。

2

對我來說，「九年一貫課程計劃」是冒進的改革。這個計劃目的在促使「教學多元化」。它的立意是好的，

但推動如此大幅度的課程改革，由上而下，規模又如此浩大，會有很多無法預估的風險。**即使執意要全面推動**，至少也須先從「點」出發，再回來擴及「線」與「面」。換句話說，在各類性質相近的學校群（視為一「區」）中，擇一兩「點」開始實驗，徵求有能力又熱心的教師在這些實驗學校進行協同教學。實驗過程中，須密集進行跨校性的觀察與研討的活動，讓種種意見不斷來回穿梭於區內各校教師之間。修正教學方法，累積經驗，將經驗編印成冊，再逐步擴及各校。

課程改革，尤其教學改革是最細緻的事，因為教學現場千變萬化，每個教師的個人條件不一，由上而下的全面改革，應盡量避免。對於教育大環境的塑造，我雖主張應大刀闊斧，並反對枝節的修補，但對於課程與教學，我則認為應小心翼翼，謹慎從事。經由小型實驗，逐步去累積經驗的過程，是不能省略的。

另一方面，即使是大刀闊斧去改造結構，改造教育大環境，也必須發動社會參與，我在《台灣教育的重建》一書中，曾不斷強調這種「參與民主」的精神及其實踐。

據我了解，這幾年教改的主軸為「多元入學方案」與「九年一貫課程計劃」。前者實施「多元入學」，是為了搭配後者所要貫徹的「多元教學」。兩者相互扣合，才能打破以往單元化的僵固思維。晚近的教改路線，便以「鬆綁—多元」為主軸，企圖取代已往「規劃—單元」的教育控管。

可是這樣的教改路線，因為忽略了作為結構的底層部份，而冒然動手改革上層部份，顯然存在幾個盲點：

1. **輕忽教育大環境的惡劣**：升學供需嚴重失調，縱使教學多元活潑，升學壓力仍然存在，學生心智很難釋放開來。「升學多元化」意味升學錄取標準必具彈性，但升學供需失調，家長學生心情緊繃，對升學機會必斤斤計較，難以容忍具有彈性的升學錄取標準，再怎麼周延的升學方案，也會不斷遭到大眾質疑與詬病，類似今夏恢復聯招之爭議，必連年不斷。又大型學校，秩序第一，科層管理，節奏緊張，教師與學生在學校的生活不會自在愉快。只有小校，才能發展校園民主，好的教師才能發揮他（她）們正面的影響力，學生的個體需求，個別差異，也才能被照顧。小校不一定就解決所有問題，必須配合去科層化及社區化，但大校一定問題重重，辦學很難回歸教育目的。

2. **貿然全面實施，未先累積經驗**：教學改革應該是演進的（evolutionary）過程。省略這過程，會有不易預見又難以彌補的後果。「九年一貫課程」中協同教學，自編教材的精神，此前雖有零星的幾個典範出現，但未如上述深入各區基層，亦未充分累積經驗，後果堪憂。

3. **基層參與不足，上下存在鴻溝**：教育部擬訂教改政策，雖有部份民間團體參與，但上下意見的流動不夠通暢。應先設立「教改（幹部）實踐營」，廣邀基層教師與家長報名參加，分梯次研討教改政策，每梯次為期二至四週。在此日夜相處，深度討論教改政策，提出可以預見的

困難，並蒐集修正意見。結業後幹部回學校與社區繼續舉辦小型座談會，與社區家長及教師充分溝通，並向上反映意見。

在台灣推動教改，會出現這些盲點，並不令人覺得意外。1994年發動410教改運動之後，我便察覺台灣的菁英主義，不只存在於當時保守的執政者之中，事實上絕大多數的知識分子都經常不自覺的掉入這種菁英主義的思維之中。

3

上述這些盲點的根源，都來自菁英主義。我無意怪罪或傷害任何人。多年來我看見多位從事教改的人士，從決策者到基層，盡皆殫思竭慮，為下一代的福祉奉獻心力。對於他們的努力，我始終心懷敬意，其中有許多我尤其尊崇的人，我無法一一列名，以表達自己心中無限的敬意，因此深感不安。

不過，台灣教育積弊已深，教育改革變成一項浩大的社會重建工程，要完成這項艱鉅的事業，依賴的不只是熱誠與奉獻，更須大家重新檢視自身的意識型態。菁英主義是知識分子難以擺脫的意識型態。教改不經過一番思想論戰，不會步上軌道。

菁英主義在思維上有幾個重要特徵。讓我稍加分析，便於大家重新檢視當前的教改路線：

1. **公平論**：不承認菁英階級（尤指文化菁英）既有的優勢地位，而認為自由競爭是公平的，把競爭的結果解讀為上智下愚的必然現象，並用「適才適性」來粉飾升學競爭不公平的本質。

2. **觀念論**：認為人的內在觀念先於外在環境，觀念對了，事情就解決，於是略過外在環境的改善，企圖直接改變人的觀念。對於社會的負面現象，不探討制度與歷史的根源，便怪罪於民眾的觀念不對。封閉或專制的社會，是觀念論孳生的溫床，因為人民無法參與制度改革，只能接受現狀，把問題癥結推給別人的觀念，便覺心安理得。

3. **責任論**：認為（自覺或不自覺的）只有菁英階級有能力，而且應該扛起責任，做出決策。如果讓眾人參與決策，不只會品質降低，而且徒增紛擾。

對於菁英主義這些特徵，我並不全盤否定。我的態度是辯證的。例如觀念論：對於個人的問題，有很多時候觀念論是對的，但以觀念論來處理集體的問題，則經常會模糊焦點，或治絲益棼。對於身邊很熟悉的家長或教師，可以給他書看，與他討論，慢慢影響他的教育觀念，但擬訂教育政策，便不能直接要改變家長或教師的教育觀念，而忽略教育大環境的改善。

關於責任論：眾人討論人多嘴雜，時常莫衷一是，令人困擾。固然教改政策須由少數菁英大體擬訂，但擬訂後應發展公共論述，開放給公眾討論，並深入基層，收集問題及修正意見，小規模實驗不能省略，經慢慢累積經驗，取得社會共識，教改政策才能全面實施。大家一起在討論

中成長，並進而認同，這是教改的「參與民主」。「參與民主」比「菁英民主」穩固而進步。迷信「菁英民主」常人去（亡）政息，教改路線將搖搖擺擺，終至徒勞無功。

　　至於公平論，則牽涉到菁英主義的核心價值。人的世界是競爭的，尤其今日我們所處的資本主義社會，競爭無所不在，我們不能不教導孩子，讓他們有能力去面對這個充滿競爭的世界。但每一個孩子都是這個社會的寶貝，他們出生成長的環境不一，先天的文化資本厚薄不同，一個開明的社會必須保護他們免於太早面對過度的競爭，使他們在二十歲長大成熟之前，不因自身的先天條件而遭到歧視待遇。教育者尤其要竭盡所能，以這種開明平等的態度對待孩子。提倡分流教育，控管大學總量等教育政策，背後的論述都是公平論。

　　菁英主義事實上已深入我們（尤其知識分子）的思維。必須發展公共論述，覺察它的存在，共同思辨它的意涵，教改的方向才能凝聚起共識。下文我將分從上層部份的滲透與底層部份的改革，來談教改的實踐。

（中）底層部份的改造[6]

　　有些人認為教改會的教改路線已經吸納了410教改運動的訴求。可是對我來說，這不是事實。如果把1994年以前教育部所一貫主張以「管制與規劃」為主軸的路線，稱為

6　2002年12月6日完稿。

第一路線；而把教改會所提出以「鬆綁與多元」為主軸的路線，稱為第二路線；那麼410所主張的則是第三路線。這第三路線的主軸是「結構與自主」。也許我不該代表410說這是410路線，因為在410教改運動中，大家認同的只是那四個訴求：「廣設高中大學、落實小班小校、推動教育現代化、訂定教育基本法」；至於訴求的內涵是什麼，大家並沒有一起深入討論，取得共識。但作為410的發起人，提倡四個訴求時，我的想法是：前兩訴求意指結構的改變，第三訴求「教育現代化」則強調自主精神，但其順序則先結構後自主，才不致治絲益棼。

至於第四訴求，可將它看成結構的補強，企圖從法律面去尋求自主精神的正當性，尤其在教育基本法的位階高於其他教育法令的時候，更能保障自主精神的貫徹。

改善作為結構的教育大環境，然後讓事務自主發展，這樣的精神一直貫穿於我當時對教改的論述中。即使我不代表410，這種論述還是有別於第一與第二路線，稱之為第三路線應無疑義。有人說這第三路線可以稱為「自由主義左派的教改路線」。從思想面來看，這種說法還算相近，但就實踐面來說，則先不宜貼上標籤，以免因人的成見而轉移討論的焦點。

第三路線跳脫菁英思維，把改革的主力先放在結構（亦即上篇所說底層部份）本身。第三路線當然也主張「多元」，可是它認為多元是長出來的，而不是因要求得來的，這就跳脫了菁英思維的唯心主義。多元可以鼓勵，

可以嘗試實驗，但不能要求。在本文上篇我指出：試點實驗累積足夠經驗之前，便全面推動九年一貫課程計劃，是冒進的改革，其立足點便是這種第三路線的精神。

所以我一直覺得不同的教改路線背後，存在著不同的意識形態。所謂的「意識形態」（ideology）並無關乎目前無所不在的統獨情結。事實上，意識形態便是人心中成了形的世界觀（world view）。到1994年底，我公開呼籲教改要面對意識形態，希望大家共同討論這深層的問題，教改才會有出路。其實不只在教改，在其它領域的社會改革，都潛藏著意識形態的問題。我總覺得台灣要經過較深層的思想論戰，社會才能往前躍進。教改不過是其中一環。

4

為什麼要進行教改？

今天檢討教改的方向對不對，爭論教改的政策有無偏失，要先回來問當時為什麼要進行教改。

對我來說，過去幾十年以管制與規劃為主軸的單元化教育，嚴重束縛了人的心智，限制了人的視野。學生在學校教育中耗盡絕大部份的時間心力，所得到的常只是知識的表皮，不是知識的血肉。學生在學校裡讀了十幾年書，心智沒有變得比較成熟，反而越與真實世界隔閡。同時，學生在學校裡學到的是規矩，是人云亦云，但不是創新，不是獨立思考與多元價值。

進行教改，便是要改變這一切，釋放學生的心智，打開學生的視野；吸引他們深入學習，自由思辨，發展個人潛能，連結知識、經驗與生活，重返真實世界。

論者常說：我們的教育最大問題出在五育未能均衡發展，只重視智育，忽略了德、體、群、美四育，教改的重心應恢復五育並重。我的看法不盡相同：我們五育都沒好好發展，連智育都嚴重扭曲，台灣學生的成熟度普遍低落。

無論如何，十多年來倡導教改者都同意

讓孩子們紮實學習，快樂長大

是教改的共同目標，也是教改的大夢。到1994年410民間教改運動的前夕，這個目標也成為社會的共識。基於有這共識，一時教改才蔚為風潮。

可是這十年來教改進行的方向，能否達到這個目標，是教改者必須隨時深入基層，用心檢視的工作。教改政策對不對，應以逐步達成這目標為檢驗的標準。另一方面，國家與社會對教改的工作，是否提供足夠充分的資源與支持，使教改者能放手去改善教育大環境，亦為教改能否回歸原始目標的關鍵。也因為這樣，教改必須發展公共論述，尋求社會對教改政策的支持。

對我來說，要回歸教改的原始目標，使學生紮實學習，快樂長大，必須先釋放學生的心智，解除學生身上升學的壓力，解除學生在學校因受重重管束而抑制其自由心智的壓力。這兩種壓力，用410當時的語辭來說，便是升學

主義與管理主義。

　　任何教改政策若無法有效紓解這兩種壓力，將只有徒增困擾。例如，實施九年一貫，進行多元教學的同時，如果學生心理仍承受升學壓力，那麼學校教得越少，學生課後反而補得越多；學校教得越活潑多樣，學生負擔反而越沈重。這是教改者不能不面對的現實。升學管道多元化，並無法扭轉這個現實。因為學生想要升學，終究要看考試成績：基本學力測驗、學科能力測驗、指定科目考試或在校學業成績。考好了升學機會大，考不好升學機會小。這是極為現實的問題，教改決策者不能不面對。目前教改政策的主軸：「多元教學，多元升學」便能釋放學生心智的想法，實在令人置疑。

5

　　自1994年民間教改運動呼籲「廣設高中大學」以來，學生升高中大學的機會確已大幅提高。國中升高中職的機會達100%，其中高中與高職在學人數之比，從1994年約3:7，到2001年接近5:5，進入高中的機會也已相對提高。

　　至於升四年制大學[7]的機會，1994年為16%，1998年為27%[8]，至2001年超過30%。

7　含技術學院，且日夜間部合計，唯不含二年制專科。

8　滿二十歲但未滿二十一歲者在大學日夜間部就讀之人數：男50,940人，女52,751人，合計103,691人，同年齡人口約三十八萬（90學年度滿二十歲未滿

在1994年時公立大學有15所，至2001年增為27所。私立大學則自8所暴漲為33所。

照理，升學瓶頸已經打開，升學壓力應隨之紓解。為什麼大家都仍那麼計較升學考試？為什麼學生的升學負荷仍那麼沉重？

菁英思維的觀念論復活了：家長與學生的觀念不對，我們的文化出了問題，大家都要擠明星高中，擠明星大學，這是虛榮心理。我不否認我們的文化有問題；但擠明星高中，是因有較好的機會進像樣一點的大學。擠明星大學，是因為台灣只有為數極少的大學還值得一讀。這都是現實的理由，而不是單純的虛榮。

我們必須檢討這八年來教改決策者，是不是認真回應了民間「廣設高中大學」的訴求，還是只是因為節省國家資源，或受制於菁英思維，而把升學機會大量灌水？

比如說，近年大學容量急速擴充，不是因為政府花了心思投入資源，好好為國民多辦些像樣的大學，而是政府抄短路走捷徑[9]，把大量公私立職校專校升格為技術學院，然後又經改制躍稱大學，以致品質浮濫，收費又貴，家長學生不想進這類學校，是理所當然。景文案只是冰山一角。台灣像樣的大學屈指可數，即以我個人來說，我不

二十一歲之人口數為379,578人），得該年齡人口之大學淨在學率為27.3%。資料來源《90年度中華民國教育統計》頁116–117。

9　這便是吳京部長任內的所謂「第二國道」。

會願意我的子女進入那些升格或改制的大學（也許有少數例外）。如果時光倒流讓我再度年輕，我更不想進那些大學。我寧可重考或四處去流浪。我不是虛榮，更非無知。反過來，是因我很清楚進那些大學，學不到東西，混不出名堂，學風又不開放，處處都還在管理學生，限制學生的自由[10]。

紓解升學壓力，必須認真調節供需失衡的問題。德國是最重視技職教育的國家，技職人員頗受社會尊敬。1976年我赴德參加國際數學教育會議（ICME），便有德國教育學者說明西德於戰後經濟逐漸繁榮，中產階級興起，大多數人已不願送子女進技職學校，而希望能進大學，汲取全面的現代知識。政府亦體察此為潮流所需，並相信讓更多人進大學，會提高國力。事實上，到1990年德國大學生人數已暴增為60年代的五倍[11]。

在擴充大學容量的過程中，德國政府採取的是「提昇國民平均素質，培養未來人才」的前瞻性觀念。因此當德國擴充大學容量時，品質並未浮濫，更沒有靠升格或改制技職學校為技術學院或大學，來把升學機會大量灌水，敷衍社會需求，反而認真調節升學供需的平衡，由聯邦政府

10　1994年我曾說過，開放民間辦大學，讓學位自由化，出現野雞大學也無妨；一個人上野雞大學也比年年上補習班或混跡街頭好。這意思是大學應廣設，但國家應該負責設立多數像樣的大學。在學位完全自由化之後，民間有人辦一些野雞大學，其實也無妨。野雞大學至少自由開放。

11　1960年西德大學生為246,939人，至1990年則達1,208,018人。資料來源：顧忠華：〈德國教育改革的理念與制度〉，1996，頁20，表1，教改會委託專題研究22。

在各邦廣設許多品質良好的公立大學，稱為「改良式大學」[12]（Reformuniversitä et）。這是一個務實的國家面對問題的做法。

反觀近年台灣的大學因擴增而品質浮濫的情況。舉個例子來看：十多年前某些大學在聯考最低錄取標準的排行榜上時居榜尾，可是經過這些年大學容量擴增之後，這些大學的排行已高居中上，列名其後的都是新近升格或改制的學校。經升格或改制的大學，換湯不換藥，要由原來的專校提昇到大學水準，極為困難。在學校內部進行自我更新，到後來都流於形式，辦學者的學養與視野不可能因升格在一夕之間便突然提昇。師資亦然。

1975到1985年間，我常審查升格專校的教師論文。職校教師要搖身變成專校教授有兩條路：一為出去修個學位，二為寫幾篇研究論文。但人到中年，生活不似求學期間單純，學問要脫胎換骨，談何容易？修個學位，非來自內在求知的動機，很難進入學術問題的核心；至於寫幾篇研究論文，因專業訓練不足，只能東抄西抄。由於這種結構性的困境，約在1985年之後，我便因於心難安而拒絕再審這種論文，也極力反對用升格或改制來辦大專院校。1992年製作《笑罷童年》影帶時，我曾大力抨擊這種以灌水的方式擴充高等教育容量的做法[13]。可是1994年民間發起教改運動，要求廣設高中大學之後，執政當局不僅不改過

12　同上，頁14。部分改良式大學是從一些精緻的小型學院加以擴充改制。

13　見《台灣教育的重建》，遠流，1995，頁222。

去把職校升格為專校的作風，更且變本加厲，大量將專校升格為技術學院或大學，使廣設大學有名無實。

我批評升格學校教師的專業能力，並不針對教師個人。我批評的是制度本身。許多教師並不希望學校升格，他們反而希望學校維持原來位階，維持原來學校的傳統風格，是升格的政策讓他們無所適從。

今日我們因教改流弊滋生而責怪家長學生觀念不對之前，必須承認多數大學品質浮濫的事實，而能設身處地，轉換角度去體會家長與學生的立場，尊重他們的理性選擇。

國中升高中的情況亦然。這八年來（從1994年民間教改運動起算）高中與高職學生人數已從3:7改善為5:5。但強制性的分流教育仍然扭曲學生與家長的意願，而許多品質不良的高中職更令人望而卻步。

所以問題的關鍵在於升學供需失衡。在經濟市場上，我們皆認為調節供需是天經地義；但在教育市場中，我們卻認為供需失衡的關鍵，在於教育消費者的觀念不對。

當然，國家不可能提供第一流的學校給每一位國民。**但至少要盡力去提供良好品質的學校**[14]。我們並不是沒有條

---

14 台灣除了少數幾所大學之外，其他多數大學皆遠遠不如加州州立大學的水準。加州州立大學原為二年制的state college升格上來的州民大學，純以教學為主，研究乏善可陳，相較於其他州的州立大學，如紐約州立大學、俄亥俄州立大

件去多辦一些像樣的大學，而是政府不肯承擔責任去辦，一味把辦大學的責任推拖給私人，造成今天不能紓解升學壓力，又品質浮濫，尾大不掉的困境。

我說「尾大不掉」，是因我們確實陷入泥沼。我頗肯定少數私校對台灣教育的正面貢獻；但為數眾多的私立學校辦學者卻志在營利，並非為教育的理想辦學，更談不上有什麼好的教育理念。這八年來，政府為照顧私校學生，大量補助私校，並思以此提高私校品質。但私校眾多，政府甚難一一監督。其實辦學成效好壞全看學校內部結構，企圖從外部監督，促其提昇品質，遠比另行創校還難。以今日大學容量暴漲，卻品質浮濫，私校林立尾大不掉的處境，教育要改革比起八年前大學尚未廣設之前，更為困難。這是因為教改決策者不思為教育挹注資源做根本改革，又對公、私立學校的定位混淆不清，所以致之。回首這段錯誤的歷程，真叫人痛心。

公立學校與私校有不同的定位，前者在提供國民就學的機會，後者則在發展特色，兩者分野不容混淆。廣設大學，政府應承擔責任，而不應推卸給私人興學。即以美國這種極為重視私校的國家來說，全國大學生人數進公立大學與私校之比高達4:1，在台灣則反過來為2:3。經過這八年私校人數更暴漲，使公私比再下降為1.4:3.6。

學、密西根州立大學、猶他州立大學等皆相差一大截。我做此註腳，乃因李遠哲先生曾以加州人安於進加州州立大學，而感嘆台美文化差異。如果台灣有許多像加州州立大學之水準，且其開放自由亦可相比擬之大學，我相信台灣學生亦必安於進此類大學，可惜事實不然。

怎麼辦？

<h1 style="text-align:center">6</h1>

　　我們必須跳脫菁英思維所謂「適才適性」的迷思，著手調節升學供需，才能紓解升學壓力，讓學生釋放心智，回歸教改的原始目標。

　　高中階段，應積極實施十二年國教，讓所有學生在本學區便有正常的高中可讀。分流教育不應強制，少數好的高職因學生市場需要而保留，以供**志願**提早進入技職系統的學生就讀。

　　十二年國教一旦實施，學生到九年級之前升學壓力可望大幅降低，這是釜底抽薪的辦法，也是**教改的正途**。從前國小高年級升學壓力很大，70年代實施九年國教，國小學生壓力便大幅減輕。當時實施九年國教，有師資準備不足的流弊，而且國中場地不足，投資匱乏，大班大校，管理嚴苛，不利少年身心發展。這些負面經驗都應引為明鑑，以防重蹈覆轍。但整體說來，當時實施九年國教是對的，減輕小學升學壓力，促進階級流動，縮短貧富差距，並增強後來中小企業的競爭力，間接幫助台灣其後二十年的經濟發展，這些都是正面的影響。

　　今日要推行十二年國教，必須堅持「一學區一校」方能有效紓解升學壓力，但有幾個問題必須處理：
　　1.經費須大幅增加；

2. 菁英高中（如建中、北一女）是否保留？

3. 目前高中職地理分佈不均；又現有私立高中職或存
   或續？

這些問題牽連頗廣，但需大刀闊斧，逐步解決。現實
情況我自己了解不深，僅提供一些可能的方案，作為問
題切入的起點，至於實際層面如何去動手，應就教於方家
（尤其教育行政專家、縣市政府相關人員），並集思廣
益，讓眾人參與討論。

前述（上篇）教改實踐營，是討論十二年國教的實際
方案，發掘問題，以集思廣益的重要場域，應先積極落
實。然後，讓我起個頭，談談我所想到的方法：

1. **關於經費**：教育牽涉國民才能的發展與國力的提
昇，影響國家未來面貌，至深且鉅，社會應有此共識，不
能只看眼前。而且今日教育的沉痾，肇因於過去半個世紀
用最廉價粗糙的方式來辦教育，重量不重質。進行教改必
須回饋過去辦教育低投資的短差，開始講求品質。最近政
府為振興經濟，**將投入數千億元以擴大內需，應順此將其
一定比例投入教育重建**。十二年國教等教改工程倘經費仍
然不足，亦可考慮縮短兵役年限為一年，每年節省數百億
公帑，充作教改經費，此案有利而無害。目前所有役男服
兩年兵役，浪費人力至鉅，亦嚴重阻礙各領域尖端專業人
才之培育。兩岸和平之關鍵，在於兩岸的政經發展，國
際情勢的演變，以及人民對生命的尊重，國家的認同，而
不在於兵員之眾寡。募兵制雖較理想，但遙不可及；又社

會替代役也非絕對必要，在服役年限縮短後，兵員若有多餘，仍可繼續實施，不能本末倒置。縮短兵役年限，既可增加國力，又符合民心，且能充實教改經費。此外，還可以考慮透過公民投票，凝聚社會共識以增加編列教育特別預算，逐年實施全面教改。

2. **關於菁英學校**：實施十二年國教，必須考慮少數菁英高中的存續。我雖反對菁英主義，但對菁英學校的價值則持肯定，因為這正是多元社會的典型現象。尤其台灣這幾所菁英學校擁有優良的歷史傳統，不能輕言廢置。但十二年國教要提供給國民的是社區內的平民學校，若依目前方式保留這幾所菁英學校，改為社區高中，那麼這些學校將繼續維持明星學校的地位，吸引優秀學生越區就讀，結果並無助於紓解升學壓力。為解決這個矛盾，須回歸前述公私立學校不同的定位：公立學校提供國民充分的就讀機會，私立學校則發展特色，甚至可以專門培育菁英人才。在實施十二年國教之前，不妨考慮將目前這幾所菁英學校私營化，鼓勵其校友會組織基金會優先接辦。菁英學校私營後，學費不受政府管制，致力於發展特色，甚至可著力於培育特殊資優人才。我們不能排除它發展成菁英的貴族學校，但政府可以補助它設置一般人民之獎學金，供少數特殊資優之窮人或小康家庭之子女就讀。至於多數九年級學生在社區中學免試直升十年級，不受這幾所私立菁英學校的影響。當然，社區內的公立高中，也要講求品質，使多數國民皆可得到水準以上的高中教育，如此才能減輕這幾所私立菁英學校對社區公立高中的衝擊力。

3. 關於學校分佈不均與私校存續：目前公私立高中（職）分佈不均，2001年全國高中有295所（公立162所、私立133所），高職有178所（公立95所、私立83所），但有些鄉鎮卻無一所高中職。現有高中職學生人數為：公立約41萬人，私立35萬人，實施十二年國教時，學生應依所屬學區在附近高中就讀。故原有公立高中職須逐年調整，使分佈日趨均勻，並將主管機關由中央改為地方，有些學區則須新設（擴大內需的部份經費，應挹注於此建校工程）。所有高中都應開設技職課程供學生選修，增進學生實用生活的能力，並促發手腦並用。高職轉型為高中，技職師資可至各高中開設技職課程。至於私立高中職則依其意願由政府收購、或公辦民營、或公私合營、或自外於國教系統，完全自由化，政府不得限制其學費上限，亦不涉入其招生方式，任其發展特色，回歸公私立學校應有的定位。

今年初教育部開始規劃「高中職社區化」的方案，雖也有心為實施十二年國教鋪路，但因受制於經費不足，而且教改大方向應否直指「十二年國教」的目標，亦未明白標舉，以致規劃出來的方案迂迴轉折，其中最主要的問題是學區超大，全國只分十數個學區，使學區徒具形式，學校難以融入社區，所謂「學校社區化」更易流為口號。我覺得實施十二年國教之議，應早點擬訂，求取社會共識，並列出實施之時間表，同時修改目前正在推動之「高中職社區化」，使對準十二年國教之目標，才不致大繞彎路，消耗大家心力。

十二年國教一經實施，目前高中入學方案的種種問題將不再成為問題，因為每個學生都直升學區內的高中，只有少數不想讀公立高中的學生，須準備去投考特殊的私校。這些私校各自用它們的方式招生，政府不必介入。國中的升學壓力自然完全紓解，而今日的國中基本學力測驗也變得可有可無。至於多元入學方案的爭議，更因無分配升學機會的問題而自然化解。

7

　　至於高中進大學的升學供需失衡，更是棘手的難題。前文已討論過：近年由升格或改制而設立之私立技術學院與大學，品質不良者為數眾多，加上私校接受政府的補助額迅速膨脹，這些私校對國家的依賴度越來越高，要使它們回歸市場機能，以提昇品質，已難上加難。

　　今日思考其解決方案，應以下列三事為立足點：
1. 回歸公私立大學之不同定位
2. 發揮市場機能，縮小政府介入的範圍
3. 學位自由化

　　公立大學在於提供國民就學的機會，這是政府不能逃脫的責任。近年因私校擴增，公立大學反而凍結不再增設，這是本末倒置的做法。理想的狀態是：政府視國民需要，好好多辦一些品質良好的大學，提供就學機會。對於私人則鼓勵其辦出一些具有特色，甚至高水準高品質的大學，以補公立大學之不足。但政府不應管制其學費，不應

過問其如何招生、招多少學生或設什麼樣的科系。

可是現實情況與此理想狀態，差距甚遠，須一步步調整，慢慢鋪路，但方向則須朝此理想狀態前進。

目前公立大學嚴重不足，所容納之學生尚不及大學總學生數之三成[15]。政府一方面須增設公立大學，另一方面則可考慮與辦學績效優良之私立大學（含學院）合作，在雙方同意之下訂契約合營，視同**準公立大學**，予以大幅補助，但督導學校經營帳目，改為非營利學校。其學費及招生等，與公立大學相同。

其餘私立大學任其自由發展或為市場淘汰，以提昇品質。政府基本上不加補助，亦不過問學費與招生等學校事務，但須發放給這些私立大學之學生足額的教育券，其面額不得低於公立大學之學費。俟公立大學及準公立大學之入學名額足敷需求時，再考慮停發教育券。

同時學位自由化，讓想設大學的私人容易辦大學，加入競爭，亦放寬國外大學來台設校的限制，提供學生充分的選擇機會。

新近增設的公立大學，或為國立，或為縣市立都好，但應以基礎領域，即人文學、社會科學與自然科學為主，

15　2001年大專院校學生總人數：公立318,314人，私立868,911人；其中就讀於四年制大學（含技術學院）者：公立195,610人，私立481,561人。資料來源：〈台灣教育的現況與展望〉，2002年，教育部。

不發展應用科學如工程、醫科與法律系。辦這樣的大學，所需經費遠較節省。用主修制取代科系制，且採純學分制代替現行的學年學分制（即六年修課年限），兼亦廢除「二分之一退學」之落伍又保守的規定。這些都為了開展新興的自由學風，發展知識男女獨立思考的能力，並刺激現有各大學的老大作風，促其進步[16]。

　　我對增設的公立大學會寄予如此厚望，是因現今各大學已放棄培養獨立思考、孕育自由心靈的任務，而專司訓練經建人才，扭曲了大學教育的功能。所謂通識教育或通才教育，只不過聊備一格。科系制度（即一進大學便分科系）使知識男女在剛步入青年正需發展獨立判斷的關鍵時期，便因分屬科系而窄化了知識視野，限制自己的心思於技術性訓練或所謂專業訓練，致力於謀求未來出路。這造成一代代知識男女的志氣狹小，開創力萎縮。大學不是複製主流價值，訓練技術人才的場所，而是孕育批判創造，催發社會更生的源頭。可是以目前各大學的既有體質來看，做內部改革毫無機會。要發展知識男女獨立思考的能力，孕育知識青年自由創造的心靈，唯有另起爐灶，新設大學一途。新設大學不慮人才匱乏，應積極延攬海內外專業人才（不限制台裔、華裔）回來，辦學者必須心智遼闊，崇尚自由，於開創之始便樹立起自由學風，讓知識男女徜徉其間，以知識為基礎，自由思辨，自由討論。這類大學重視人文、社會科學、自然科學等基礎領域。學生在此汲取各領域重要思潮，附加主修學科，以為日後步入

16　參見篇四之二〈獨立思考與主體經驗〉。

社會或上研究所而做準備。大學內師資仍分系所，以求專精，但學生不分科系，只選主修學科。

又改目前學年學分制為純學分制，不規定修業年限。學生想學的時候再學，學習效果會好得多，不想學便任他心思遊蕩，去經驗自己生命存在的意義。強迫在六年之內畢業，且每學期不及格科目不得超過二分之一，是違反大學自由學風的規定。

人的學習，必須清楚自覺本身主體經驗的存在，而延伸此主體經驗，至知識中所蘊涵的客體經驗，才能發展出獨立思考的能力。不然，人會被知識異化，會被外在的客體經驗工具化。強迫性的學習，只能訓練人成為技術操作員或所謂專家，培養不出獨立思考的能力。

近年大學自主之後，原有大學受制於本身的保守體質，任何進步的變革，皆容易遭致大學內部的抗拒。而且原有大學依過去設計，皆以培養專業人才為主要目的。近十年來，與經建相關之應用科系，更大幅膨脹，基礎領域反而日益壓縮。要跳脫這種大學庸俗化的格局，唯有另起爐灶，新設另類大學，吸引真正愛好知識，喜歡思考又崇尚自由、批判與創造的青年就讀。我做這種建議，看似理想，而不符現實。尤其處在今日超級資本主義正席捲世界，劇烈改變人類社會，每個國家都汲汲營營於提高國家經濟競爭力的時代，談獨立思考，談自由心靈，更好似荒腔走板。但仔細思索，沒有這種重視獨立思考的大學，台灣的未來只有隨波逐流。我所持這種不合時宜的建議，其

實只是個小轉彎，用兩三百億的建設，轉了這個小彎，對於台灣新教育、新文化、新思想、新社會，將有深刻而長遠的影響。二、三十年之後，因為這個小轉彎，我們便會來到一片大原野，美麗開闊而生機盎然。

讓我以澎湖的文化建設，結束本節的論述。近年澎湖宜否設立賭場一案，引起多次爭議。澎湖縣民期盼繁榮地方，但設賭場難以得到全國共識，因此爭議不休。事實上，澎湖四面環海，小島遍佈，而風景怡人，頗適宜設澎湖大學，類似夏威夷大學，成為國際學術研討會舉辦的定點，兼供渡假休閒。每年夏天可將各領域學術或其他性質之研討會，在澎湖大學舉辦，借此亦可繁榮地方，並提昇澎湖文化水平，留住外流人口。

8

現在我們來談小校。

學校如果有個美麗的校園，學生與教師到學校的心情會很自在愉快，上學上課的緊張焦慮自然消除大半，學習的意願與效果，也會大幅提高。同時，學校的校園、建築與草木便是重要的潛在課程。美麗的校園將孕育人的美感，人性化的建築會促發人良性的互動。美育與德育在草木扶疏的學校環境中已完成了大半。

可是我們從來都忽略學校環境。大部份的學校尤其都會學校，校園都極為醜陋僵硬。三、五千人擠在一起，每

年級二、三十班以上的大校則比比皆是。從前鄉間許多融入自然、令人留連的校園，近二、三十年間，也捨自然而就人工。多數建築物上拼貼著磁磚，與四周自然景物格格不入，有些彩色構圖，更狀似童真，實則造作。又校園內砍掉許多老樹，鋪上水泥，只為減少落葉，好維護整潔。學校校園整修，應做景觀評估，並請專業人員規劃。由不具美感的校長或行政人員在主導校園建設，正好佐證了教育作為複製機器的本質。

「青青校樹，萋萋庭草，欣霑化雨如膏」，校園陶冶人的性情。我們好像老早忘掉這句話深遠的寓意。1994年教改運動時，民間曾提出

——讓學校變成花園，讓孩子擁有童年。

但依這十年教改的步調行進，這個大夢不知還要經過多少個世代，才可能兌現。

盧梭的名言：「自然是最偉大的教師。」今天我們常把焦點集中在課本的教師，卻忘了這位人類心靈的偉大教師。有了這位偉大的教師，學生心靈的陶冶、知性的發展，才有依歸，連知識的學習也都將事半功倍。

410教改運動的主要訴求之一「落實小班小校」，這八年來只有其中「小班」多少引起重視，小校問題則始終不受注意，原因是小校牽涉土地與工程，自始便束手無策。這種觀點再度顯示菁英思維的局限。大校問題不解決，教改無法切入核心。發展公共論述，尋求社會支持，擴大社

會參與，事情才會有轉機。迄今各任部長及教改會，皆關起門來不多加思索，便宣告事不可行，而讓小校之案胎死腹中。這是菁英思維中的責任論[17]。

教改決策者應「微服出巡」，至各都會大校「蹲點」數日，靜靜觀察學校每日動態，看師生如何辛苦作息，聽擴音器如何吼叫，用心體會集體秩序下的緊張焦慮，才會真正了解大校問題的嚴重性。

幾千人的大校，校長必須是一個集體秩序的管理者，而不是一個重視個體差異的教學領導者。教師每天維持課堂內外秩序所承擔的負荷，也使他（她）們再無心力靜下心來，聆聽學生的言語，與學生做朋友，進入不同學生的內心世界。大校必須嚴格進行科層管理，這與學校內部的權力結構應盡量**扁平化**，兩相矛盾。中小學的校園民主，不應該停留於形式上的或權力制衡式的制度民主，而應該是生活上的、精神上的，師生由內而發的，相互尊重相互支持的內在民主。只有小校，才能發展出這種真正的校內民主，讓學生在學校學習到內化的民主態度。大校的集體管理，反過來會使學生習於集體主義：只求外在形式，不問精神內涵。

在小校，只要引入一個有教育理念的好校長，校內氣氛便會轉變，管理主義也容易消除。但在大校，即使引進整批好的行政主管，集體秩序的強大壓力還是一樣存在。

17　參見本文上篇第3節。

這個差異，說明了結構不能忽視，也說明了為什麼解決大校問題是屬於底層部份的改革。

先要認定大校問題不能不解決，認定塑造人性化的學校環境，自在愉悅的教學空間，是教改者不能不處理的課題，我們才能絕處逢生。負面思考永遠無法解決困難。

關於小校所需的土地，都會區及其附近，近年有許多閒置或即將閒置的公用土地，其中原屬政府機關或國營事業用地者，近年都在大量釋出。八年前政府藉口都會土地取得困難，拒絕考慮縮小學校規模。事實上，**這八年來許多公用土地撥給政府其他單位或大量轉手至私營企業**，延誤小校設立的時機，使落實小校越來越困難。此時應盡速進行國土規劃，**全面清查這些公用土地**，視需要列入小校計劃，以免財團覬覦。**此事尤其刻不容緩。**

正面思考使人萌生創意。解決大校問題，須廣徵創意。我寫《台灣教育的重建》一書時，曾提出：在山明水秀的山區或海邊，設些花園似的寄宿學校，讓都會區內的國中或高中生**依志願**遷至這些寄宿學校；所騰出的都會校地，經打散換地，再蓋都會區的小型社區學校[18]。

實踐這種構想，須政府相關部門協助配合。亦須進行社會動員，讓關心教育的家長們來參與校園重建。行政院將成立的教改推動委員會，若能主導此案，透過跨部會的

18　相關細節請參見該書1996年增訂版。

協調，將可克服許多教育部獨力無法處理的困難。

　此案有諸多好處：

1. 解決大校問題，讓學校變花園。
2. 讓發育中的青少年遠離擁擠的都會區，接近自然，寄情於山水，有益身心健康及陶冶美感。
3. 紓解都市人口、發展地方。文教及相關事業為無煙囪工業，少有污染。又設校於偏遠鄉鎮，也會吸引家長教師遷入地方設籍，繁榮地方。
4. 配合政府擴大內需，將工程用在校園重建，並刺激地方住宅建設事業，提供就業機會。

9

　關於調整教育權力的問題，除了學校內部於縮為小校之後，容易推動權力結構扁平化，實施內在民主之外，學校教育必須接受社會監督。過去學校指揮權在政府手中，進行由上而下的掌控。這些年權力逐漸下放，但在社會日趨成熟之後，最後監督權應直接下放到社區，讓學校融入社區，發展出「學校（專業）自主，社區監督」的現代教育型態。這才是「中小學社區化」與「師資自由化」的涵義，也才是410的第三個訴求「教育現代化」的精神。學校融入社區，可拉近知識分子與庶民間的文化落差，促使社會現代化，又可打破教師的封閉性，使其心胸向社會開放。關於這件事，實施時程須看社會成熟的程度，牽連較為複雜，不能冒進。必須先找社區動員較好及文化水平較高的社區作為試點，進行「社區學校」的實驗，以累積經

驗。我將在本文下篇中，把它作為教改多元發展的一個環節，詳加敘述。

在學校由社區監督的政策逐步推行的同時，一方面各校應先發展PTA的組織（Parents and Teachers Association，即家長與教師結合的組織），促成雙方相互融入；另一方面也須將社區主義的概念帶入學校，讓學校慢慢融入社區。

這個過程需要學習與成長，也需要凝聚社區意識，進行社區營造。

一個可行的方案是成立社區中心。社區中心將直接催化社會成熟，多年來我不斷鼓吹社區中心的設立，因為它對台灣社會的基層細胞，將從根本產生難以意想的正面作用。

社區中心佔地約三至五公頃，土地來源如第8節所述。其功能含社區居民學習、社區居民參與決策，及社區居民運動休憩。社區中心從硬體規劃到軟體設計都應為真正的開放空間。中心內設置：
1. 社區圖書館、社區文化中心、社區大學等；
2. 社區規劃委員會、社區營造中心、社區教育委員會、村里民大會等；
3. 運動場、綠地步道、游泳池、藝能活動及表演場等。

提供社區居民（含學生）日常活動、學習、參與社區

事務之用。空間規劃要活潑舒適，長時間向社區居民開放，不設門禁。這樣的據點會吸引居民經常前往使用，在那裡一邊學習一邊參與。很多點子、很多想法、很多有意思的行動、有特色的文化，會從那裡慢慢滋生成長。社區大學的經常性課程，使夜間燈火通明，人氣旺盛，帶動居民吸收種種進步的現代思潮，充實知識，思索人生。村里民大會、社區營造、社區規劃等相關社區事務，則會吸引居民參與社區決策。然後運動、舞蹈、音樂、劇場等種種活動，自然讓人留連忘返。

這也是我所說的底層結構之一。政府能做的是這種底層部份，而上層的文化就放心交給人民去發展，但同時要把權力與資源下放。

不過，社區中心與教育改革有什麼關係？社區中心有社區教育委員會，用來監督學校，並促使學校融入社區，而社區大學開設一些教育課程，讓家長與教師在學習中（而不是在角色的對立中）進行對話，從而為發展PTA組織提供相互了解與良好互動的基礎。

（下）向上層部份滲透[19]

寫完下篇，已入舊曆歲末。月來斷斷續續，不意又磨出兩萬多字，算完成了這篇教改的文章。

---

19 2003年1月13日完稿。

翻過新年，教育部長黃榮村公開宣布要積極推動十二年國教，儘管問題棘手，他選擇「嚴肅」面對這結構性問題，努力克服困難。在歷來教改決策者之中，我們首次看到教育部長肯面對結構性問題的遠見與擔當，提振起人民的希望。

　　旬前立法院爭議應否恢復統編本，問題仍在單元與多元之間擺盪。但結構問題不處理，迫於升學現實，多元徒然增加學生負荷。當局能夠對症下藥，早日解決結構問題，這類爭議自然會漸漸減少。事實上多元開放是時勢所趨，但教育大環境若未能改善，只會使教改者空自消耗熱情，終致頹敗無成。

　　我希望寫在本篇（即本文下篇）中的，是實際可行的事，但與其視它為處方，不如當它為教改者的一種踏實的態度與辯證的方法。我不敢稱之為處方，是因自己脫離教改實務已久，唯恐閉門造車。

　　教改底層結構的問題，便是改善教育大環境。什麼是好的環境？所謂「好的環境」是指人在這樣的環境下，人性中那些好的成分會逐漸流瀉出來，聚集一起，相互激盪，形成那個社會的主流，這時社會就有了希望，人就會過得快樂而充實。而「壞的環境」則正好相反。今天台灣的教育大環境亟須改善，便因為它實在是個壞的環境，學生的內在發展被扭曲，教師的視野被窄化，熱情被消耗，家長更是日夜處在焦慮之中。像升學供需失調，大班大校都是壞的教育大環境。前（上、中）兩篇我已費去相當篇

幅說明改善這結構性問題的方法。本篇（本文下篇）我假定教育大環境已積極在改善，這時它的正面影響自然會向上層滲透，影響人的觀念與作為。但在這個自然滲透的過程中，教改決策者仍應積極參與這滲透的過程。

我選擇在滲透的過程中一些重要的教改工作，作為下篇主題。這不表示未經選擇申論的題材便不重要，例如：弱勢者權益的保障、原住民的教育自治、大學教育品質的提昇與改學年學分制為純學分制的深遠影響、學生基本能力與抽象能力的培養在教學中所佔的位置、教材教法本土化等等。這些都是極為重要的問題，等候大家再挖深討論，多方面發展公共論述。

本篇的寫法，看似瑣碎，實則脈絡清楚。我先談教改的推動須視為社會運動，透過教改實踐營、公共論述與蹲點紮根，讓教改深入基層（第10、11兩節）。然後開始討論上層部份的教改，使多元發展慢慢生根及擴散。

我基本的看法是：多元是長出來的，因為它是從土裡長出來，不是從天上掉下來的。由不同土壤長出不同東西，這樣多元才有意義，因為它反映土壤的特色。第12、13節，我討論如何鼓勵各校教師群提出開放教學計劃，修正、累積並擴散新經驗，並指出「垂直鼓勵」的謬誤，主張應代以「平行鼓勵」。第14、15、16節，我再釐清「適才適性」的迷思，從而說明重視個別差異是「教育現代化」的核心課題，不管課程與教材如何改革，必須重視個別差異才能有教無類，「把每個孩子帶上來」，而不徒託

空言，另一方面也才能培育出菁英人才，不至於矮化整個社會的智力。這是教改決策者不能袖手旁觀的事。

　　第17、18節談充實中文圖書與參考資料，尤強調製作光碟教材及弄好社區圖書館。第19節則論及：設實驗學校發展不同類型的多元教育，我特別討論開放教育實驗學校、自學實驗學校與社區實驗學校三種類型。因為讓這些類型的學校累積經驗之後，可能變成台灣教育現代化的典範類型，而將它們的經驗逐步擴散至一般體制內的學校。這裡我所談都只是一般現代國家的教育。如果把教育分三階段來看：「後封建教育」、「現代教育」與「理想教育」。我們今日的教改，目的是要把台灣的教育，從後封建教育提昇到現代教育。至於理想教育，像夏山學校、溜谷學校、森林學校、華德福學校之類的層次，則未在本文討論之列。

　　末尾兩節，我先回來談「九年一貫課程改革」的實施（第20節），分析其意義與潛藏的問題。相關的內容我們一路走來已談了很多，這裡只再作補充。最後我再討論月前引起輿論關注的「建構數學教材」。自兩三年前在中時時論廣場上偶然看到滕楚蓮、林長壽兩位教授批判建構數學教材的文章，我才注意到它的發展及其嚴重性，隨後李瑩英、張海潮、翁秉仁三位教授亦撰文分析[20]。這事使我想起60年代美國大規模推行新數學教材遭致失敗的經驗，前

20　李瑩英，〈建構數學與數學教育〉，2002，www.math.ntu.edu.tw，其他相關文章亦可在同一個網站下載。

後相隔四十年，改革的方向背道而馳，但其機制則如出一轍。真是一場歷史的弔詭。教育改革者的自我封閉，是共通的癥結所在。教改時機一縱即逝，若未抓對方向，未深入基層，便率性而為，失去社會信心，則良機不再，令人感嘆。

<h2 style="text-align:center">10</h2>

教改的底層部份處理之後，教改決策者的工作已經完成大半，上層部份應盡量讓事務自主發展。這便是前述所謂「結構／自主」的第三條路線。

換句話說，當教育大環境大幅改善，學生的升學壓力紓解，校園環境自在愉快，教改決策者該做的事便只剩：**協助**自主的多元發展，**鼓勵**教學細緻化，並維護社會正義，讓弱勢者的教育權利不致在自主發展中被相對壓縮。

像今天教育部花巨大精力在處理的多元入學方案、基本能力測驗，事實上都不是教育部門份內的事。教育部門的核心課題是讓每一個孩子得到最好的內在發展，而不是在分配教育機會。可是幾十年來教育部門除了早期兼有管制人民思想的任務之外，後來所推動的教改工作一直陷在分配教育機會的泥坑，像自願就學方案、多元入學方案、甄別性的基本能力測驗等，原因是不先改善教育大環境，致使教改工作老是圍繞在問題邊緣，無法切入核心。

如本文上篇所述，由上而下的改革，只宜先處理結構

性的教育大環境。升學壓力大幅紓解之後，多元教學才可能落實，例如教材多元化，一綱多本，為什麼會紛擾不斷？為什麼反而會增加學生負擔？就是因為升學壓力，致使基本能力測驗都要拿來作為升學能力的甄別，而無法用來當作門檻[21]，教材多元化，考試卻統一，矛盾出在這裡。多元入學方案的骨子裡，還是有大規模的統一考試，在升學時用來篩選學生。不解決升學壓力，便無法發展多元教學。九年一貫計劃，如果目的也要促使教學多元化，實施起來亦將扭曲原來之意。結構健全，才能期待多元的自主發展，多元是長出來的，而不是要求得來的，菁英思維中的唯心主義，不碰結構，企圖要求多元，是本末倒置的做法。

結構大體健全之後，多元的自主發展便是由下而上的事，教改決策者所須扮演的角色，只是協助及鼓勵多元發展與維護弱勢者的權利。

但不論是由上而下的結構性改革，或是由下而上的多元自主發展，都需擴大參與。參與的過程是長時間的、密集的對話與相互說服，而非時下拘於形式，無法深化討論層次的座談。

除了發展公共論述之外，本文上篇所述的「教改實踐營」，需努力經營，以擴大參與，並深化討論。教改實踐營討論的題材，涵蓋全面性的教改政策與其背後的教改哲學。長期而無限梯次的舉辦實踐營，讓一批批來自全國各

21　立委王拓2002年12月25日在「台灣智庫」談話。

個角落的教師、家長、校長、學生、教改工作者，經自由報名或推薦，齊聚一堂日夜相處，密集交換經驗，每梯次為期兩週至四週。

教改決策者先確立教改政策的架構，但保留給參與者共同修正其內容的空間，討論起來參與者才會有熱誠；要避免變成由上而下的宣導說明會，議程切忌流於形式。開放討論，分大型與小組，時間要長，討論要能深化。每一梯次的討論，要適度整理出要點，會中排出時間以共同閱讀相關資料，避免問題不斷重覆，無法深化。

教改決策者要先在周邊培訓教改核心幹部，由這些核心幹部去帶領實踐營，並在實踐營中培養新血，一代代逐漸接替相關工作。首批教改核心幹部可自大學及中小學借調有熱誠而具教育理念的教授或教師，長時間免除其原有職務，使專心投入教改工作，亦可自民間約聘優良人選，參與教改核心工作。實踐營的基本精神為親和、誠懇、開放、包容；而溝通方式須掌握平等對話的真義。核心幹部必須有這種基本素養及良好的論述能力，才能使參與者產生共識，激起由內而發的教改熱情。

參與者經實踐營討論之後，應回基層辦種種座談會，把教改的基本理念及政策，清楚細膩的在基層向教師、家長與學生說明，逐步使社會形成一股堅持教改的力量，而教改核心幹部，亦須不定期至基層「蹲點」觀察，了解基層，並發掘問題。

教改運動來自民間，也必須回到民間。教育改革的事業直接關係於每一個家庭，甚至每一個人，它必須是一種社會運動，一種教育重建的社會運動，讓大家在參與中看到亮光，看到明天，讓它的根深入基層的土壤，教改才會成功。

11

　　為了闡述「蹲點」觀察的重要性，讓我用些篇幅先談談自己早年從事教育改革時經營基層的經驗，以供參考。

　　1972年，台大數學系接受教育部委託編寫高中數學教材。1974年春，我剛卸下中央研究院數學研究所代理所長的職務，全時間回台大任教。在蜀中無人的狀況（大家都很忙），我接下編寫第三、四兩冊教材的工作。兩個多月中，我蟄居中研院數研所圖書館內奮力寫完兩冊書。我原以為寫完書便可以脫身，回去做數學研究。但書寫完，心中便開始盤算，如果不與中學教師們密切接觸，讓他們了解教材的精神，這套教材如何能使用？於是在數學系同仁的協助策劃下，辦了幾個梯次的研習會，但一邊辦研習會，一邊便發現教材使用時可能面臨的種種問題，覺得自己不能就此撒手不管，於是又自動到教育部費盡唇舌，請教育部向台大借調，讓我至彰化高中試教一至兩年，弄清楚教材適用的大小問題，以便於日後修訂。

　　1974年秋，我開始至彰化高中「蹲點」，住在彰中校園。同時一年之內，跑遍全「省」五十多所學校，並辦一

份「數學教室」的雜誌，每月一期，與全「省」各地高中師生用書信討論教學現場的問題。

「蹲點」使我深入了解當時台灣教育的問題。各地巡迴研討，更使我看到這些問題的共相，不致陷於一校一地的經驗。我不喜歡教學觀摩或教學座談，這些都容易流於形式，而且勞師動眾，徒費周章。我希望各校可以讓我免除那些表面文章，直接與師生自由訪談，參觀課堂上日常進行的教學實況。一些學校也願意配合，有些教師更主動邀我去看他們怎麼教，與我相互切磋。寫這些往事時，我心中浮現花蓮女中鐘國和老師在黑板上與學生一起思考，一起呼吸的情景。他對數學的喜愛寫在他臉上，他對孩子的摯情流露在他的聲調裡。可惜他英年早逝，許多年後，我還時常想起他在課堂沈思的面容。那段期間在花女的學生，對他應記憶深刻。我試教一年之後，對學校那些好的事務銘記於心，對那些壞的事務也一清二楚。我近身觀察學校師生如何互動，校長如何管理教師，補習班、業界如何介入學校，家長會如何運作，同時我教了兩班學生，試圖了解他們的感受。蹲點試教，讓我經常與學生、教師及學校行政人員相處，漸漸看清楚不同層面、不同角落的問題，並進一步認識到台灣數學教育的問題，不出在數學教育本身，是教育出了問題。而台灣教育的問題，不出在教育本身，是政治出了問題。

換句話說「結構」出了問題，想局限在數學教學上做什麼改革，其實無補於事。學生一路被逼著走，天天考試，日日煎迫，沒有空餘的時間靜下心來思考，更談不上

有時間做夢。學校好的老師被冷落，差的老師反而被重用。教師也被趕著走，教師的正面作用不能發揮，教學研究會失去研討的功能，教師之間沒有研討，教學沒有創新。教師失去專業自主權，只在執行行政部門的意志。教學本來是日日充滿創意的工作，於今變得繁瑣無趣，直接受害的當然是學生。

當時我不斷撰文反對統一教材、統一進度、統一考試。當然我明白要取消這些規定，讓教學多元而有彈性，須先改變升學考試。1975年我見教育部長蔣彥士，進言及早廢除聯考，改成像美國SAT的基本能力測驗，並由各校分別用自己的標準招生。我整套思維的方式，非常類似於日後教改會所提的教改方案：多元教學、多元入學。

那時我剛年過三十，還沒有能力深刻反省自己，更未意識到自己內心的菁英主義。我像很多人一樣，認為能力強的人有好的升學機會是理所當然；問題只在於規劃出好的篩選機制。1976年我赴西德參加數學教育議會，初次弄清楚西德擴充大學容量的背景原因。其後又經過多年，我才慢慢形成廣設高中大學的主張。80年代中期解嚴前後，在台大校園應學生之邀與楊國樞、吳大猷先生三人參加座談會時，我首次明確主張廣設大學。自己內心也逐漸釐清教改的結構性問題。1995年李遠哲先生呼籲五年內廢除聯考時，我一方面贊成，另一方面則主張廢除聯考必須在升學壓力大幅紓解之後，否則只會衍生更多問題。

追溯這段經歷，一方面說明自己所持「結構／自主」

的教改路線，是深入基層慢慢觀察，慢慢思索才逐漸形成的；而走出菁英思維，也是以深度實踐的經驗為基礎，幾經思考與反省，才有今日的信念與堅持。

另一方面，藉由這段追溯，提醒教改決策者及教改核心幹部，必須「蹲點」以深入基層。人要解決問題，從真實的現象出發，最有感悟。不能套理論，不能套公式，不能人云亦云，人只有由現象到結構，再由結構回到現象，經由這來回往返的思考歷程，才易於掌握問題的核心。先能說服自己，才有說服別人的能力。

事實上，寫這篇長文之時，我清楚知道教改的方向要抓對，要取得社會共識，還有很長的一段路要走。1996年寫〈再等半個世紀〉之時，我便明白教育重建的困難。寫這篇長文，並不天真的幻想「二次教改」可立即走對路子，而是想把自己所經歷的、所思考的寫下來，讓大家靜下來一起深入問題，更希望大家因此比我走得更遠。但走對路還要多久？我不知道，也許今年，也許五年十年之後，也許再半個世紀吧。

12

在著手改善底層結構的同時，教育當局可以開始鼓勵發展多元教學，由全國教師自組教學研究小組，提出「開放教學」計劃申請補助，從實踐中發展多元而開放進步的教學方法。

九年一貫的精神是發展多元教學，其中尤以協同教學為重點。但由上而下，要求多元，容易流為形式；而且實施者欠缺內在動機，不易把工作做好，卻會造成反效果。

　　多元是長出來的。開放教學的實施者一定要有強烈的內在動機，要有熱情，才能發展出質地良好的新經驗。前任教育部長曾志朗先生一上台，便說台灣教育的主要問題在於教師。可是今天教師未能守護教育專業，不是問題的根源。問題的根源在於底層結構。有許多教師是出了狀況，但這是問題之末，本末不能倒置。由於底層結構的改善，非一朝一夕能竟其功，於是許多人便想直接介入教學，讓教師動起來。動的方式是透過課程全面變動，逼迫所有教師動起來。這便是林清江部長上任以來便積極要推動的路線，九年一貫與多元入學會成為五年來教改的主軸，即依循這條路線的脈絡規劃出來的。

　　但想讓教師動起來，不能靠命令，只能靠鼓勵，尤其在教育大環境尚未改善之前。如果升學壓力未紓解，校園環境未改善，教師在學校上課仍隨時處於緊張焦慮的狀態，仍隨時要配合學校集體管理的節奏，無法充分發揮專業自主。此時彈性教學動輒得咎，很難發展出真正有益於學生學習的教學方法，讓學生身心健康成長。在這種惡劣的大環境下，教改決策者尤其只能鼓勵，不能要求。被鼓勵的教師有內在的熱情去克服困難，去說服行政人員支持，去感動家長，才有可能開拓好的新經驗。

　　這些實施開放教育理念的教師，所表現出來的成就，

在今日的教改潮流中將會被大家肯定、被支持，從而擴散他們的新經驗。他們的努力，對於拒絕成長、拒絕進步的教師，也將形成一種壓力。這樣的教改，才會有了希望。

同時底層結構要進行大刀闊斧的改善。**教育大環境越好，開放教學的發展空間也越大**。在底層結構仍未大幅改善之前，不能輕忽標準化的教學內容，因為升學壓力未紓解，多元入學的方案不管怎麼規劃，總是有統一入學考試的標準（例如：甄別性的基測），總是有激烈的升學競爭，此時開放教學應仍以標準教材為根據[22]，只改動其部份內容（例如：中文課本中某些課文可用其他閱讀材料取代），而講求生動活潑的教學方法。尤其數學及語文，這兩門最需按序學習的學科，牽涉學生讀寫算的基本能力，必須小心應對。等底層結構確實改善，開放教學所能嘗試的空間，自然會遠為寬廣。

這些開放教學的實施計劃，包含有教材教法的創新、分組討論式教學、自主學習、教師協同教學、合科教學、主題教學、家長參與教學、社區教學、本土文化教學等。多元是這樣慢慢長出來的，教改決策者不要主導，只要協助，加以適當監督。讓教師自己動起來，是貫穿於「結構／自主」這第三條路線所不斷強調的自主精神。

然後，幾十年來學校師資反淘汰的現象將走入歷史，

---

22 指一般學校教育。特殊情況如學生程度已落後太多者，或體制外學校之教學，不在上述討論之列。

學校教育將日益多元活潑。這才是教改的希望。

　　附帶強調：所有開放教學計畫補助的先決條件，是不打不罵，也不冷言冷語。體罰尤須禁絕，所有學校教師必須絕對遵守，只要侵害人權的暴行仍被默許，所有教改的努力，所有企圖釋放學生心智的教改目標，皆顯得荒謬諷刺。禁絕體罰之事，教育當局決不能妥協。近聞許多年輕教師，甫任教不到一、兩年，便開始墮落，施行體罰，令人痛心至極。

　　在美國加州，法律並未明文規定教師不得體罰學生，但從未有老師想要動用體罰。二十多年前我曾訪問過加州一些中小學教師，問他們有沒有體罰過學生。座中反應是面面相覷，覺得此問不可思議。其中有一人的回答是：「怎麼可能？你如果一時情緒，對學生講一句冷言冷語，你自己會一整天悶悶不樂。」禁絕體罰牽涉學生基本人權，國家要全力保障，教育當局須盡一切力量去維護[23]。所謂「適度體罰」在國際教育界實貽笑大方。台灣教育的兩大奇觀一為「萬人大校」，一為「適度體罰」。教育要現代化，必須先改正這兩樣錯誤。教育當局為維護學生基本人權，應定期派員至各校蹲點訪談，查核全國各校體罰情形，予以公佈，並作為各校校長升遷依據及各校辦學績效的重要指標，督導各校擇期改進。

23　見〈專制民族的烙記〉收錄於《台灣教育的重建》，遠流，1996，頁197–208。

13

　　當我談到「鼓勵」各校教師群提出開放教學計劃，以開創新經驗，發展多元教學之時，我須要求自己不要對教育當局如何鼓勵擅提意見。但我很擔心鼓勵的方法會重蹈頒發獎金之類的老方法，如近日之設「教學卓越獎」[24]。頒發獎金，是「垂直鼓勵」。由上而下的評審教案，排名分級，將違反「參與民主」的精神，且易流於形式，大家比一比誰好誰壞，閃閃鎂光燈，鼓鼓掌便活動結束，至於頒獎會激發出什麼，留下些什麼，甚至有無後遺症，便無人深究。教學是日日在進行的事，一個好的教師心中所想的是如何帶好這些學生，把學生帶好是他（她）唯一的回饋，也是他的快樂。他不會用他的教案教學去爭取獎項，甚至他會不屑去參賽，這是教師自覺性的尊嚴，也是教師可貴的主體意識。「深度自覺」是好教師的內在條件。一個有深度自覺的人，經常是那些抗拒「外在表揚」的人。即使像設立「教材教案設計獎」都會扭曲教學的熱誠。教育是教師的志業，他編的教材與教案，必須能配合他的教學方法與態度，才能發生意義。尤其「教案」不能從教學實踐中分割出來，獨立去接受表揚。用頒獎的方式要鼓勵教師致力教學，就相當於用金錢去獎勵子女讀書一樣，會扭曲人投注心力於份內工作以發展志業的內在動機。況且，在教師同事之間，未參賽得獎者會因別人參賽得獎，而把自己置身事外。因此阻礙了教學經驗的擴散。頒獎是「垂直鼓勵」，背後的思考本質還是離不開由

24　教育部近日剛推出「教學卓越獎」，獎額最高可獲60萬元，對象為中小學教師團隊，由各級學校推薦，經縣市初選，再到中央複選，獎項包含「教學卓越獎」、「教材教案獎」等。

上而下的褒獎。

我主張的是「平行鼓勵」，提出計劃的教師群是主體，教改決策者給予資源。所謂「資源」不是獎金，而是有利於教學計劃進行的人力與物力的資源，比如說讓計劃執行者設「計劃助理」或「教助」（teacher's aid），以協助教學計劃的進行，甚至分攤計劃執行者平時在學校必須擔負的非教學性工作，讓執行者專心實踐計劃內容。這類非教學性的工作，使認真的教師常弄得心力不足，無法好好帶每一個學生。

只有採取「平行鼓勵」，開放教學的實驗效果才會實在，也才能把經驗擴散。今日教育經費十分有限，錢要花在刀口上，不宜耗在流於形式的頒發獎金及勞師動眾的得獎評審，也不應花在變相加薪的「輔導費」上。這些寶貴的資源要用在切入問題，有發展性的教學實踐上。我所提的「平行鼓勵」，須考慮計劃執行的過程有無慢慢普及的可能，又切忌流於形式，要盡量減少紙上作業，例如不要繳交所謂「執行進度報告」與「成果報告」等一堆官樣文章的垃圾。學生內心世界的成長是無法如此度量或吹噓的。計劃執行者要繳交的是日常教學紀錄與反思的心得，把教學經驗寫下來。教育部可擇其中有意思的部份（含教案），加以整理出版，於各校流傳，這才是有擴散效果的鼓勵。

14

不論那一流派的教育學者都會主張「因材施教」。

「因材施教」的立論基礎是：重視個別差異，使教育能「適才適性」。

前文談到「適才適性」的迷思。由「適才適性」可以推演出「有教無類，故須因材施教」，也可以推演出「分級分類，而因材施教」。前者是進步的，後者則保守但廣泛流行，尤其流行於台灣這種又封建又充滿競爭的社會。

讓我在談教材之前，多費些篇幅分析它的意涵。弄清楚這兩種意識形態上的差別，才不會一直在兜圈子，或走錯路。

菁英主義者常用這樣的口吻對孩子們說：「根據你的才能與你的性向，你只能讀這個，不能讀那個，你要知道自己，適才適性的發展你自己，你才會有好的發展。」

這種說法有兩個疑點：第一，根據今天的「你」，我們如何知道明天的「你」？今天「你」的起步較晚，資質看來普通，可是明天說不定「你」開竅了，走得比別人快。我們如何能根據孩子今天的表現，來決定他的將來？

第二，我們如何度量一個人的才能，給予總結性的排行，用以決定一個人的未來？我們誰擁有這把萬能的尺？聯考沒有這個能耐，多元入學方案或任何其他更周密的設計都沒有這個能耐。我們沒有這把偉大的尺。因此，我們必須謙虛的面對自己的限制，盡量不去做這種總結性的排行，不得不做的時候，也要隨時對度量的結果，抱持懷

疑。我們之中沒有人是上帝。

每一個教育工作者對孩子都應該如此謙虛。但這並不是說，平日我們不能實施能力測驗或成就測驗。測驗只是用來評量我們的教育目標完成多少，我們的教學出了什麼問題，也用來評量孩子眼前的某些能力，評量孩子對某些範圍內的知識是否足夠熟悉或是否能夠運用，但測驗的成績不代表我們真正明白了一個人的才能，明白了一個人現在與將來的才能，而據此替他決定什麼樣的機會對他才「適才適性」。

許多人都注意到自己的周遭，曾出現過小學時平平庸庸，到了中學忽然名列前茅的孩子，也出現過中學時意氣風發，到後來卻未必佳的朋友。許多人也注意到：在大學時仍不起眼，其後研究工作卻做得極為出色者。這些例子都屢見不鮮。孩子的成長可能有很多轉折，教育者要盡量給他機會，而不能太早用「適才適性」去界定他的發展。

在本文上篇，我之所以主張教育應保護孩子，避免讓他們太早面對過度的升學競爭，除了考量弱勢階級或族群的處境之外，也由於所謂「適才適性」的社會判斷並沒有客觀的正當性。

換句話說，任何分配升學機會的升學方案，都不是教改的核心課題。教改者的核心課題，是盡量給每一個孩子充分的機會，讓他們得到良好的教育環境，以求得最好的內在發展。

15

　　我反對用「適才適性」來決定孩子的命運，並不表示我主張人的才能與性向沒有差異。正好相反，每個人心智發展的程度與面向不一，我只強調在孩子長大之前，這些東西都還會有重大變化，我們不能太早便下了定論。

　　由於每個孩子心智發展的步調不一，性狀不同，所以教育者要重視個別差異，了解每個孩子心智發展的差異，施以不同的教學方法與內容，使**每一個**孩子都逐步取得自己**最好的**內在發展，這才是「適才適性」的教育意涵。換句話說，在教育領域中談「適才適性」，是用來要求教育者本身努力改進教學方法與內容，以適合每一個孩子的才能與性向，使每個孩子都紮實的學到東西。卻非拿來把孩子們分級分類，限制他們對未來的選擇。這兩種態度，正是真正的教育者與菁英主義者的分野。

　　可是這個分野在台灣社會一直未加釐清，以致在教育政策上，「適才適性」常成為菁英主義者進行保守措施的說辭，把「因材施教」與「分級分類」兩相混淆。

　　幾十年來教育政策最熱門的議題，都一直圍繞在如何把孩子們「適才適性」的「分級分類」，從聯招聯考、自願就學方案五等級制、高中職分流教育，到今日的多元入學方案，無一不是「分級分類」的政策。

　　教改的主要課題不是把人分級分類，而是重視個別差

異，有教無類，把「每一個孩子帶上來」[25]。

傳統的教材，其難易度是針對理解力較高的學生而設計。近時為了照顧多數學生，難度大幅下降，對象改為一般甚至後段的學生，九年一貫尤其強調「讓80％的學生都學會」。表面上，新教材的設計為的是把每一個孩子都帶上來，看起來它跳脫了菁英主義，可是事實上這又掉入形式平等主義的陷阱。我們要施予每一個孩子的是平等的機會，而非齊頭的發展。把每一個孩子帶上來的同時，更要著重個別差異，讓每一個孩子都求得最大的內在發展，這才是適才適性的真義。

我雖然反對菁英主義，但也一樣反對犧牲菁英學生的發展，去遷就平等。早年我為教育部編寫高中數學實驗教材，我的觀點與後來流行的「教材簡易化」觀點，正好背道而馳。

我寫教材時，力圖由淺而深，尤其反對每樣東西淺嚐即止。人接觸知識的目的，不是要東學一點，西學一些，而是要促發知性的成熟。人只有深入某些領域，才能達成知性成熟。一個知性較成熟的人，便有自學的能力，也逐漸能夠獨立思考。

很多人以為書上材料淺，東一點，西一點，內容便簡單易懂。事實上材料深入，才易於掌握箇中道理，看到問

25　見〈行政院教改會諮議報告書〉。

題癥結，這時內容反而簡單明白；至若淺嚐即止，知識無法貫通，反不明其義，只好勉強背誦條文，以應付考試。另一方面，學問只有到達一定程度的深度，學習者才會玩出興趣。只有玩出興趣，學習者才會沈浸其中。只有沈浸其中，才能促發人的知性成熟。

教材全面簡易化，如果沒有相關的配套去重視個別差異，那麼不只犧牲了菁英學生的正常發展，也會矮化其他學生潛力的發揮，矮化整個社會的智力。

16

什是相關的配套？（一）教師要有足夠的心力與時間，去鼓舞並滿足菁英學生及一般學生求知的熱情；（二）學校要有深淺不一的選修課程，讓學生選修；（三）選修課程的教學可以不受升學考試左右而能正常進行；（四）學生就近可找到相關的知識以深入研習。

在目前現實的情況下，這些配套並不存在。屈於現實環境，教材一時不能全面簡易化，而應改以由淺至深，使學生因自己程度而各取所需。在簡易且必需的基礎內容之上，仍要有較深入的教材，例如註記*號，以為識別，更深一層的知識，則以**表示，以便有志者深研。盡量把所有相關的知識都對學生公開，使他們易於各取所需。否則表面上要簡化教材，事實上則逼學生去補習。林長壽教授[26]最

26　林長壽：私人信函，2002年12月。

近為文指出，九年國教實施之後，小學生基本上已少有補習者，但近年因實施建構數學教材，致使許多五年級以上的小學生又開始去補習。如果屬實，這是嚴重的現象。

教材之外，教師應視情況給予課外讀物，鼓勵學生延伸閱讀。對於程度落後的學生，則先加診斷，後加輔導。在學科學習方面，這是重視「個別差異」的第一步。

可是目前班級人數仍高達三、四十人，教師個人無法逐一照顧學生不同發展。教改者應在人力資源上協助教師，例如設「教助」（teacher's aid）一職，兼任輔導功課落後的學生。為考慮學生差別心理，不同程度的學生必須同時在教室內上課。空間稍做調置，但不能隔間，例如參加輔導者在教室後區圍成一桌，小聲討論。這樣做另有好處：可打破教室像禁區的現況。教師處在封閉空間中，不容易培養出開放民主的教學態度。

目前教室講台高高在上，學生桌椅排排坐的空間規劃，是統一教學的產物，不易發展出活潑多元、平等討論的上課氛圍。教改政策應包含協助學校改善教學空間，以符合多元教學的需要。

如何在教學上重視個別差異，在人格上尊重個別差異，是教育現代化的主題。相關方法在教育文獻上已迭有論述，西方國家之教學現場，亦頗多可資借鏡之處。我非教育專家，不宜班門弄斧，只提醒教改者應在資源及制度兩方面，協助學校教師去加以落實。不能只改變課程及教

材，便來全面要求教師進行多元教學，因材施教。

在目前相關中文資料不足，學生取得不易，而且重視個別差異的教學尚未建立，大環境又有統一升學考試的威脅之下，教材尤其不能全面簡易化。統一升學考試，例如基本能力測驗，命題範圍又只限於簡易的教材內容，又要承擔升學甄別的功能，學生必須錙銖必較，不能輕易犯錯，弄得緊張兮兮，稍一疏忽排名便遠遠落後。這是矮化年輕人智力的最佳措施。測驗學家以成績為單峰分佈為滿足，殊無意義。

教材要多元（樣態不同，深淺不一），又要統一（為統一升學考試），這是先天的矛盾。矛盾的背景仍在於結構性的升學競爭。紓解升學壓力仍為教改首要之務，不能逃避，但在大幅紓解升學壓力之前，至少不應先矮化學生智力，須讓教材由淺而深，學生視程度而各取所需，此時好的、肯重視個別差異的教師還有一點可為的空隙。

17

在實施九年一貫計劃或其他多元教學方案之時，必須儲備充分的中文參考資料，並使教師學生容易接近。

國立編譯館不應裁撤，反而應改組為「國家編譯館」，以擴大編譯功能。目前網路雖提供相當資訊，但漫無系統，或不夠深入或太專業化，尤其中文編譯資料極為缺乏。對於推廣文教事業，政府應當負起責任，不能假托

不與民爭利，全交由民間出版社承擔。除國編本教科書之外，政府應大量編譯冷門、但有啟發性、有深度或屬工具性的長銷書籍或套書。

民間出版社迫於自身生存與市場利潤，對於出版冷門的重要書籍興趣不大，一定要資金極為充裕之後，才能出版冷門書籍。許多人以為歐美民間出版社極為發達，不需政府介入。1966年我還在當研究生，歐美有關數學研究方面的書籍相當貧乏，反而蘇聯與中國大量由政府引介世界各國的冷門數學書籍。資本主義國家，出版社出書著重利潤，像大一微積分的書汗牛充棟，但研究所以上的書籍多出多賠，便少人出版。即使大出版商如Springer Verlag在當時所出版具研究水準的書籍，都寥寥可數；直到1980年之後資金累積到一定程度，才從通俗書的利潤移做出版研究書籍的資金，以建立商譽。台灣原本為文化沙漠，解嚴後出版社多元發展，但因市場狹小，競爭激烈，所出版的書大多走通俗路線，少數出版商堅持理想，不久便周轉不靈，面臨倒閉。

所謂冷門書籍不表示沒人看，有些工具套書極具參考價值，像*World Book of Science*者[27]，人人可讀，並會廣受歡迎，尤其在發展多元教學（九年一貫）之後，更須引介這類套書，方便師生隨時參考。但這類套書價格必然昂貴，私人無力購買，因此市場不大，只能由國立編譯館自行出版，或與民間出版社合作出版。

---

27 台大數學系張海潮教授，尤其推薦這套書應早日譯成中文以嘉惠眾人。

國家編譯館不必所有圖書資料都獨立出版，亦可企劃與民間合作，補助民間出版社。眼前亟需由國家編譯館規劃出版品質良好的教學光碟，送至全國各中小學，並上網供學生免費下載，藉此輔助教學效果，並縮短城鄉差距。每學科物色全國最有教學專業的三組製作群，製作群由學者與教師組成，編寫教材、測驗卷及製作教學光碟。依淺、中、深三種程度編寫三套光碟教材。找最善於教書的學者或教師解說教材內容，現場或studio錄製皆可。

以這種方式出版各學科的光碟教材，並補助各校購置相關設備，供學生自學，對於教改將是一大功業。讓學生輕易可以擁有這些知識，不必假手教師，可以打破明星學校的迷思，縮短城鄉差距，並培養學生自學的能力。因為打開CD，你便可以聽到第一流的教授或教師在授課。教學光碟的效果，對國中、高中生來說尤為顯著。就國家資源來說，此事輕而易舉，一、兩年便可製作完成，但對教改大業，對釋放學生心智，將有重大突破。教學光碟及相關資料可用來發展自主學習的實驗學校（見下文），並提供中輟生學力測驗的學習資料，又可協助教學效果偏低的補校，提高教學品質。

18

今日的學校教育，其實只是人學習知識、認識世界的一種方式，這種學校教育的方式在人類的歷史中只是一個短暫的階段，為期不過一百年。可是這個世代的人，都以為它是最佳的，不可取代的教育方式。事實上，它只是近

代國家興起之後，為富國強兵，統制國民思想，訓練經建人才，才發展出來的教育方式。後世人類的歷史，會對此重做評價。今日學校教育，雖然使國民知識水準大幅提高，但人的思考方法與價值觀亦趨均質化，尤其人類的創造力，除了物質文明之外，皆因而萎縮。學校教育無形中在灌輸以工具為導向的主流價值，用史無前例的極高效率在複製人的意識形態。

事實上，人了解世界，學習知識的方式樣態分歧。19世紀之前，東西方歷代先哲大賢，皆非從學校教育學習知識，而採不同的方式自學，並直接體驗真實世界。

處於今日，知識已被學校標準化，若未學習這套標準化的套裝知識，很難進入文明社會，謀求立錐之地。但這並不意謂著：學習只能通由學校教育。許多有潛力的大材，早年可能混沌度日，或玩或混，體驗種種生活，直到有一天發奮用功，兩、三年間，便能脫胎換骨，凌駕眾生。這樣的孩子，為數不少，只因環境沒有提供適當資料，才被俗世淹沒。

如果有良好而方便利用的社區圖書館，有良好的教學光碟，供不同程度，不同個性的孩子（中輟生也好，一般資質或某些大材也好），在成長過程的某個時刻，開始專注於自學，這個社會將增加許多不同成長經驗的人，加入文明創造的行列。培育人才，不必每一個人都按步就班，循序漸進。今天台灣的社會菁英、文化菁英、學術菁英，幾乎都是同一個模子長大的。也因此，台灣社會的創造力

偏低，文學藝術的成就平平。

目前各地附設於活動中心的圖書館，空間狹小，極不方便使用，圖書未細心挑選，藏書匱乏，管理不專業，開放時間短，有名無實者居多。教育部應與文建會合作，把社區圖書館弄好：

1. 普設社區圖書館，遍及全國各角落。
2. 社區圖書館空間規劃應力求人性化，明窗淨几，寬敞舒適。
3. 書籍應大幅度充實，亦間接活絡出版市場，協助出版界，圖書CD，亦應e化。
4. 圖書管理須專業化，尤須長時間開放。

最近青少年時常留連的網路咖啡，因被行政命令限制經營地點、開放時間及對象，而紛紛關閉。都會地區青少年無處可去，必會衍生種種青少年問題，甚至青少年犯罪又會因此日趨嚴重。我們社會對待青少年常心存偏見，只因青少年沒有發言權，便橫加管制與圍堵，卻不肯真正為青少年多花錢多用心，規劃其發展身心的場所。連中央圖書館與幾所大學圖書館都限制十七歲以下青少年不得進入開放書架區。

台灣社會應該仔細檢討嚴重歧視青少年的問題。從大人日常交談，輿論評論，青少年空間限制、學校門禁、體罰及青少年人權，無處不存在對青少年基本權利的歧視。我們只有期待青少年趕快長成大人，進入主流社會，可是我們給了他們什麼？我們時常以「活在當下」為自己生命

的座右銘，卻從來吝於鼓勵青少年也活在當下。

19

教改決策者一方面鼓勵教師提出開放教學計劃，以發展多元教學，累積經驗，並慢慢擴散到其他教室，影響其他教師的教學；另一方面，則接受各種開放教育計劃的申請，成立實驗中小學，發展多元教育。

成立這些實驗學校，用來累積經驗。有些經驗可以慢慢經修正，推廣到其他學校。其他經驗則受人時地的特殊限制，只能在一兩處進行，增添學校教育的多樣性。

開放教育有種種不同的型態，每一種型態背後都相應一套教育哲學。我只討論其中幾種適合公營或公辦民營的開放教育，因為由政府推動實驗教育，目的還是在擷取經驗，以供其他體制學校參考，或累積辦學經驗，逐步擴散至其他學校，故進步的理想教育，像夏山學校、森林學校、澀谷學校、華德福學校之類，不在這裡討論。

19.1　開放教育實驗學校

教育當局指定數所有代表性的中小學作為開放教育實驗學校，物色全國特別有開放教育理念又有實踐能力的人才，經遴選為實驗學校校長。但被遴選者須先提出開放教育辦學計劃，經審核通過後，才行聘任；且聘任前需先接受為期四週至六週之短期校長培訓課程，敦請績優而資深

之校長及教育行政人員授課。

實驗學校校長上任時，可選定數名專才一起進駐學校，擔任某些行政職務或教師，協助校長推動開放教育，但需尊重原校教師的文化，以融入原校教師之中為原則，不宜另立山頭。校長及新進人員屬實驗性質，其任用資格，不受現行法令限制，才能廣徵人才。校長徵選對象可為退休大學教授、文化界清流或其他適當人選。

這些外聘人士，教育觀念及習性不同於原有學校者，對於目前學校之封閉文化會有相當衝擊，同樣也由於他們進駐學校之後，近身了解學校經營，可以如實反映校內問題，協助教育當局，共謀解決之道。某些經歷過這種辦校實驗而有成就之校長或進駐人員，日後正可變成教育實踐營之核心幹部，為教改長期發展儲備人才。

同時，學校哪些問題屬結構性問題，而非人為問題？哪些問題原可以用不同方式克服，只因學校惰性文化而日久積病？兩種問題便可以分辨清楚。例如：學校教師是否因工作負荷過量，導致無法重視個別差異？學校打罵體罰是否不得不然？密集考試是否無可避免？「考試領導教學」有無轉機？

釐清結構問題與人為問題的分野，對教改政策的擬定有正面作用。屬於結構問題者，國家必須傾全力去解決，不能怪罪學校校長或教師。屬人為問題者，可將解決問題的經驗，擴散至其他同類型的學校，要求改善。

實驗過程裡應有客觀的查訪紀錄，同時發展到一定階段，應有跨校交流，使這些經驗日後得以擴散。

19.2　自學實驗學校（School of self instruction）

先以高中為試點。所有學科皆由學生自學。學生除選修藝能、體育或特定讀書會課程之外，無固定上學時間，學校日夜對全校學生開放。社團活動由學生自組。學校教室改建為類似視聽中心的玻璃隔音式的隔間，收藏上文所述的各學科教學光碟，供學生隨時在隔間閱聽光碟，研讀並討論教學內容。學生自己組織各學科討論小組（人數五到七人），或由教師協助組織。光碟可外借在家裡閱聽，不懂之處，隨時可倒帶，多看幾次。又因光碟教材有三套，依程度分淺、中、深，學生可選擇適合自己的光碟教材，某些章節這套看不懂可看另一套，直到弄懂想通為止。學科教師人數不需多，任務一為提供諮詢，一天十六小時在學校輪值，讓學生隨時來討論。另一為施行測驗，光碟教材附文字教科書及測驗卷。例如高中數學三年教材內容，分十二個階段。學生自覺讀通某階段內容，即可向學科教師請求測驗。十二階段測驗全都通過，高中數學便已完成自學。年限不拘，測驗時間亦由學生自己視自學進度而定。教師發覺學生自學進度發生困難，應加以了解，指導他（她）重新補學較淺程度但尚未熟練的教材。

當然學校也應辦些學術演講，讀書會或討論會，啟發學生思考。除此之外，學生來學校參加社團、打球、彈琴、繪畫，使德、群、體、美四育也均衡發展，渡過美麗

充實的青春歲月。學科方面，學生學習自主，會更有學習動機，並養成自學能力。由於個別差異又能受到尊重，學生會更有信心，而更趨成熟。我始終相信給孩子們較大的自主空間，但不要疏忽他們基本能力的培養，很快下一代人會比我們更成熟，他們的成就也會超越我們。

19.3　社區實驗學校

教育現代化之最終目標是教育權力下放、學校專業自主、社區監督。但目前台灣公眾意識尚未覺醒，社區主義的發展，時常被理解為排外重於內聚，有些社區之所以內聚，並非基於尊重「公眾」（public），而是因為階級偏見，例如中產階級的社區意識來自於守望相助的社區安全，而非認同「公眾」的價值[28]。

台灣的社區意識在政治解嚴之後才開始在形成，目前漸漸成形的社區，或太封閉，或太小，太同質化，或太大太散漫，原因是沒有定常的公共議題作為凝聚點。以居家安全作為關注焦點所形成的社區意識，必然封閉，沒有進步性。作為凝聚社區意識的媒介來說，學校教育似乎是一個好的公共議題，因為中小學教育幾乎關係於每一家庭，也是每一個人都相當熟悉，也多少會加以關切的議題。

換句話說，在台灣，學區可能是社區形成的雛形。藉

28　台北市東區某社區，自詡社區意識凝聚力強，其事證是：社區共同收養流浪狗，訓練這些流浪狗辨識本社區居民，對外來者，則群起吠叫而攻之。

由學校的學區慢慢形成社區意識，等社區意識漸漸成熟，學校社區化也容易實現。

但目前各地社區意識尚在萌芽階段。可考慮在少數社區動員比較成熟的社區，將原有的學校改為社區實驗學校，遴聘有社區主義理念，有社區營造經驗，又有良好教育背景的人才擔任校長，召集教師及家長，討論學校融入社區的方法，其中像拆除學校圍牆、開放校園、開放學校圖書館充當社區圖書館、引進社區人士進校園兼任各行教師（如自製麵包、木工、水電、地方文史、數學、英文……）、師生了解社區等議題，都可以逐步推行，循此更積極發展PTA組織（即親師組織）。社區實驗學校於成立一、兩年後，便由社區設社區教育委員會。目前教育局直接監督學校經營，監督成效不彰。雖設督學卻不易真正深入學校，了解師生疾苦，許多督學視察學校都只看表面，常在校長室聽取校長報告，然後巡視教室一周了事。據我記憶所知，幾十年來學校發生過之不當體罰施暴或校長教師之不適任行為，而釀成社會焦點議題之事件，無一為督學率先發現者。

社區居民多為學生與家長，對種種問題最為敏感。由社區居民選社區教育委員會（可與村里長併行選舉）監督學校，最能挖掘問題。但監督方式須小心謹慎，避免干涉學校教育專業自主權。社區教育委員不得以個人身分過問學校事務，只有在執行委員會決議案時，才能介入學校經營。

社區教育委員會的決議對學校有拘束力，但決議內容

的範圍須細緻劃分，以不干涉學校教育專業為原則。例如：積極融入社區（了解社區文史自然），校長與教師違反教育專業措施（如課業太多、不當體罰、不當收費）及其他有益學生身心發展的建議等。社區教育委員會的監督權限，應在實驗期間慢慢發展，隨時修正。社區教育委員會每年將監督報告，送至教育局。教育局應要求學校改進，並回文社區教育委員會說明學校改進情況。監督報告作為學校校長調動的重要參考依據。

社區教育委員會的候選人資格，在實驗階段先限定有文教背景者或經教改實驗營結業績優者。委員會七人，其中四人為社區居民，由社區全體居民共同選出，另三人由民選委員聘請社區內外教育專業者擔任，唯任期與民選委員同，以維護外聘委員行使社區教育權力的獨立性。

社區教育委員會的監督權，在實驗階段屬間接性質，以學校之主管機關（教育局）為中介，等經驗逐漸成熟，教育大環境亦逐步改善之後，是否直接監督學校，甚至是否賦以學校校長聘任權，則看日後社會條件而定。

20

「九年一貫課程」計劃，今年已對一、二、四、七共四個年級全面推行，預計兩年內，全國國中小共九個年級將完全實施。這是半個世紀以來最大規模的課程改革。

它的好處是整合知識內容成七大領域：數學、語文、

社會、自然與生活科技、藝術與人文、健康與體育、綜合活動。它的目標是把過去以知識本位的傳授，改成基本能力的培養；同時翻新所授知識內容，使本土化、國際化、民主化、現代化，並著重生活世界的永續經營。

這種課程改革的立意，是正面而值得讚揚的。但以今天台灣教育大環境的惡劣，經驗尚未充分累積，基層參與不足的情況下，便全面推動，其美好的立意可否落實，或反而治絲益棼，叫人憂慮。這個悲觀的論點，我已在本文上篇說明。茲不贅述。

我曾透過不同管道建議已推行的這四個年級，繼續實施九年一貫直至他們畢業，稱之為課程新制；而尚未推行的三、五、六、八、九等這五個年級，則仍依舊制維持原有課程，以減少衝擊面，並讓學校並存新舊兩制。由那些積極認同新課程且已有準備之教師，任教新制課程，開發經驗，其餘教師則任教舊制，使課程改革的負面效應降至最低，但此案似未被考慮。

現今若要繼續按原定進度實施，至少需慎重預估其得失，減少負面影響。九年一貫課程改革的背景姑且不論，在第一線改革現場目前有兩大問題，必須特別處理：
1. 教材內容在人文、社會方面不夠豐富，在數學科學方面則不夠深入。如無配套措施，勢將弱化學生知識水平。
2. 教學準備不足。全面推行必將影響學習效果。

針對這兩個缺點，又盱衡其著重現代化，整合化的優勢，教改決策者可考慮先將九年一貫課程改革抽去全面**教學改革**的成分，降階為九年一貫**教材改革**，而對教材做相應的配套：

1. 人文、社會方面，在目前內容貧乏的教材之外，以延伸閱讀，撰寫報告（五年級以上）來豐富教材內容。

2. 在數學、科學方面，需加印較具深度的教材及更豐富的作業，以深化教材內容。

3. 如第13、14節所述，提供資源，以實施個別差異的教學。

4. 最初這幾年，視九年一貫為教材改革，而非教學改革。一般情況採合科教學，即數位教師合起來教一門課，但各教該教的部份，即教師在本科範圍內可獨立教學，唯注意補強上述1、2、3點。知識整合的機制若非足夠成熟，不必勉強要把知識整合起來教給學生。學生是學習的主體，給他不同領域的知識，由他自己去作內在整合，有時會比直接接受他人整合過的知識，更具啟發意義。至於協同教學、主題教學、社區參與教學或其他更多元活潑之教學，可提「開放教學計劃」申請資源補助，逐漸累積經驗，經數年經驗擴散後，再將全面教材改革，提昇至全面性的課程改革與教學改革。

21

最後我談近時引發巨大爭議的建構數學教材，以結束

本文。

　　建構數學的立意，是對的。建構數學是人認知數學的
方法。在教育實踐上，它是教學法，但不能把某套特定的
建構方法標準化，而變成教材。對數學內容，五十個學生
可以有五十種求法。建構數學的教學法，便是引導學生個
別去建構不同的求法，可是把某種特定的求法標準化，放
在教材中，要求學生去學那一兩種求法，這就反過來違背
了建構數學的精神。因為建構數學教材沒有引導，反而壓
抑了學生自己去建構數學內容的思路。

　　建構數學原本是對的。像過去學校教通分（如 $\frac{2}{3}+\frac{3}{5}$）都直
接告訴學生：先求分母的最小公倍數（$3\times5=15$），把兩分
數分別擴分（為 $\frac{10}{15},\frac{9}{15}$），再相加即得（$\frac{10}{15}+\frac{9}{15}=\frac{19}{15}=1\frac{4}{5}$），
可是怎麼想到用最小公倍數當作公分母的？如果不讓學生
有機會嘗試去建構通分的求法，而只要他學習通分的方
法，將剝奪了學生去探索問題的機會，把人當作操作機
器。建構數學的意思，便是要學生在教師的帶引下，去找
出通分的方法。學生建構通分的經驗，有助於他抽象心智
的成熟。

　　可是思索的過程，每人不同。把某一種建構的特定過
程，當作標準過程，放在教材中，要學生去學它，便會壓
縮學生自己去建構的空間。除此之外，目前建構數學教材
的推動還有其他缺失。
　　1. 不及早做階段性總結，以累積經驗，並以簡御繁，
　　　　致使解法煩瑣冗長。像九九乘法表是個位數累加低

位數以上數目的乘法。

2. 因解法煩瑣冗長，以致延緩進度，像到了六年級還教不到分數的除法。同時內容無法挖深，沒有挑戰性的問題讓學生進一步探索。統一實施將嚴重忽略個別差異，並全面矮化學習水平。

3. 人學習知識，並非線性成長，而是一邊循序漸進，一邊忽前忽後。建構數學教材完全排斥後者，致使學生深陷於線性軌道，無法挑高遠眺。

4. 如九年一貫課程改革一樣，建構數學教材亦未先累積改革經驗，做過修正，並擴大參與，便貿然全面實施，影響面太大，後果難以收拾。

讓我舉個例子，佐證我的批評並無誇大：建構數學國編本（五上）頁71–85，要教學生如何建構三位數除以二位數的方法，例如求 $756 \div 36$。書上先規定學生要用「幾個10幾個1的幾倍」的方法，然後標示如下算法。

某男孩的算法是：「1個10元的36倍是36個10元，合起來是3張100元和6個10元；2個10元的36倍是72個10元，合起來是7張100元和2個10元；……」

另一個男孩算道：1個10元的36倍是3張100元和6個10元；2個10元的36倍是7張100元和2個10元；……」

但756正是7張100元、5個10元和6個1元，所以2個10元和1個1元的36倍，便是756元；得答案為21。接著書上又

問：「幾個10和幾個1的42倍，合起來是9個100、2個10和4個1？」另外又給了同類型的其他兩個問題，每題都限定用「幾個10幾個1的幾倍」的方法。這樣的教材本身，嚴重違反了讓學生自己建構數學方法的精神，其冗長繁瑣，尤令人錯愕。

但建構數學教材的實施，也不能說無一是處。其教材編寫方式皆以題目編排，啟發學生思考，這點是正面的。另外有些心智發展稍遲的學生，因教材進度延緩，反而收穫較多。由於教材以問題集的形式出現，而且進度緩慢，多數學生皆進入情況，若教師會帶教學，將使課堂反應熱烈，並引發學生彼此討論，這些都是目前建構數學教材的優點，我們不能一概否定。可是要擁有這些優點，並不須**犧牲學生自由思考、自由建構的精神，更不能扭曲數學以簡御繁的本質**。

關鍵在於現有教材把建構數學系統化。比如說，在上述的例子中，現有教材不斷用百、十、個為單位，搬來搬去，而這種回歸到百、十、個單位的扁平化精神，貫穿於小學教材一連數年學習加減乘除的建構方法之中。由於建構數學教材不作階段性整理，其思路勢必隨著位數增加而變得無比繁瑣。如果二位數除以二位數的計算方法，經過建構並弄懂意義之後，能立即作階段性整理，使學生熟練二位數相除的直式運算，那麼三位數除以二位數的算法，便可以從二位數除以二位數的直式運算中，稍加延伸去建構出來[29]，並以此類推，而求得任何位數的除法。人從簡單的事物延伸去推想複雜的事物，分幾個步驟加以簡化處

理，這便是御繁於簡的認知法則。在延伸過程中，學生也自然學到從特殊到普遍的方法，發展其內在的抽象能力。不作階段性整理必倒過來使事物化簡為繁，而模糊人思路的脈絡。

建構數學既然是一種學習理論，試圖讓學生參與建構數學，本身便**不應系統化**。今日學校所教的數學內容，是主流數學文明的濃縮，經人類累積幾千年的心血才發展得來。學生自己能建構的部份，只是其中的一些片段。系統化的建構方法，必然會限制學生的思路於大人所劃定的軌道，例如上述將各級單位扁平處理的建構方法，綿亙四到五個學期，便是一條長長的軌道。這些軌道窄化了學生自由思考的空間，也背離了人類建構數學方法的歷史過程。

事實上，國小數學原有的舊教材並無差錯，只須鼓勵教師在教學法上引導學生一起建構相關內容，使教學活潑，並重視個別差異，學生便可適才適性，學到東西。至於國中數學教材應再充實內容，使學生只要好好讀教材、做習題，相關內容便可以了然於胸，不必再費錢費時去上補習班，買參考書。

29　例如 $756 \div 36$，先看 $750 \div 36$。化成兩位數除法（即75個10除以36）得36的20倍為720，餘30，再加原來未考慮的6，得21，此即

$$
\begin{array}{r}
21 \\
36\,\overline{)756} \\
72 \\
\hline
36 \\
36 \\
\hline
0
\end{array}
$$

之意，由此更可類推得一般位數之間相除的直式算法。

關於建構數學教材衍生的問題如何彌補，目前由張海潮教授召集的專案小組已作成報告[30]，教育部並已做好說帖，以供參考。

　　前文提到1937年我編寫高中數學實驗教材的經驗。當時的背景是：所謂「新數學教材」正在美國風行，並越洋而來主導台灣高中數學教育。「新數學」（New Math）的興起，是因50年代中期蘇聯領先發射人造衛星，美國欲迎頭趕上，企圖大幅提昇美國學生數學水準，遂進行一次規模空前的數學教材改革，其改革者捨棄重計算的傳統數學，而崇尚數學形式主義（formalism）的邏輯推理。此項改革如火如荼的進行了幾年，才引起許多數學家驚覺。1962年由Ahlfors等65位美國重要數學家連署聲明[31]，反對新數學教材的實施，重申數學的結構與實際現象之間存在著亙古不變的辯證關係，形式主義只強調數學結構的抽象形式，會偏離數學的精神。1970年加州大學Berkeley分校項武義教授回台講學，發覺新數學教材早已蔚為台灣高中數學主流，於是大力反對，並著手編寫實驗教材，試圖取代新數學。隨後我亦被捲入這套實驗教材的編寫工作，並進行試教。

　　當時我們所寫的教材，著重從實際問題出發，去建構

30　張海潮〈九年之中有建構，建構一貫貫九年〉等三篇文章，2003年。可在 www.math.ntu.edu.tw下載。教育部：〈數學教學的過去、現在與未來〉，2002年12月。

31　連署名單中有Lipman Bers，Wilfred Kaplan，Richard Courant，Peter Lax，Marston Morse，Garrett Birkhoff，Lars Ahlfors，Tibor Radó，Andre Weil等全美具代表性的數學家，本文中譯文（余文沂譯）收錄於《數學教室》〈高中數學的全盤商榷〉，1975–76年。

數學理論，其基本精神屬建構主義（constructivism），與形式主義在某種意味下是對立的，到80年代，我初聞數學教育界有人在倡議建構主義，便覺理所當然。但任何建構數學命題的方法，都只能用來參考，而不能加以標準化，並視為唯一的方法。

　　新數學強調形式主義的教材，為使邏輯推理嚴格，在小學階段的數學教材中，嚴格定義2=1+1，3=2+1，4=3+1……10=9+1，11=10+1，12=11+1等，並指出「自然數系」滿足結合律：

$$(a+b)+c = a+(b+c)$$

然後教導學生如何計算加法。例如：9+3不能直接比比手指頭寫下12，必須列式如下：

$9+3 = 9+(2+1)$	（根據3的定義）
$= (9+2)+1$	（根據結合律）
$= (9+(1+1))+1$	（根據2的定義）
$= ((9+1)+1)+1$	（根據結合律）
$= (10+1)+1$	（根據10的定義）
$= 11+1$	（根據11的定義）
$= 12$	（根據12的定義）

　　這麼煩瑣冗長的計算，事隔四十多年翻看今日建構數學教材，彷彿似曾相識。正如政治上極左與極右僅一線之隔，數學教育兩種彼此對立的主義，一旦改革者陷入自我封閉，也難分軒輊。這真是非常弔詭。

　　數學史家Morris Kline於1973年曾寫一本書《為什麼強

尼不會加？》批評新數學[32]。書中有個寓言暗諷新數學的現象：一個冬天的午后，日麗風和，毛毛蟲愉快的爬上山崗，在土丘上閉起眼享受溫暖的冬陽，青蛙路過，看毛毛蟲慵懶舒服的樣子，停下來仔細端詳毛毛蟲的身軀，忽然開口問道：「毛毛蟲先生，你真偉大，有那麼多雙腳，請告訴我，你走路時，先抬哪雙腳，再抬哪雙腳？」毛毛蟲睜大眼睛，開始盯著自己眾多的腳，思索抬腳的順序。但牠越想越糊塗，太陽下山時，青蛙早已遠離，毛毛蟲想回家，卻寸步難行，忘了自己原來怎麼走路，愣在山丘邊，動彈不得。

推動新數學教材的舵手是耶魯大學的Edward Begle及伊利諾大學的Max Beberman。這兩位數學家的專業，盡皆一時之選。他們在50年代結構主義Bourbarki學派的影響下，篤信形式主義是最高級的心智活動，就如柏拉圖之篤信形而上學的觀念論。但形式主義去脈絡化與去經驗化的思維，卻違反了人的認知法則與真理的探索過程。新數學教材的失敗與建構數學教材的情況如出一轍，皆肇因於改革者的自我封閉。

全面的教改更是如此，改革者最忌自我封閉。自我封閉會使事情化簡為繁，治絲益棼。這是我為何反覆強調發展公共論述，開設教改實踐營，以集思廣益，深化討論的緣因。當我撰寫這篇教改長文之時，最惶恐不安的，也是擔心自己閉門造車，失去遠眺的視野。

32　M. Kline, *Why Johnny can't add: The failure of the New Math,* 1973, Saint Martins.

左岸｜社會議題315

學校在窗外潮本
【網路時代版】

作　　者　黃武雄
封面繪圖　黃年詢
封面設計　石苔

總 編 輯　黃秀如
責任編輯　蔡竣宇
特約編輯　王湘瑋
企畫行銷　蔡竣宇
電腦排版　宸遠彩藝

社　　長　郭重興
發行人暨
出版總監　曾大福
出　　版　左岸文化／遠足文化事業股份有限公司
發　　行　遠足文化事業股份有限公司
　　　　　23141新北市新店區民權路108-2號9樓
電　　話　02-2218-1417
傳　　真　02-2218-8057
客服專線　0800-221-029
E－Ｍａｉｌ　rivegauche2002@gmail.com
左岸臉書　facebook.com/RiveGauchePublishingHouse/
團購專線　讀書共和國業務部　02-22181417分機1124、1135

法律顧問　華洋法律事務所　蘇文生律師
印　　刷　呈靖彩藝有限公司
初　　版　2021年05月

定　　價　550元
ＩＳＢＮ　9789869944434（平裝）
　　　　　9789860601671 (PDF)
　　　　　9789860601664 (EPUB)

國家圖書館出版品預行編目資料

學校在窗外潮本 / 黃武雄著. -- 三版. -- 新北市：左岸
　文化出版：遠足文化發行, 2021.05
　520面；15×23公分. -- (左岸社會議題；315)
　ISBN 978-986-99444-3-4(平裝)

　1. 教育改革　　2.文集

520.7　　　　　　　　　　　　　　　109014534